Die
Lichtkuppel
Von
Rainer-Maria Maas

◇

Gewidmet
Plato
Stellvertretend für die Jugend der Welt
Auf dass sie reinen Herzens frei werde!

◇

Theace Verlag
Frankfurt am Main

Λ

April 2000
Theace Verlag
Rainer-M-Keller
Frankfurt am Main
Umschlaggestaltung und Bilder vom Autor
Alle Rechte beim Autor
Rainer-M-Maas@web.de

Herstellung Libri Books on Demand
Printed in Germany ISBN 3-8311-0104-3

Inhaltsverzeichnis

1.Kapitel Reise zum Zwischengericht

Also, ich muß zugeben, was ich hier erzählen will mag recht absonderlich erscheinen. Aber es ist wirklich passiert, und weil ich mir, während es passierte, vorgenommen habe, es aufzuschreiben und es aller Welt mitzuteilen, wurde es denn auch getan. Hier ist es.

Es war irgendwann im ersten Viertel des letzten Jahrzehnts des 20.Jahrhunderts- also sozusagen Anfang der 90er Jahre.

Der Kalte Krieg war gerade von den Herren der Welt als zu kostspielig erkannt und beiseite gelegt worden. Alle hatten geglaubt, nun kehre der Weltfriede ein. Und der hat gar nicht daran gedacht.

Nein, es wurde alles noch viel schlimmer. Ohne Furcht vor den Großen, begannen die Kleinen nun überall, ihre Länder mit albernen Kriegen zu überziehen, alles, was sie mühsam aufgebaut hatten zu zerstören und wie immer, den anderen die Schuld zuzuweisen.

Es war in der Zeit, als die Westdeutschen ihre Brüder und Schwestern vom Osten einkassierten und ihnen so richtig einrieben, was mit Leuten geschieht, die die falsche Meinung gehabt hatten.

Und sie versuchten sie auf Vordermann zu bringen, weil es jetzt mit der Faulheit vorbei sei und richtige Arbeit gefragt wäre.

Es war in dieser Zeit, als Vertreter westlicher Fabrikanten als Mitarbeiter der Treuhand, die das sogenannte Volkseigentum verwaltete, ostdeutsche Firmen für existenzunfähig erklärten und dichtmachten, um für ihre westlichen Firmen lästige Konkurrenz auszuschalten.

Es war die Zeit, als es das Ostgeld noch gab, das man 1:5 tauschen konnte und westliche Wohlstandsbürger mit ihren dicken Autos gen Osten fuhren, um den armen Ostlern mit ihrem billig getauschten Geld die letzten Würste gleich kastenweise aus den Läden wegzukaufen.

Die Zeit, als die D-Mark kam und der Westler mit seinen Steuergeldern die öffentliche Geldverteilung im Osten bezahlen durfte, damit die Ostler sich einbilden konnten, ihre lächerlichen, wertlosen Sparbücher hätten doch einen Wert und in der die Ostler, ungeachtet ihrer unsicheren Zukunft, nichts besseres zu tun hatten, als dieses Spielgeld für teure Westautos zu verplempern.

Als jeder Betrüger aus dem Westen den letzten Schrotthaufen einem Deppen aus dem Osten andrehen konnte.

Es war die Zeit, in der sich bewahrheitete, was ich bereits vor dreißig Jahren vorrausgesagt hatte und was damals keiner in seinem Geschrei nach Wiedervereinigung wahrhaben wollte, weil jeder glaubte, der Zustand würde ohnehin nie eintreten, folglich würde man sich auch um den Preis dafür keine Gedanken machen müssen.

Ich hatte nämlich behauptet, wenn die Westdeutschen wüssten, was sie diese Wiedervereinigung kosten würde, würden sie diese sofort fahren lassen und behaupten, sie hätten diese Kommunisten und ihre Mitläufer sowieso nie gewollt und sie sollten sich gefälligst zum Teufel scheren.

Keiner hatte mir das damals geglaubt. Jetzt taten sie alle so, als seien die Ostler rückständige Deppen und gemeine Mitläufer und Spitzel und es sei nur recht und billig, wenn sie gefälligst das Maul hielten und sich als das, was sie sind zufrieden gäben, nämlich, dass sie Menschen zweiter Klasse sind und dass sie das endlich begreifen müssten.

Also brachte man ihnen Pornofilme, Sex-Shops, Bordelle und Drogen, damit sie das Maul gestopft kriegen, wie ein Baby mit einem Schnuller, und so war die Integration sehr schnell vollbracht, denn die Westler hatten sich ja schon lange an diesen Schnuller gewöhnt, der ihnen von den Geldsäcken und von deren Marionetten im Staat zur Beruhigung verabreicht worden war.

Es war also in dieser Periode, als alle Welt ihre Hoffnung auf eine bessere Zeit eingetauscht hatte gegen den Schnuller der Selbstbefriedigung, als auch ich glaubte, dass mein Leben sinnlos geworden wäre, meine Mission auf der Erde gescheitert sei -denn an eine solche hatte ich immer heimlich geglaubt, was immer diese gewesen sein mochte- und mich mit dem Gedanken vertraut machte, entweder genauso zu werden, wie die anderen, oder die Welt gegen eine andere zu tauschen.

2

Das Problem bestand allerdings darin, dass es keine verlässlichen Daten darüber gab, ob man nun in einen Himmel oder in eine Hölle kommen würde, und da ich immer sehr vorsichtig war, getraute ich mich nicht so recht an diesen Schritt heran. Also in dieser Zeit geschah es, dass mir diese Geschichte passierte.

Ich war nach einem anstrengenden, hektischen Tag in der Bankenstadt Frankfurt -der Stadt der Geldsäcke- müde in mein Bett gegangen, war gerade im Begriff, sozusagen meinen Geist auf- und mich dem Schlaf hinzugeben, als mich zwei rohe Gestalten aus meinem Körper zerrten und mich anwiesen, ohne Theater zu machen, mit ihnen zu kommen. Wir würden eine Zeitreise machen, wovon ich ohnehin nichts verstünde und es würde mir gut anstehen, mich ruhig zu verhalten.

Es würde mir nichts passieren, ich würde anschließend sicherlich wieder zurückgebracht, wenn man es sich an dem Ort, dem wir zustrebten nicht anders überlegen würde und außerdem wäre es sowieso ausgesprochen lästig, so ein schweres, schlabberiges Ungetüm durch die Feinstofflichkeit zu schleppen.

Man würde dort mit mir die ganze Umgebung verspesten und ich solle ihnen also ihre Arbeit nicht schwerer machen, als sie ohnehin schon sei.

Ich konnte sehen, dass diese Burschen ziemlich angewidert waren, wahrscheinlich genauso, wie wir es wären, wenn wir in die Kanalisation hinabsteigen sollten, um eine Kanalratte nach oben zu bringen, die, wenn sie sich auch noch schüttelte, alles in ihrer Umgebung mit Kloakensäften verunreinigen würde

Nach einer unbestimmbaren Zeit steckten sie mich zunächst in eine Dusche, um mich anscheinend irgendwie zu desinfizieren und brachten mich dann in einen Raum, der wie ein Gerichtssaal aussah und der oben eine wunderschöne Lichtkuppel hatte, auf der allerlei seltsame Bilder zu sehen waren und die den ganzen Ort mit einem hellen Licht erfüllte.

Die beiden Burschen hatten mich in einem hüfthoch abgetrennten Abteil einfach fallen gelassen, wie einen Sack Kartoffeln, und ich

3

sah überall recht alberne Figuren in absurden Kleidern, die mich nun anstarrten und irgendwo rief einer aus:

"Meine Herrschaften! Der Angeklagte ist da !"

Und neben mir tauchte ein sehr schöner, wundersam und edel ausschauender Jüngling auf, der wahrscheinlich ein Engel war, dachte ich zumindest, lächelte mir ermutigend zu und rief dann schneidend zu der Empore hinauf:

"Hohes Gericht, ich verlange sofort ein Kleidungsstück für den Angeklagten, denn es ist würdelos, einen Erdling hier im Gericht nackt vorzuführen!"

Das Volk, das diesen Saal bevölkerte und zunächst lauter blöde und banale Bemerkungen von sich gegeben hatte, teilweise verhalten, hinter vorgehaltener Hand, teilweise ganz offen, und immer mehr von einer Art Gossengespräch in ein allgemeines Gelächter übergegangen war, murrte nun ganz unverblümt, weil man ihm anscheinend mit dieser Maßnahme den Spaß zu verderben drohte.

Ein Gerichtsdiener, vermutete ich, ordnete also an, dass auch mir so ein Gewand gegeben werden sollte, und zwar ein grünes, um mich von den anderen von vorneherein zu unterscheiden.

Mein Betreuer, der offensichtlich als mein Verteidiger fungierte, half mir sogleich, als das Gewand herbeigeholt war, es anzulegen, wobei er mir sehr wohltuend mit seinen Händen über den Körper strich und mich mit unzweideutigem Blick wissen ließ, dass er mich mochte und auf meiner Seite wäre. Das war immerhin etwas.

Schließlich wusste ich überhaupt nicht, was das Ganze nun sollte, ob ich nun tot sei und hier vor dem jüngsten Gericht zu erscheinen hätte, ob das ein übler Scherz meiner Traumfabrik sei, oder ob das vielleicht eine völlig neue Erfahrung wäre, die zu machen man erst ein gewisses Stadium der menschlichen Metamorphose durchgemacht haben musste.

Ich sollte jedoch bald über alles Aufklärung bekommen. Denn nach kurzer Zeit erschienen in einer kleinen Tür, hinter der Empore ein paar würdig aussehende Herren in Rot und jemand brüllte:

"Das Zwischengericht tritt ein!"

Alle im Saal machten recht seltsame Gebärden, als versuchten sie, aufzustehen und eine vorgebeugte Haltung einzunehmen.

Auch ich mußte aufstehen, aber ich stand ja schon, die vornehmen Herren ließen sich umständlich auf ihre hohen Sessel mit ihren hohen Lehnen nieder, raschelten eine zeitlang mit ihren Gewändern und derweil hatte sich auch das übrige Publikum wieder auf seine Hinterteile gesetzt.

Ich durfte mich jetzt auch setzen und erwartete mit Spannung, was als nächstes passieren würde.

Mein Verteidiger raunte mir etwas zu, das ich nicht verstand und einer der gerade eingetretenen Herren am Richtertisch erhob sich und begann, folgenden Vortrag zu halten:

"Meine sehr verehrten Herrschaften! Wir haben uns heute hier zusammen gefunden, um den Prozess um den Erdenbewohner mit der Ziffer RMM 24081937BLN-G, genannt Rainer-Maria, zu eröffnen, hier im Zwischengericht.

Der Erdenbewohner ist hier, um zu prüfen, ob die Anklage der irdischen Instanzen stichhaltig und zutreffend ist. Und es wird über deren Antrag zu entscheiden sein, ob der beschuldigte Erdenbewohner aus dem Verkehr zu ziehen sein wird, oder dort belassen wird, falls sich die Anklage nicht als stichhaltig erweisen sollte.

Ein solcher Antrag wird von den Instanzen der irdischen Machthaber nur sehr selten gestellt, da diese normalerweise selbst mit ihren Untertanen fertig zu werden pflegen. Sie wird auch fast nie zugelassen.

In diesem Fall jedoch wurde eine Ausnahme gemacht, und die Anklage wurde zugelassen, weil die Anklägerseite im Prinzip nicht den Angeklagten sondern auch gleich den Himmel beschuldigt, in einem geheimen Komplott, das gegen die Mächte der Welt gerichtet ist, mit dem hier Vorgeführten, gegen die Regeln und Abmachungen zwischen Himmel und Erde verstoßen zu haben.

Um den Betroffenen das Gericht, dessen Funktion und Beteiligte vertraut zu machen, bitte ich nun den Gerichtssprecher, das Verfahren für den Erdling zu erklären, und vor allem auch für alle

Anwesenden, die zum ersten Mal einem so absonderlichen Prozess beiwohnen."

Der Richter setzte sich wieder und rückte umständlich und laut raschelnd seine Kleider zurecht.

Ein vor der Richterbank, etwas tiefer angeordnet sitzender Mann mit einer grauen Robe, der ein Schild angesteckt hatte, 'Gerichts-Sprecher', erhob sich umständlich, nahm ein Protokoll, das vor ihm auf dem Tisch gelegen hatte, und begann mit recht umständlicher Gebärde und viel zu leiser Stimme, von diesem abzulesen:

"Meine Herrschaften", begann er, "dieses Gericht ist eine unabhängige Schlichtungsstelle, zuständig für Angelegenheiten zwischen Himmel und Hölle, wobei die Erde, als Vorstufe zu Beiden, eine zentrale Rolle spielt.

Es ist nicht dazu da, um über die Frage, ob einer würdig ist, aus seiner Stufe aufzusteigen oder nicht, zu entscheiden, sondern nur darüber, ob die Abmachungen und Regeln, die zwischen 'Oben' und 'unten' getroffen worden sind, auch eingehalten wurden.

Das oberste Entscheidungsgremium sitzt auf der Richterbank, wobei es sich um Personen handelt, die aus verschieden Ebenen berufen wurden, weil sie sich als in jeder Beziehung unabhängig erwiesen haben.

Sie kommen aus den geistigen Ebenen und den Aufstiegsebenen der Zwischenstufen. Sie haben alle ihre eigenen Beobachter, die sie ständig über die Entwicklungen auf der Erde auf dem Laufenden halten, sind also bestens über den Lauf der Dinge informiert

Rechts von der Richterbank sitzen die Vertreter der Göttlichen Seite, des Lichts, die bei Bedarf an jeder Stelle in das Verfahren eingreifen und Fragen stellen dürfen.

Da solche Prozesse nur sehr selten stattfinden -also mir fallen aus dem Stehgreif nur wenige ein- in jüngster Zeit Lincoln, Kennedy und Martin Luther King, die alle verloren haben, da ihre Verstöße zu offensichtlich waren, und beispielsweise Gallilei etwas früher, der gewann, weil er sich arrangierte, also, weil sie so selten stattfinden, hat die Göttliche Seite sehr jungen Nachwuchs mitgebracht, der zwar

6

auf das Verfahren keinen Einfluss nehmen, aber, wenn es die Zeit erlaubt, Fragen stellen darf.

Auf der linken Seite haben wir die Vertreter der satanischen Mächte, die laut Vertrag mit dem Himmel, die Geschicke der Erde beherrschen und deren Ansprüche hier vertreten und als Ankläger fungieren.

Neben dem Angeklagten haben wir dann dessen Verteidiger, der dafür zu sorgen hat, dass der Beschuldigte nicht zu Unrecht von der Anklageseite in den Boden gestampft wird."

In diesem Moment gab es einen lauten Schlag.

Der Vorsitzende Richter hatte von seinem Ordnungshammer Gebrauch gemacht und ausgerufen:

"Herr Sprecher! Bitte halten Sie sich an die Regeln, bedienen Sie sich einer ordentlichen Sprache und wahren Sie die Neutralität!"

Und damit schlug er nochmal auf den Tisch, verfehlte aber das Schlagpolster, es klapperte ganz doll, als würden Gerippe in einer Kiste durcheinander geschüttelt und ob er es jetzt getan hatte, um dem Gesagten Nachdruck zu verleihen, oder, wie die Indianer, die ,Hough' sagen, 'Ich habe gesprochen', um den Abschluss einer Rede zu dokumentieren, alle waren ganz still und ganz klein mit Hut und wussten, hier würde nicht gespaßt werden.

Und der Gerichtssprecher, der etwas an Kontur verloren hatte, fuhr fort mit der Bemerkung:

"Damit wäre fast schon alles erklärt. Die hinter dem Angeklagten im Halbkreis versammelten Besucher sind Zuschauer aus allen Bereichen und Ebenen, die teils aus Neugierde, teils aus Langeweile, teils aus Lust an Sensationen erschienen sind, und deren Berichterstatter, wobei Zweifel darüber angebracht sind, ob ihre Zensur wahrheitsgemäße Berichterstattung überhaupt zulassen wird..."

Peng. Wieder der Hammer des Richters. Diesmal erwischte er seine kosmische Uhr, die mit lautem 'Kling' auseinanderflog und seine Stimme ertönte recht streng und laut:

"Bitte keine parteiischen Bewertungen!"..Peng. Die letzten Stücke der kosmischen Uhr flogen von der Bank.

Ein Stück flog einem davor sitzenden Gerichtsdiener in den Kragen.

Der zappelte herum und versuchte das kitzelnde Teil aus seinem Talar zu entfernen, was es aber nur noch schlimmer zu machen schien, stand kurz auf, wobei ihm ein hysterisches Gekicher entwich, schüttelte sich bis die Scherbe irgendwann unten aus der Kutte heraus rutschte und klirrend zu Boden fiel. Danach setzte er sich wieder hin, mit einer Verrenkung und einem zufriedenen Grinsen auf dem Gesicht.

Der Gerichtssprecher fuhr fort, er sei ohnehin fertig und habe nichts mehr zu sagen und setzte sich auch recht umständlich wieder hin

Und um dem beginnenden Gealber hinter vorgehaltener Hand und einigen deutlich hörbaren Lachern aus den Reihen der Anwesenden den Garaus zu machen, schlug der Richter erneut zu -er hatte vorher genau gezielt- und verkündete, dass Ruhe einzukehren habe und die Verhandlung hiermit eröffnet sei.

Als allererstes forderte er nun die diversen Ankläger auf, ihre Anklage zu verlesen und fragte, ob sie einzeln aus ihren Bereichen vortragen würden, oder ob sie einen gemeinsamen Sprecher hätten, worauf sich der erste Ankläger besonders hoch aufrichtete, um die anderen zu überragen -es war der Herr Satan, wie sich später herausstellte- und anhub vorzutragen, dass er die Gesamtanklage vertreten werde und, um beim gewohnten Sprachgebrauch zu bleiben, mit Herr Staatsanwalt anzureden sei, und dass er die einzelnen Fachleute, die er mitgebracht habe, als Zeugen der Anklage vorführen werde, dass als erwiesen anzusehen sein wird, dass der Angeklagte ein verkappter Agent des Himmels sei, der auf der Erde verbotenerweise verdeckt arbeite, und dass er damit gegen das Abkommen und dessen Ausführungsbestimmungen verstoße, das regelt, dass Himmelsagenten nach dem Gesetz 666 auf der Erde nur tätig werden können, wenn sie sich einer der dafür vorgesehenen Organisationen anschließen, also ihr fragwürdiges Tun innerhalb der dafür vorgesehenen Kirchen und Sekten ausübten, was schließlich nicht ohne Grund vereinbart worden sei und deshalb auch eingehalten werden müsse.

Es gehe schließlich nicht an, dass ein Einzelner, ohne jegliche Kontrolle und ohne Ordnung und ohne einer Aufsicht unterstellt zu sein, beim einfachen Volk Zersetzungsarbeit leiste.

Wenn das jeder täte, gäbe es alsbald nur noch Chaos und Aufsässigkeit und außerdem sei es so zum Gesetz gemacht worden.

Außerdem gedenke er zu beweisen, dass der Angeklagte selber ein ausgesprochen fragwürdiges und zweifelhaftes Leben führen würde, was ihn also eigentlich ohnehin ungeeignet für derartige Aufgaben mache, dass aber genau dieses Individuum offensichtlich ungerechtfertigter Weise göttlichen Schutz genieße, was er durch die Vorführung des Herrn Tod als Zeugen, beweisen werde, dem es nach unzähligen Versuchen, den Angeklagten aus dem Verkehr zu ziehen, bisher nicht gelungen ist, obgleich er, der Herr Tod, ansonsten sehr zuverlässig zu arbeiten pflege.

Er werde also beweisen, dass die göttliche Macht hier unerlaubt Einfluss nehmen und damit gegen die Verträge verstoßen würde.

Er werde weiterhin den Nachweis führen, dass die Himmlischen Mächte, sozusagen auf kaltem Wege, versuchen würden, Lucifers Macht zu untergraben, was gegen elementare Rechte verstoße.

Und er sei sicher, dass am Ende der Beweisführung das Gericht zu dem Schluss kommen müsse, dass den Angeklagten aus dem Verkehr zu ziehen, die einzige gerechte Lösung sein kann!

Nach diesem langen Vortrag setzte er sich zunächst wieder hin, da ihn das ganze Ausmaß des Gesagten offensichtlich ermüdet hatte.

Ich war unterdessen ganz schrecklich verängstigt worden, weil doch das ganze Theater nur zu einem Zweck inszeniert worden war, um mich endlich, mit Zustimmung von 'Oben', umbringen zu können.

Ich hatte zwar nie Angst vor dem Tod gehabt, weil ich glaubte, Menschen, die die Gebote Gottes einhalten und sich einigermaßen anständig benehmen, würden ohnehin in den Himmel kommen.

Aber ganz sicher war ich mir dessen nie und nach dieser gruseligen Fahrt mit diesen zwei groben Burschen, die ganz offensichtlich einen Widerwillen gegen mich zu haben schienen, kam mir das alles noch viel fragwürdiger vor.

Der Richter meldete sich zu Wort, da ein lautes Klopfen aus dem Lautsprecher hinter mir gekommen war, erklärte, dass wir uns alle vertagen müssten, weil bei mir im Zimmer jemand geklopft habe und ich deshalb erst mal in den Körper zurückkehren müsste, um der Sache auf den Grund zu gehen.

Er ordnete an, dass man mich am Handgelenk mit einer Handschelle an eine unendliche Leine anbinde, mit der ich jederzeit wieder zum Gericht zurückgeholt werden sollte, sobald sich Schlaf einstellt, sagte mir, ich solle am nächsten Abend ordentlich ins Bett gehen, Störungen vermeiden und mich des Nachts, wenn mein Körper eingeschlafen sei, sogleich zum Gericht begeben, damit mit dem Verfahren fortgefahren werden könne. Das gelte übrigens für die ganze Dauer des Verfahrens, und es genüge völlig, wenn ich mir vorstellte, ich säße dort.

Und würde ich Spirenzchen machen, müsse man erneut die zwei groben Burschen nach mir ausschicken, um mich zu holen.

Der Richter schloss die Verhandlung, schlug mit dem Hammer auf den Tisch, und plop, ich erwachte in meinem Bett.

◇

2. Kapitel Instruktionen

Als ich im Bett wieder aufwachte, klopfte es erneut und es standen zwei Polizisten vor meiner Tür.

Sie fragten, ob sie hereinkommen dürften, traten auch sogleich ein und sahen sich in meiner Dachwohnung um, wobei sie seltsamerweise dauernd zum Giebel starrten, als suchten sie dort nach Fledermäusen oder sowas, um mich dann zu fragen, ob ich hier oben vielleicht eine neumodische Laserlichtanlage installiert hätte, denn sie seien angerufen worden, weil über meinem Haus angeblich seltsame Lichtphänomene ihr Unwesen trieben und einige Leute bereits von einem Ufo gefaselt hätten.

Wobei sie -die Polizisten- besonders an meinem Schlafzimmer interessiert waren.

Einer öffnete sogar das Dachfenster und steckte seinen Kopf hindurch -wobei ihm seine Dienstmütze herunter flog und, der Schwerkraft und dem Wind folgend, hinter der Regenrinne Richtung Straße verschwand- als wollte er sich überzeugen, dass ich auf dem Dach keinen geheimen Apparat aufgestellt hätte.

Donnerkeil, wie peinlich! Ich tat wie immer, wenn ich mit Polizisten zu tun hatte, recht harmlos, versicherte, dass ich von dem ganzen Spuk nichts wüsste, es sei sicher eine optische Täuschung gewesen, vielleicht habe ja ein Tarnkappenbomber hier oben geübt und die Luftschichten aufgewirbelt und so war ich die Polizisten alsbald wieder los, die sich ratlos kopfschüttelnd wieder die Treppe hinunter begaben, wobei sie allerlei alberne Dinge sagten.

Ich schloss die Tür und untersuchte sogleich mein Handgelenk, das ich vorher unter dem Bademantel versteckt hatte und sah zu meiner Befriedigung, dass es dort weder eine Handschelle noch irgend welche Spuren oder Abdrücke einer solchen gab und tat alsdann das Übliche, duschen, Bett machen, frühstücken und war zufrieden, dass offensichtlich alles nur ein sehr aufregender, wirrer Traum gewesen war.

Ich fuhr alsbald zu meinem Notar, wegen einer Immobilien Angelegenheit und musste dort noch kurz im Wartezimmer Platz

11

nehmen, als ich vor Langeweile und weil ich offensichtlich nicht genug geschlafen hatte, sogleich einnickte und in einen Tiefschlaf versank.

Kaum war das geschehen, fand ich mich auf meinem Platz auf der Anklagebank wieder. Das Armband war wieder da, ich hatte mein grünes Gewand an, mein Verteidiger saß grinsend vor mir, der übrige Saal war leer und dieser Engel sagte zu mir:

"Guten Morgen! Wollen wir das langweilige Warten ein wenig nutzen, dass ich Dir das alles hier etwas besser erklären kann.

Und Dich darauf vorbereite, wie Du Dich verhalten sollst, um bei diesem heiklen Verfahren Deinen Hintern zu retten!"

Wobei er zwischen Amüsiertheit und Besorgtheit im Gesicht hin und her schwankte, wie ich klar ablesen konnte.

Ich erwiderte: "Aber Herr Engel, ich dachte, ich hätte nur einen albernen Traum gehabt.Und außerdem, was ist, wenn ich jetzt zum Notar gerufen werde?"

Der Engel lachte und sagte: "Keine Bange, es gibt doch keine Zeit. Was hier wie Stunden erscheint, ist da unten nur ein Augenblick. Und einen Augenblick wirst Du sicher noch warten müssen.

Also nutzen wir die Zeit, die es eigentlich nicht gibt, damit ich Dir erkläre, was hier los ist. Damit Du nicht in alle Fettnäpfchen steigst.

Und zu allererst: Ich mag es nicht, wenn Du mich mit 'Herr Engel' anredest. Ich mag Dich nämlich, und wenn Du es auch nicht weißt, ich bin seit langem Dein Freund, schätze was Du tust und versuche immer dann, wenn Du Deinen Schutzgeist dermaßen ausgetrickst hast, dass auch er Dir nicht mehr helfen kann, das Schlimmste zu vermeiden und abzuwenden.

Das ist bei Dir leider garnicht so einfach. Da können sogar Engel zuweilen eine Krise kriegen. Aber so jemand wie Du schafft auch Abwechslung und bringt Farbe und Aufregung in unser Leben.

Wer Dich am Hals hat, braucht kein Kino mehr! Also ich mag Dich und daher nenne mich einfach Alex wenn wir alleine sind, ansonsten 'Herr Verteidiger'!"

12

Dabei war in seinen Augen ein funkelndes Leuchten zu sehen gewesen.Da ich schon immer ein kecker Bursche war, erwiderte ich den Blick standhaft. Und mit Dankbarkeit und Zuversicht in der Stimme sagte ich:

"Das ehrt mich sehr. Ich werde also dann Alex zu Dir sagen; wie Charly Brown gesagt haben würde 'Es ist gut einen Freund zu haben, wenigstens einen' , und der Engel fragte ganz erstaunt:

"Wer zum Teufel ist Charly Brown?" Und ich lachte verschmitzt:

"Er ist einer von den Peanuts," und als ich sah, dass er nun noch weniger wusste, als vorher, fuhr ich fort:

"Eine Comic-Figur, für Kinder, und ich bin eines".

Und er zog die Brauen hoch, verkniff sich aber dann, was er hatte sagen wollen und setzte seine Erklärungen fort:

"Also ich will Dir kurz das ganze Theater hier erklären. Wie Du den Ausführungen bisher entnehmen konntest, ist das hier ein Gericht, das sich auf neutraler Ebene zwischen Himmel und Hölle befindet und wo es nur um Dinge geht, die laut vermeintlichem Gesetz zwischen diesen vereinbart wurden.

Der Ort wird sehr selten benutzt, weshalb fast immer neue Leute da sind, denen meistens erst alles erklärt werden muss.

Nur der Vorsitzende Richter ist immer eine Person, die schon mal hier mitgewirkt hat, weil sonst eine Prozessführung garnicht möglich wäre. Und die Ankläger sind seit eh und jeh fast immer die Gleichen.

Sie vertreten Luzifers Sache und die in diesem Verfahren anwesenden Teufel sind der 'Herr Sodom', der 'Herr Gomorrah', sein Kumpel aus alten Tagen, die zwei übelsten Burschen aus der Unterwelt, der 'Herr Satan', der hier als Sprecher der Anklage auftritt und darauf besteht, mit 'Herr Staatsanwalt' angesprochen zu werden, weil sich 'Herr Satan' so satanisch anhört, ein nicht minder übler Bursche und zuletzt der 'Herr Teufel', ein austauschbarer Name, unter dem immer wieder andere Figuren auftreten, zumeist Leute, die einmal auf der Erde gelebt haben und derart unangenehm aufgefallen sind, dass man sie als qualifiziert angesehen hat, sie zu Teufeln zu machen; die Erbärmlichsten von allen.

Sie alle haben eines gemeinsam: Sie sind düster, furchtbar dumm, argumentieren hervorragend, wie Elektronenrechner und kehren alle Werte in ihr Gegenteil.

Da ich Dich lange beobachtet habe, weiß ich, Du nennst sowas tote Intelligenz, wie bei Deinem dummen Ziehsohn, dem Anwalt.

Und sie haben alle etwas gemeinsam: Sie stinken. Und nichts, nicht einmal Weihrauch, hat vermocht, diesen Gestank weg zu kriegen. Weshalb über ihnen eine Art Dunstabzugshaube angebracht ist, die ihren Gestank absaugt, was draußen die ganze Umgebung verpestet.

Vor der Richterbank sitzt der Gerichtssprecher. Seine Aufgabe ist es, Sachen anzukündigen und Sachen zu verlesen. Er ruft Personen auf, schafft Personal herbei und liest aus den Lebensbüchern der Angeklagten vor, um dem Gericht einen Überblick zu verschaffen, und er ist grau gewandet.

Die Teufel sind in schwarze Kutten gehüllt. Sie waren immer mal wieder Pfaffen und Inquisitoren und haben sich so an die schwarzen Kutten gewöhnt, dass sie sie garnicht mehr wechseln wollen.

Die Richter haben purpurrote Roben.

In der Mitte steht der 'Wahrheitsstuhl', ein Nachbau des amerikanischen elektrischen Stuhl's, der hier aber zur Wahrheitsfindung Gebrauch findet, wobei das Gericht sich immer den Machenschaften der Teufel anpasst -früher hatten sie hier zum Beispiel eine Streckbank mit Nagelrollen stehen, wie es das Geistige Gesetz vorschreibt, nach dem jeder immer das bekommt, was er verdient hat, beziehungsweise was seiner Stufe entspricht.

Um den Wahrheitsstuhl herum, im Halbkreis, steht ein durchsichtiger Wandschirm, damit man zwar sehen kann, was der Befragte für ein Gesicht macht, aber nicht bespritzt wird, wenn bei Anwendung größerer Stromstärken Augen oder Schleim herausschießen; eine ziemliche Schweinerei. Aber diese Leute sind so hartnäckige Lügner, dass der Wahrheit oft nur auf diese Weise beizukommen ist!"

Wobei dem Engel ein leicht belustigtes Gekicher entschlüpfte.

Als ich entgegnete, das sei ja genauso, wie bei der Inquisition im Mittelalter, sagte er energisch:

14

"Nein, dort wurden Unschuldige solange gequält, bis sie sich schuldig bekannten. Das ist hier was ganz anderes.

Denn wir wollen sie ja nicht verurteilen, sondern der Wahrheit auf den Grund gehen.

Wenn sie also lügen, was wir an der Farbe ihrer Gesichter sehen können, und an ihrem unsteten Blick, helfen wir der Wahrheit ein wenig auf die Sprünge und ein hübscher Stromfluss lässt sie fein herum zappeln und alsbald sprudelt die Wahrheit.

Schließlich kommen sie zudem freiwillig hierher, um unliebsame Personen anzuschwärzen. Keiner hat ihnen gesagt, dass sie hierher kommen sollen. Sollen sie doch bleiben, wo der Pfeffer wächst.

Keiner will sie hier haben, wahrhaftig keiner!

Aber wenn sie hier sind, wollen wir die Wahrheit hören! Denn sie sind die Erfinder der Lüge überhaupt. Aber fahren wir fort,"

und dabei holte er ein Tuch aus dem Gewand und wischte sich damit die Stirn ab, denn er war bei der hitzigen Rede ganz schön in Fahrt gekommen,

"also auf der rechten unteren Ebene steht ein Pult, wo der 'Wahrheits-Nachhelfer', der Stromregulierer, steht und bei Bedarf seine diversen Schaltknöpfe dreht, mit denen die Stromspannung und die Stromstärke stufenlos reguliert werden können.

Dieser Mann trägt auch eine graue Robe, wie der Gerichtssprecher und die zwei grauen Burschen, die Dich hergebracht haben.

Sie kommen alle aus niederen, grobstofflichen Ebenen, gerade über oder neben der grobstofflichsten, der Erde, angesiedelt.

Der Stromregulierer tut seine Arbeit mit großem Vergnügen, grinst dabei, ist ganz stolz, wenn er mal ein Auge aus einem Befragten per Stromstoß herausgekitzelt hat und ist somit eine sehr fragwürdige Figur an diesem Ort.

Aber da die Wahrheitsfindung bei dieser niederen Sorte nicht anders funktioniert und es kein Anständiger aus einer höheren Ebene machen wollte, mussten wir uns eben seiner Dienste bedienen.."

15

Alex hielt inne, weil er sich schon wieder ereifert hatte, wischte sich wieder die Stirn ab und begann erneut:

"Du musst wissen, dass wir alle hier nicht hergehören, nur ungerne hier erscheinen und uns deshalb hier auch nicht wohl fühlen.

Deshalb erscheine ich auch angestrengt zu sein. Aber es ist so ähnlich, als wenn man einen Fisch aus dem Wasser nimmt, nur dass wir daran nicht sterben.

Also da rechts ist die Bank der Himmlischen. Sie sind alle Engel.

Ganz am Ende, der Richterbank am nächsten, sitzt Erzengel Michael," und dabei entfuhr mir ein "Oh, deshalb kam er mir so bekannt vor!"

Und Alex fuhr fort: "Ja, ich weiß, dass Du Dich immer als sein Ritter betrachtet hast, aber das solltest Du in diesem Prozess lieber als Angeberei und Spinnerei verharmlosen, sonst wird man Dir an den Kragen gehen. Also Erzengel Michael, daneben steht an der Wand auf einer besonderen Schale am Boden -damit dieser nicht durchglüht- sein legendäres glühendes Schwert, mit dem er im Hauptberuf das Böse bekämpft und vernichtet, eine leidige Aufgabe, weil das Böse so fruchtbar ist und sich genauso unkontrolliert vermehrt, wie Kaninchen und Menschen, alles auffrisst, wie es Ratten tun und die Menschen mittlerweile auch. Denn diese und das Böse sind inzwischen eine Symbiose eingegangen; sie leben voneinander, streiten es aber vehement ab.

Das Böse proklamiert, es sei das Gute und die Menschen proklamieren, sie hätten einen Vertrag mit dem Guten.

Aber was erzähle ich Dir das, schließlich habe ich es ja von Dir gehört; was ginge mich sonst Eure Erde schon an.

Wenn es nach mir ginge, oder den meisten von uns, würden wir diesen Mülleimer endlich ins Feuer werfen, atomisieren und damit Neuem eine Chance geben.

Also", und wieder wischte er sich ab, "neben Michael sitzen immer wieder neue Engel und Schüler von ihm, die hier, wie er, als Einzige, außer mir, weiße Gewänder tragen! Weiß, die Summe aller Farben und das Symbol der Reinheit!"

16

Und dabei richtete er sich zu seiner vollen Größe auf, legte seine rechte Hand auf die Brust und hatte ein bübisch verwegenes Grinsen auf seinem Gesicht.

"Jeder Engel der Himmlischen Bank hat einen Stern, der farbig ist, auf der Brust. Der von Michael ist golden, der daneben hat einen roten Stern und die anderen sind grün, blau und violett, wobei Rot für die Liebe steht, grün für die Hoffnung, blau für die Treue, violett für geistige Reinheit, da Letztere erst kürzlich aus der geistigen Ebene aufgestiegen sind."

Wieder musste er sich von seiner Rede erholen, wischte sich mit dem Tuch über das Gesicht und es sah aus, als wischte er sich eine Träne von der Backe.

Jedenfalls war er einen Moment ganz ruhig, hatte sich gesetzt und schien für eine kurze Zeit völlig abwesend zu sein.

Dann schaute er mich mit traurigen Augen an und sagte:

"Ich bin viel zu selten mit diesen herrlichen Engeln zusammen, weil mich meine Arbeit immer wieder in die niedersten Ebenen treibt."

Und mit einem Anflug von Zorn setze er hinzu:

"Nicht zuletzt auch Deinetwegen, und mein Gott, Du treibst Dein Spiel zeitweilig wahrhaftig auf den niedersten Stufen!"

Ich war ganz verlegen und schämte mich. Da war dieser schöne Engel und der mochte mich ganz offensichtlich sehr, und ich hatte ihn zornig gemacht, wie ein Kind seine Eltern, das immer wieder im Sonntagsanzug in die Jauchegrube fällt, und zwar nur, weil es immer wieder eine dumme Maus vor dem Ertrinken zu retten versucht, was ohnehin nicht gelingt, und dann müssen die Eltern in die Jauchegrube, um das Kind wieder rauszuholen und sie sind sauer und schimpfen, anstatt die Jauchegrube endlich abzudecken oder zuzuschütten, weil von ihr ohnehin nur ein erbärmlicher Gestank ausgeht.

Ich sah ihn mit treuem, reuigem Blick an. Sein Zorn schien zu weichen und einem souveränen Lächeln Platz zu machen.

Ich hatte noch gesagt: "Tut mir so leid, Alex", und nun war er vollends mit mir, mit sich und dem Himmel wieder eins und sagte mir, was ich noch wissen musste:

"Also," hub er an, "jeder wird in diesem Gericht etwas von Dir wissen wollen. Deine wichtigste Grundregel lautet: Du weißt nicht! Das sei ein Scherz, man wisse doch, Du seist ein Witzbold, die Satire lebe von der Übertreibung, es sei deshalb richtig, dass Du das alles schon gesagt hättest, Du hättest auch gesagt, der überwiegende Teil der Menschheit gehöre ausgerottet, aber sie lebten doch alle immer noch -leider- und so könnte man doch sehen, dass Du harmlos seist, ein Spaßmacher, wie ein Hofnarr, der ja auch nicht geköpft wird, wenn er den König mit einem gefräßigen Löwen vergleicht -aber das solltest Du so lieber nicht sagen, weil dann die Gegenseite argumentieren könnte, Du würdest das nur sagen, weil Du den König für dumm genug hieltest, nicht das gefräßige sondern nur das königliche im Löwen zu sehen. Nein, am Besten Du berufst Dich immer, wenn es prekär wird, auf Gedächtnisverlust und spielst den Harmlosen.

Versuche um Gottes Willen nicht, Reden zu halten, irgendwen von irgendwas zu überzeugen. Du würdest nur das Gericht überzeugen, dass die Anklage Recht hat.

Spiele einfach den harmlosen Dummen, den eben keiner versteht. Solcher Unfug kommt immer an, weil er den Geist der Zuhörer -oder was davon noch übrig ist- in eine Dauerschleife hineinzieht, in der dieser noch lange danach rotiert, so dass er für weitere Angriffe nicht mehr taugt.

Unwissenheit ist überhaupt immer das Beste, um harmlos zu erscheinen. Treudoofer Hundeblick und Schulterzucken und auf keinen Fall dabei lachen!"

Er musste wieder eine Pause einlegen und ich fragte nun meinerseits:

"Was ist das hier eigentlich überhaupt? Warum hat man gerade mich hierher vorgeladen? Ich bin nur ein kleiner Mann, habe mich immer mit armen Kindern abgeplagt, bin nie großartig in Erscheinung getreten, habe nie ein Amt innegehabt, besaß kein öffentliches

Forum, meine Stimme zu erheben, habe von keiner Zeitung und von keinem Sender je eine Antwort erhalten, habe in keiner Kirche gepredigt, auch auf keinem Marktplatz, auch nicht im Hydepark und habe nie Zeit gehabt, ein Buch zu schreiben.

Warum also wollen sie gerade mich hierher schleifen, wo ich doch weder je einen Einfluss gehabt habe, noch je einen haben werde, wie es aussieht?

Ich könnte noch verstehen, wenn sie Salman Rushdie hierher geschleppt hätten; immerhin hat der sich mit den blöden Fundamentalisten, mit den eifernden Mullahs angelegt, die heute Mittelalter spielen, im Zwanzigsten Jahrhundert Hände abhacken spielen, statt die Leute mit ihren Händen Schadenersatz leisten zu lassen.

Also wer sich mit diesen Dummköpfen anlegt, klar, das könnte ich noch verstehen, dass der hier landet, oder im Grab. Aber was hat das mit mir zu tun?"

Der Engel war recht ungeduldig geworden, ob meiner langen Rede und antwortete:

"Hör zu mein lieber Freund! Erstens, wenn Du weiterhin solche Reden führst, kannst Du Dich gleich mit Salman Rushdi auf eine Insel setzen, weil diese Eiferer auch auf Deinen Kopf drei Millionen Dollar aussetzen werden. Zweitens, es gibt Dinge zwischen Himmel und Erde, die durchschaust Du nicht. Sie, die Ankläger, behaupten, Du hättest Ansichten, welche die Weltordnung, welche sie mühsam für sich errichtet haben, gefährden. Und ließe man Dich weitermachen, würdest Du ein Buch schreiben, in dem Du ihnen die Maske vom Gesicht reißen würdest.

Sie werden in einer Zeitschleife den Nachweis führen, dass Du das Buch bereits geschrieben hast, weil man Dich jetzt, heute, nicht aus dem Verkehr gezogen hat.

Und sie werden weiterhin den Nachweis führen, dass Du in diesem Buch auf andere Bücher verweisen wirst, als wären sie schon geschrieben, obwohl sie erst später geschrieben sein werden.

Und sie werden jedes Argument nutzen, Dir zu schaden.

19

Wenn Du also nicht weißt, ob Du antworten sollst, schau mich an und Du wirst wissen, was zu tun ist.

Außerdem werde ich versuchen, möglichst alle Fragen von Dir fern zu halten.

Und noch etwas: Alle, die hierher kommen, haben ihren Körper in der jeweiligen Ebene zurückgelassen und bauen sich hier einen artifiziellen -äh, Du weißt schon, einen künstlichen Körper auf, wie sie sich vom Blick in den Spiegel in Erinnerung haben, beziehungsweise von Bildern, die man von ihnen gemacht hat.

Da sie sich selber nie sehr aufmerksam betrachtet haben, ist ihnen so manches entgangen, so dass mal ein Ohr fehlt, oder die Augenbrauen. Versuche also, deswegen nicht herum zu albern, weil es Dich ablenken könnte. Deswegen tragen sie auch alle diese Gewänder, um die fehlenden Blößen zu verdecken. Weshalb es auch teilweise recht umständlich mit diesen angeht. Außerdem haben sie sich nie genau eine Hose oder etwa eine Jacke angesehen, als dass sie diese hier nachempfinden könnten, ha,ha!"

Als ich erwiderte, ob ich denn nun einer sei, oder nicht, ein Agent des Himmels, oder doch nur eine arme Sau, für die auch die Hölle gerade recht wäre, erwiderte er:

"Je weniger Du weißt, desto besser ist es für Dich. Und egal was Du bist, es geht Dir an den Kragen. Also frage nicht, sondern kämpfe.

In beiden Fällen wirst Du das brauchen!"

Und als ich die Stimme der Notariatsangestellten hörte, ich solle jetzt rein kommen, sah ich gerade noch die großen ernsten braunen Augen des Engels in der Ferne verschwinden.

◇

3.Kapitel Die Anklage

Als ich zum Notar rein kam und der mich fragte, was mein Anliegen sei, wusste ich zunächst garnicht mehr, weshalb ich gekommen war. Diese 'Reise' am hellichten Tag, direkt vom Wartezimmerstuhl weg, hatte mich derart irretiert, dass ich zunächst außerstande war, einen klaren Gedanken zu fassen oder gar vernünftig zu antworten.

Ich bat den Notar deshalb, Verständnis dafür zu haben, dass ich in letzter Zeit unter zeitweisem Gedächtnisschwund leiden würde, dass ein Spaziergang in der frischen Luft sicher hilfreich wäre und dass ich gerne später noch mal zurück kommen würde, da mir gerade nichts einfiele.

Ich verließ schnell dessen Büro und begab mich nach draußen. Spätestens jetzt war mir klar, dass diese Sache nicht mit einem sich wiederholenden, lästigen Traum zu erklären war und wie sich alsbald herausstellte, sollte ich mit dieser Vermutung Recht behalten.

Eine gar grausliche Vorstellung. Vielleicht war es ja auch das Heraufziehen einer noch unbekannten Geisteskrankheit, dachte ich noch so.

Ich schaute wieder nach meinem Handgelenk, was fortan zu einer bösen Gewohnheit werden sollte, wo ich natürlich wieder nichts fand, und ich überlegte, ob ich vielleicht versuchen sollte, fortan auf jeglichen Schlaf zu verzichten.

Aber ich hatte gelesen, dass Leute, die man im Schlaflabor immer wieder beim Eintreten in ihre Träume geweckt hatte, nach spätestens vierzehn Tagen reif für die Anstalt waren, weshalb ich mich entschloss, die Sache nicht noch durch eigenes Zutun zu verschlimmern und mich mit Gottvertrauen und viel Hoffnung, dass schon alles gut gehen werde, in mein Schicksal zu fügen und der Sache mutig ins Gesicht zu sehen.

Und schließlich war da noch Alex und ich hoffte, er hatte mir nicht gerade in meine Gedanken geschaut.

Ich ging also am Abend in mein Bett.

Allerdings hatte ich das ziemlich lange mit Fernsehen hinaus gezögert und kaum, dass ich eingeschlafen war, fand ich mich auch schon im Gerichtssaal wieder.

Es wurde hier und da gemurrt. Der Vorsitzende meinte, es würde mir gut anstehen, zu einer zivileren Zeit zu erscheinen, also mit anderen Worten, früher zu Bett zu gehen, solange das Verfahren anhielte, was ja auch der Gesundheit förderlich wäre (was bei einigen unverhohlenes Gelächter hervorrief), denn es sei schließlich garnicht so einfach, immer alle hier zu versammeln.

Es kamen immer noch Nachzügler herein, Stühle wurden gerückt, Gewänder raschelten und irgendwann rief der Richter in den Raum:

"Die Sitzung ist eröffnet!"

Alle setzten sich, sie waren vorher irgendwie aufgestanden, der Richter beugte sich zum Sprecher und flüsterte ihm was ins Ohr, dieser erhob sich und rief aus:

"Der Herr Satan -äh- der Herr Staatsanwalt möge mit seiner Anklage beginnen, äh, beziehungsweise fortfahren!"

Wonach er sich wieder setzte.

Der Herr Staatsanwalt erhob sich umständlich -er fühlte sich offensichtlich pikiert, wegen der falschen Anrede, unterließ es dann aber, darauf einzugehen- und begann mit wichtiger Miene auf seinem fahlen Gesicht:

"Wie ich bereits angekündigt habe, werden wir -von der Weltherrschaft- in diesem Prozess den Nachweis bringen,

erstens, dass der Beschuldigte ein verdeckt arbeitender Agent des Himmels ist,

zweitens, dass er als solcher besonderen Schutz genießt -was unzulässig ist- wie wir meinen,

drittens, dass er aufgrund seiner an den Tag gelegten Machenschaften, als solcher ohnehin nicht taugt

und viertens, dass er sich anmaßt, alles -ja, meine Herrschaften, alles- in unserem Machtbereich nicht nur zu kritisieren, sondern auch für kriminell und verwerflich zu halten und nicht nur die Frechheit besitzt, jedem davon zu erzählen, sondern auch vorhat, diese falschen Ansichten zu veröffentlichen und dabei nicht nur inkauf nimmt, dass dies zu dem Zusammenbruch der mühsam errichteten Weltherrschaft führen könnte, sondern dies geradezu herbeizuführen wünscht!

Was das für Auswirkungen auf der Erde haben würde, brauche ich wohl nicht zu erläutern.

Kommen wir also zum ersten Punkt, der Angeklagte sei ein verdeckter Agent. Wie wir anhand der Aufzeichnungen aus dem Lebensbuch nachweisen werden, ist der Angeschuldigte sein Lebtag lang anders gewesen, als alle Anderen, die in der gleichen Zeit aufgewachsen sind und in gleichen Verhältnissen gelebt haben.

Anstatt mit anderen Kindern zu spielen und Unfug zu treiben, hat er zuhause auf dem Balkon mit einer Decke im Sommer ein Zelt aufgebaut und Karl-May Bücher gelesen.

Wenn er bei seinen verbotenen Streunereien durch die Ruinen seiner Umgebung Säbel und Dolche und ähnliches gefunden hat, hat er sie nicht etwa auf dem Schwarzmarkt verkauft, wie es die anderen taten, sondern sie auf die Polizeiwache getragen.

Bereits vor Kriegsende hat er sich freche Meinungen über den Staat und die Erwachsenen erlaubt. Wenn im Kino in den Wochenschauen die Erfolge der deutschen Kriegstruppen recht überzeugend gezeigt wurden, hat er sie bereits als Lüge kritisiert, weil sie seiner Meinung nach nicht mit der Wirklichkeit übereinstimmten, weil er sich ein Urteil anmaßte, nur weil bei ihm in der Stadt jeden Tag weniger Häuser standen, immer mehr Ruinen waren, und immer öfter bombardiert wurde.

Da er damals noch keine acht Jahre alt war, muss davon ausgegangen werden, dass hier mit falschen Karten gespielt wurde.

Als Achtjähriger erlebte er die Evakuierung aus Berlin und maßte sich wieder an, Urteile über Staat und Erwachsene zu fällen. Hatte er schon in Berlin, während der Bombenangriffe, sich über die Erwachsenen und ihr lächerliches Benehmen im Luftschutzkeller amüsiert und begonnen, diese zu verachten, wurde seine Anmaßung immer frecher.

Als ihr Zug über einen Fluss fahren sollte und die Brücke in der Nacht davor zur Hälfte durch eine Bombe weg gerissen worden war, so dass sie schaukelte und der deutsche Schaffner ins Abteil kam, mit seiner Eisenbahner Uniform und Eisenbahner Mütze -also eine Autorität- und den Leuten sagte, sie sollten die Fenster schließen, weil es passieren könnte, dass der Zug ins Wasser fällt, erdreistete sich der freche Knabe, den Schaffner für einen Idioten zu halten, weil er meinte, dass es keine Rolle spielte, wenn der Zug aus etwa vier Stockwerken Höhe ins Wasser fiele, weil es wahrhaftig keinen Unterschied machen würde, da man erstens den Absturz ohnehin kaum überleben würde, zweitens die Fenster dabei sowieso zu Bruch gingen, das Wasser, wenn man überlebte, ohnehin erst rein müsste, bevor man raus könnte und so weiter.

In Lindau am Bodensee, wo sie evakuiert waren, leistete er sich die Frechheit, das dortige Völkchen zu verurteilen, weil es ihn und seinesgleichen als unerwünschtes Pack behandelte, anstatt dankbar zu sein, dass sie überhaupt aufgenommen worden waren.

Ja er sah es sogar mit Vergnügen, wie die Franzosen mit ihren Arabern diesem Völkchen übel mitspielten.

Er versorgte teilweise seine ganze Familie, eine Mutter und zwei Schwestern, mit Suppe von der Feldküche, weil die Soldaten nur Kindern was gaben, aß nie schon unterwegs davon, obwohl er genauso hungrig war, wie alle anderen auch, wieder ein Beweis, dass wir es hier nicht mit einem normalen Kind zu tun hatten, sondern mit einem abnormen Sonderling.

Er meinte, die Erwachsenen, die immer über die 'Feinde' geschimpft hätten seien alle Lügner, weil die Feinde immer sehr nett zu ihm waren, mit ihm lachten und ihm Schokolade oder Essen gaben.

Er schüttete als Neunjähriger einen Nachttopf voll Wasser auf einen Kommunisten, den alle nicht leiden konnten, weil er Kommunist war und als Einziger in der Straße ein Auto hatte und war empört über seine Mutter, die sich bei dem Kommunisten auch noch entschuldigte, obwohl sie selbst über diesen Mann sich das Maul zerrissen hatte, ja beschuldigte seine Mutter und die Erwachsenen in seiner Straße, sie hätten wohl Angst, die könnten an die Macht kommen und dann sei es besser, man stelle sich gut mit ihnen, wie vorher bei den Nazis, Hauptsache, die Lebensmittelkarte stimmt.

Für einen Neunjährigen eine ungewöhnliche Respektlosigkeit.

So sehr die ordentliche Mutter auch versuchte, ihm Respekt und Achtung vor Erwachsenen und Uniformträgern geradezu einzuprügeln -und sie hatte dazu einen vorzüglichen Wäschestock, den sie unerbittlich und bei jeder Gelegenheit tanzen ließ- es war dem Jungen nicht auszutreiben, die Erwachsenen als geistig krank und ausgesprochen dumm zu verachten, so dass er mit zehn Jahren beschloss, Pfarrer zu werden.

Er war fest überzeugt, dass die Menschheit krank sei und man ihr helfen müsse.

Meine Herrschaften, es dürfte wohl ganz eindeutig klar sein, dass wir es hier nicht mit einem normalen Kind zu tun hatten.

Im Laufe der Nachkriegszeit ging er nachts in fremde Gärten und plünderte sie nach ihrem Gemüse aus.

Er fuhr in den Osten zum Einkaufen, nachdem er vorher 1:5 getauscht hatte, weil die Erwachsenen sich nicht trauten, was ihn in seiner Meinung bestärkte, dass diese nicht viel taugten, wickelte die nötigen Schwarzmarktgeschäfte ab und hatte die Frechheit, den Wert des Geldes, unseres höchsten Gutes,"

und dabei zog er die Augenbrauen hoch und machte ein noch wichtigeres Gesicht,

"nicht nur infrage zu stellen, sondern schlichtweg als Plunder zu bezeichnen, nur weil er entgegen den Wünschen seiner hungrigen Familie, sofort von den 50.- Mark die er zum Geburtstag von einer Tante geschenkt bekommen hatte, auf dem Schwarzmarkt ein Brot zu kaufen, nach einer Woche nur noch ein halbes Brot bekam. So hat er sein ganzes Leben lang nie Geld angesammelt, wie es normale Leute tun und hat dennoch nie wirklichen Mangel gelitten.

Alleine schon diese Fakten müssten ausreichen, um zu beweisen, dass es hier nicht mit rechten Dingen zugegangen ist.

Aber, meine Herrschaften, es geht noch weiter."

25

Und dabei ging er an seinen Platz, nahm sich ein Glas Wasser, um den Unfug, den er gerade gesagt hatte herunterzuspülen, es zischte erheblich aus seinem heißgelaufenen Lügenmaul, Dampfschwaden entwichen demselben, als er schäumend forfuhr:

"Er wollte am liebsten Pilot werden, wenn er jemals in einen Krieg müsste, weil ihm die Bombenflugzeuge, die seine Stadt in Schutt und Asche gelegt hatten, ungeheuer imponierten, wie sie so schön oben am Himmel mit donnernden Motoren denselben durchkruezten, als seien sie unverletzbar, dafür aber ungeheuer mächtig.

Nichts was dieser Junge gedacht hat ist normal. Als seine Mutter, noch während des Krieges, von einem betrunkenen Offizier auf unanständige Weise bestiegen wurde, der sich mit der Pistole gewaltsam den Weg in das Bauernhaus und dann in das Bett, in dem der Junge mit seiner Mutter lag, erzwungen hatte, schlief er ganz einfach ein und dachte sich später, geschieht ihr recht, wenn sie kockettiert, muss sie eben auch mal den Preis dafür zahlen.

Später, als er verspätet in die Schule kam und gleich ein paar Klassen übersprang und die anderen um ihn herum immer größer wurden, weil sie natürlicher Weise dauernd sitzen blieben und er keinen Sport machen durfte, weil er was am Herzen hatte und er täglich von allen anderen verprügelt wurde, schaffte er es trotzdem jedes Jahr in die nächste Klasse zu kommen und all dies, was jeden anderen zerstört hätte, schien ihm nichts anhaben zu können.

Als er in die Pubertät kam hatte er keine Pickel und es liefen ihm dutzendweise die Männer hinterher und sie boten ihm Geld, viel Geld, aber er wollte nicht käuflich sein und verabscheute sie deswegen. Wo jeder, der bei Troste ist, zugegriffen hätte, hat er sie verächtlich ausgelacht.

Er wollte lieber ein Dieb sein, als sich zu verkaufen! Da sich normale Menschen, besonders wenn sie arm sind, zu fast jedem Preis verkaufen, muss diese Abnormität als schwerwiegender Beweis angesehen werden, dass hier nichts stimmt!"

Wieder schüttete er ein Glas Wasser hinunter, wieder stiegen Dampfwolken aus seinem schleimigen Mund hervor und wieder begann er mit seiner schrecklichen Rede:

26

"Egal wann man versucht hat, ihn zu korrumpieren, seine Meinung zu kaufen oder ihn von seinen Verrücktheiten abzubringen, er hat sich davon nicht beeindrucken lassen.

Aber er besaß die Frechheit zu sagen, wenn man es hier mit den Ausgeburten des Teufels zu tun hat, muss man seine Maschen beherrschen und sie noch besser können, als dieser, damit man mit ihm fertig wird.

So hat er es immer wieder fertig gebracht, Hindernisse, die ihm Bürokraten des Staates bereitet haben, spielend zu umgehen und die Behörden aufs Kreuz zu legen.

Er hat sich geweigert, Soldat zu werden, hat schon lange bevor er den Namen Tucholski gehört hat, den frechen Spruch, dass Soldaten Mörder sind, in die Gegend posaunt und sich angemaßt, die Gesellschaft für geisteskrank zu erklären, die einen jungen Mann mit umso mehr Orden auszeichnet, je mehr andere Männer dieser umgebracht hat, den aber, der einen jungen Mann liebt als Schwein zu diffamieren.

Und er hat glatt behauptet, in dieser Welt würden alle Werte in ihr Gegenteil verkehrt. Wer mordet ist gut, wer liebt ist schlecht und schuld sei das von den Kirchen verdrehte Christentum, das sich anmaße, Jesus als Schlachtopfer für sich zu beanspruchen, um den größten Mord in der Geschichte nachträglich zu rechtfertigen.

Wer solche Ungeheuerlichkeiten von sich gibt, hat sich selber entlarvt, als jemand, der nicht zu dieser Welt gehört.

Wir haben das verbriefte Recht, diese Welt nach unseren Regeln zu führen und wo kämen wir hin, wenn jeder Dahergelaufene sich anmaßte, sich darüber hinweg zu setzen."

Und wieder hatte es ihn geschafft, er schüttete gleich zwei Gläser in seinen heiß gelaufenen Schlund, fauchte kurz, wie eine Lokomotive und verlangte ungehalten nach mehr, wischte sich den Mund ab und fuhr fort:

"Desweiteren wäre zu erwähnen, dass er nicht Pfarrer wurde, weil ihm die Kirche nicht passte. Unglaublich," rief er aus, "da hatte er nicht nur gelernt, auf die Katholiken zu schimpfen, weil sie 'falsch' wären, rannten sie doch zur Beichte, um anschließend wieder freiweg die größten Verbrechen zu begehen, nein, er hielt auch seine Kirche für ungeeignet, nachdem er das Glaubensbekenntnis hatte auswendig lernen sollen und den Pfarrer gefragt hatte, was denn dieses wohl bedeutete, weil es ihm so unverständlich erschienen war, und der Pfarrer ihm geantwortet hatte, wenn er es nicht auswendig lerne, würde er nicht konfirmiert werden, da gäbe es nichts zu erklären, und das hat dieser freche Kerl zum Anlass genommen zu sagen, er möchte nicht Pfarrer werden in einer Kirche, wenn er seinen Schäfchen nicht glaubwürdig erklären könne, warum sie glauben müssen, was sie glauben sollen.

Man muss es sich vorstellen, ein 15 jähriger maßt sich an, seine Kirche zu kritisieren.

Und in Australien kam dann hinzu -man musste dort die Kirchensteuer selbst zahlen- dass er den Leiter der Synode kritisierte, weil der im Oster Gottesdienst gesagt hatte, es gäbe noch einige schwarze Schafe in der Gemeinde, die dieses Jahr ihre Kirchensteuer noch nicht bezahlt hätten und er verstehe nicht, warum die in die Kirche kämen, wenn sie nicht zahlen wollten und unser Angeklagter kritisierte, gerade dieser Synodenherr fahre jedes Jahr einen neuen Chevy, während der arme Gebirgspfarrer immer noch in dem alten Landrover fahren müsse, wo er schon etliche Male im Busch fast erfroren wäre, weil der mitten auf der Fahrt zusammen zu brechen pflegte.

Und weiterhin monierte er, schließlich sei die Kirche kein Kino, wo man hingehe, um sich zu vergnügen, sondern ein Ort, der jedem offen stehen müsse, gerade denen, die kein Geld hätten.

Als könne dieser Bursche entscheiden, was für Bedürfnissse ein Synodalherr hat.

Und als er dann auch noch miterlebte, nachdem seine kleine Schwester weg gelaufen war, und von der Polizei nach einer Woche wieder gebracht wurde, was so ein fetter Pastor sagte, den seine Mutter fragte, was man denn mit so einem ungezogenen Gör machen könne, und der nur geantwortet hatte, da müsse man zu Gott beten, da erklärte er die Kirche für völlig unbrauchbar und beschloss, für diese Baggage nicht den schwarzen Rock anzuziehen und für diese nicht den Deppen zu spielen, wo ohnehin die Leute nur in die Kirche kämen, um den letzten Tratsch auszutauschen, ihre neuen Hüte vorzuführen und nachher zu sagen, ach, der Pfarrer war aber heute wieder langweilig oder er wäre ergreifend gewesen, aber nie zu tun, was ihnen gepredigt würde, nämlich sich anständig zu benehmen.

Sie können sehen, meine Herrschaften, der Angeklagte hat sich angemaßt, alles zu kritisieren, sogar seine eigene Kirche. Aber es kommt noch viel schlimmer!"

Und wieder griff er nach der Flasche, um sein Glas zu füllen und man konnte sehen, dass er am liebsten gleich die ganze Flasche rein geschüttet hätte, was er aber wohl, um den Schein zu wahren, nicht tat. Nach vollbrachter Tat, vom Wasser gestärkt -oder was sonst da drin war- hub er erneut an, seinen bösen Vortrag fortzusetzen:

"Wie ich schon sagte, das war alles noch garnichts.

Nachdem er das erste Mal einen Puff in der Palmerstreet in Sydney besucht hatte -das natürlichste der Welt für einen jungen Mann, sollte man meinen- war er so angewidert, dass er es fortan nicht nur unterließ, solche Orte der Lustbarkeit aufzusuchen, sondern auch die übrige Frauenwelt mied, weil sie alle -seiner Meinung nach- nur darauf aus waren, den Männern das Geld aus der Tasche zu ziehen, mit ihnen rumzuzetern und sie zu tyrannisieren. Und das nur, weil sie sich erwachsene Männer nahmen, die schon Geld und Autos hatten, was ja sehr einleuchtend ist.

Und anstatt das herkömmliche Gesellschaftsspiel zu spielen, die Frauen zu umtänzeln und ihnen teure Geschenke zu machen, zog er es vor, mit Freunden eine gute Zeit zu haben und sich der Sodomie hinzugeben, wozu er allerlei große und kleine Tiere heranzog, Hauptsache, sie hatten eine warme und glitschige Öffnung, was ja zwar nichts Ungewöhnliches auf der Erde ist -bereits im alten Ägypten hat man derlei mit Kamelen gemacht, die Araber machten es mit Hühnern und Eseln und die Herren Sodom und Gomorrah, die wir auch noch hören werden, können ein Lied davon singen, aber, und das ist das Entscheidende, der Angeklagte machte es in der Zeit der großen Religionen, wo man es aus gutem Grunde als verboten erklärt hat, denn wo bliebe der Geldfluss, an dem alle so gut verdienen, wenn alle dazu übergingen, es mit ihren Haustieren zu machen; Beathe Uhse könnte dicht machen und außerdem haben wir es verboten, weil es unser wichtigstes Kontrollmittel ist, die Weltherrschaft aufrecht zu erhalten.

Nein, dieser Bursche hat wirklich gegen alle Regeln verstoßen. Er hat Robin Hood gespielt, aber nicht etwa aus verständlicher Habgier, nein, aus Sport, um die Herrschenden zu ärgern und dann hat er es verschenkt, so dass die armseligen Beschenkten, statt uns zu dienen, etwas einfach so bekamen. Was wäre, wenn das jeder täte?

Wer würde unseren wichtigen Leuten noch die Schuhe putzen oder so, äh,.."

und er kratzte sich am Kopf und hatte wohl gemerkt, dass das gerade Gesagte nicht sehr passend gewesen war und fuhr fort:

"Ich kam vom Thema ab. Also es kommt noch schlimmer. Nicht nur, dass er fast immer, fast alles, an Ärmere verschenkt hat, ein recht unnatürliches Verhalten -wie alles andere auch- nein, dass er es gar ablehnte, sich zu vermehren, weil er der Meinung war, die Erde sei ohnehin schon zu voll, weshalb keiner den anderen mehr mag, weil jeder dem anderen im Weg ist.

Ja er hatte sich schon als Kind vorgenommen, sich lieber um die zu kümmern, die schon da sind und um die sich keiner kümmert.

Und mit diesem unnatürlichen Verhalten hat er sich tatsächlich um Kinder gekümmert, die ihn garnichts angingen, hat von ihnen nichts verlangt, als dass sie erfolgreich würden und dann all jene beschimpft, die sich Luxusgüter gekauft haben, weil er es als Sünde ansah, Luxus zu haben, solange noch ein armes Kind auf der Welt herumliefe und Hunger habe.

Wenn solches Gedankengut Schule machte, würde unsere ganze Weltordnung im Eimer sein.

Aber darum geht es ja auch hier nicht," fügte er schnell hinzu,

"hier geht es darum, dass der Angeklagte -für unsere Verhältnisse- ein abnormes Verhalten an den Tag legt. Diese Eigenschaft, sich der herrschenden Weltordnung so nachhaltig nicht nur nicht anzupassen, sondern ihr auch noch zu widerstehen und damit zu überleben, ist derart auffällig, dass es als Beweis gelten muss, dass die Anschuldigungen zurecht bestehen.

Das Größte aber habe ich noch garnicht vorgetragen:

Er behauptet, dass der Gott der Bibel entweder ein Hirngspinst irgendwelcher antiker Schreiberlinge ist oder aber ein Psychopath, der alle Anzeichen einer Geisteskrankheit hat, den man, wäre er ein Bürger irgendeines Staates, in eine Anstalt sperren würde, weil er Plagen über ein Volk kommen lässt, weil dieses beim Brandopfer nicht den passenden Duft des Fleisches zustande gebracht hat, einen König seinen Sohn opfern lassen will, um zu sehen, ob dieser den nötigen Kadavergehorsam habe, ja eigentlich ein richtiger Faschist sei, und dass das auf jeden Fall nicht der Gott sei, für den er arbeite.

Der sei nämlich ein gerechter Gott und ein Gott der Liebe und der Schönheit und der Gerechtigkeit, der nie mit dem Teufel wetten würde, ob ein Mensch ihm treu sei, wie jener das mit Hiob gemacht habe.

Jener könne also nur ein Produkt der kranken Phantasie des Schreibers sein oder ein Überlebender der größenwahnsinnigen Atlantisbewohner, die deswegen nämlich vernichtet wurden -und da hat er wohl zuviel von Butlar und Däniken gelesen- jedenfalls streitet er die Echtheit der Heiligen Schriften ab, behauptet, sie seien zusammen gestellt, wie die Bald-Zeitung, einer Mischung aus Sex, Crime und einer verlogenen Moral, die das Bald verheißt, damit im Jetzt nichts gefordert würde, weshalb sie auch 'Bald-Zeitung' heiße.

Nichts ist ihm heilig, außer sein Gott, den nur noch keiner hier jeh gesehen hat. Nachdem er also unseren Gott aus unseren Religionen in den Staub gezogen hat, will er auch noch unterstellen, dass unsere Weltherrschaft auf der Kontrolle von Sex, Krieg und der Kontrolle der Geld -und Warenströme beruhe.

Er unterstellt eine unausgesprochene Welt-Verschwörung der Geldsäcke, womit er alle unsere erfolgreichsten Leute diffamiert, dank deren Bemühungen und Verdiensten überhaupt erst die segensreiche Arbeit den einfachen Leuten nie ausgeht, die sonst arbeitslos wären."

31

Nach diesem ewig erscheinenden Vortrag sackte er erst mal erschöpft in seinen schwarzen Stuhl, schob sich einen Schokoriegel in den Mund -jedenfalls sah es so aus- spülte mit der zischenden Flüssigkeit nach, stand wieder auf und begann erneut:

"Meine Herrschaften! Nachdem ich Ihnen das nun alles vorgetragen habe, will ich zur Beweisführung über..." er unterbrach sich, stutzte, suchte auf seinem Spickzettel und sagte:

"Tut mir leid, soweit sind wir noch nicht, ich habe ja noch drei Punkte vorzutragen, nämlich den ungebührlichen Schutz, die Machenschaften und das Vorhaben, diesen ganzen Kram auch noch zu verbreiten. Also, dazu muß ich erstmal die anderen Unterlagen herausfischen....." und er wühlte auf seinem Tisch herum, wisperte was zu den anderen, die mit ihm am Tisch waren und derweil tauchte ein neues Phänomen im Saal auf. Ein gelbes Leucht-Transparent erschien für jeden sichtbar an der Lichtkuppel, und darauf stand in roter Schrift: "Angeklagter muss unbedingt auf Toilette!"

Und damit einher ging ein lauter Piepton und das Geräusch von laufenden Wasserhähnen und an der Lichtkuppel erschienen alsbald lauter Bilder von Kloschüsseln und Latrinen und davorstehenden und pinkelnden Männlein, nur wusste ich zu dem Zeitpunkt noch nicht, was das zu bedeuten hatte.

Der Vorstzende Richter, der vorher schon fast am Einschlafen gewesen war, knallte seinen Hammer aufs Pult, rief:

"Die Verhandlung wird unterbrochen!", knallte nochmal mit seinem Hammer und kaum dass ich's mich versah, erwachte ich in meinem Bett und schaffte es gerade noch auf die Toilette.

◇

4.Kapitel Fortsetzung der Anklage

Es war doch erstaunlich, was mir so alles in den letzten Tagen passiert war. Es begann mein Leben völlig zu vereinnahmen.

Da war ich plötzlich an einem dubiosen Ort, vor einem dubiosen Gericht, in einem dubiosen Prozess, dem ich ganz offensichtlich nicht ausweichen konnte.

Ich wurde dauernd beschuldigt von den übelsten Typen, die mir je begegnet sind. Ich konnte nichts dagegen tun. Alle schienen alles über mich und meine Gedanken zu wissen und sie wussten sogar Dinge, die ich längst der Vergangenheit zugeordnet und fast schon vergessen hatte, als wären sie erst gestern passiert.

Alles wurde gegen mich verwendet. Niemand nahm Stellung für mich ein. Jedenfalls bis jetzt und ich müsste das alles mit Angst und Scham ertragen, was da an Müllkübeln über mir ausgeschüttet wurde.

Und ich sollte am Besten dazu schweigen. Es stimmte ja im Prinzip sogar alles. Nur kann man auch die Wahrheit ganz einfach verdrehen, wenn man nämlich das Motiv weg lässt und ganz einfach ein anderes unterstellt. Aber das Motiv ist entscheidend für jede Tat.

Und eine ansonsten schlechte Tat kann eben auch eine gute Tat sein.

Als Tom Edison zwei große Spiegel klaute, damit der Arzt trotz nur zweier Petroleumlampen genug Licht hatte, um eine rettende Operation vorzunehmen, war er zwar zunächst ein Dieb geworden, aber er hatte ein Menschenleben gerettet.

Aber hier wurde bis jetzt alles nur gegen mich verwendet und es wurden nur lauter schlechte Motive unterstellt.

Ich konnte nur hoffen, dass Alex und vielleicht gar Michael, mir im Laufe des Prozesses wirklich beistehen würden. Was natürlich auch nicht unproblematisch war, denn die Gegenseite hätte das als Indiz gegen mich nutzen können, hätte es doch geradezu exemplarisch beweisen können, dass der Himmel mit mir unter einer Decke stecken und mich deshalb schützen würde.

Es waren all diese Gedanken, die mir fast schlaflose Nächte bereitet hatten, mit der Folge, dass ich prompt am nächsten Abend wieder gerügt wurde, weil ich so spät in Erscheinung getreten war.

Ich war nämlich immer wieder aufgestanden und hatte Zigaretten geraucht und als ich endlich einschlief, war es morgens gegen fünf, eine wahrhaft unzivile Zeit zum Schlafen.

Der Vorsitzende hatte wieder gehämmert und dem Sprecher zugeraunt, er möge den Spruch ablassen.

Dieser hatte verkündet, das Verfahren werde fortgesetzt, der Staatsanwalt möge seine Anklage weiter vortragen, dieser hatte sich in wichtige Pose geworfen und begann seine giftige Rede:

"Meine Herrschaften! Gestern habe ich Ihnen einige der Anbnormitäten des Angeklagten vorgetragen, die beweisen sollen, dass er hochgradig verdächtig ist, nicht einer der normalen Erdenbewohner zu sein. Und diese waren nur die auffallendsten.

Aber beim Teufel nicht alle. Heute nun möchte ich zunächst über den Verdacht, ja die Gewissheit, referieren, dass der Angeklagte Schutz von 'Oben' bekommt, was gegen die Regeln des Gesetzes 666 verstößt, wie alle hier wissen.

Es geht hier nicht etwa um so harmlose Spielchen, wie, dass jeder einen kleinen Aufpasser hat, den man schlechthin als Schutzgeist bezeichnet und der ihn davor bewahrt, auf eine Bananenschale zu treten und hin zu fliegen. Das machen die Schutzgeister ohnehin schon lange nicht mehr, damit die Leute endlich lernen, hinzusehen wo sie hintreten.

Nein, hier geht es um elementares, wie wir alsbald sehen werden. Wir haben vom Anbeginn seines Erscheinens den Verdacht gehabt, man wollte uns hier einen illegalen Agenten einschleusen, da er bereits, als er lässig dabei saß, als seine Eltern den Zeugungsakt vollzogen, ein seltsames Licht um sich hatte, das wir nicht anders erklären konnten, als dass hier unerlaubte Einmischung stattfinden sollte. Wir haben deshalb von Anfang an, nachdem wir ihn nicht von seinem künftigen Körper verjagen konnten, um statt dessen einen der

unseren einzuschleusen, alles unternommen, um ihn wieder loszuwerden, was unser legitimes Recht war, wie ich betonen möchte

Eine Vergewaltigung der Mutter mit Prügeln, die einen
Selbstmordversuch zur Folge haben sollte, blieb genauso fruchtlos,
weil sie rechtzeitig gefunden wurde, wie sage und schreibe acht
Abtreibungsversuche, die fruchtlos blieben, beziehungsweise die
Frucht nicht beseitigen konnten. Über die Einzelheiten will ich mich
hier nicht auslassen, weil ich gedenke, den Herrn Tod als Zeugen im
Laufe des Verfahrens auftreten zu lassen.

Ich will aber ergänzen, dass wir die berechtigte Hoffnung hatten, der
Angeschuldigte würde sich schon irgendwann selbst umbringen,
darauf bauend, dass ein Kind im Mutterleib sich normalerweise mit
dem Denken der Mutter identifiziert, dies im Unbewussten speichert
und davon immer wieder angetrieben wird.

Das hatte vorher auch immer ganz gut geklappt. Aber auch in diesem
Fall kam diese Gesetzmäßigkeit nicht zum Zuge, obwohl der
Bursche sein ganzes Leben lang ein potentieller Selbstmörder war.

Da hätten wir ihn schön einkassieren können, aber er tat es nicht.
Auch darüber wird Ihnen der Herr Tod noch einiges berichten.

Als Kleinkind versuchten wir ihn an einem Keuchhusten eingehen zu
lassen, was erfolglos blieb.

Dann versuchten wir es mit einer Zehnzentnerbombe, einer
sogenannten Luftmine, die ganze Häuserblocks niederreißen konnte,
aber sie blieb im zweiten Stock in einer Badewanne stecken und
explodierte nicht.

Dann ließen wir auf dem Gut seiner Tante einen verrückten Hahn auf
ihn los, der ihm die Krallen in die Backe hackte und dachten, es wäre
endlich geschafft. Aber seine Mutter ging in Posen, vor der Abreise
nach Berlin, noch mal zu einem Arzt, der sofort los rannte, von der
Apotheke eine Tetanusspritze holte und sie dem Jungen anschließend
in den nackten Hintern rammte.

Und wieder waren wir um unseren Erfolg betrogen; wir hatten auf
den Arzt keinen Einfluss genommen, weil wir nicht glaubten, dass
der Junge überhaupt einem Arzt vorgeführt werden würde.

Als wir es merkten, war es schon zu spät, der Eifer des Arztes zu groß und unser Plan dahin.

Später, in Lindau versuchten wir es wieder. Lindau war eine Lazarettstadt, durfte nicht bombardiert werden. Der Junge wusste das. Seine Neugier für Flugzeuge war schon sehr ausgeprägt.

Wir schickten einen Jäger vom Kurs ab und ließen auf den Jungen zum Spaß der Flieger, mit dem Maschinengewehr schießen. Der Putz flog von der Wand, vor der der Knabe stand, das Feuer war zu hoch, schließlich war er noch sehr klein, und dieser freche Kerl dachte,

was wir ja sofort aus den Gedankenbildern ablesen konnten,

'was für Idioten, jetzt schießen sie auch schon auf Kinder'.

Das muss man sich vorstellen! Und das soll ein normaler Erdling sein? Nein, nie und nimmer ist das ein ganz normaler Erdenbewohner. Und so ging das weiter, wie ihnen der Herr Tod noch ausführlich berichten wird.

So oft wir ihn auch an den Rand des Wahnsinns trieben, er hat es überstanden. Einmal hatten wir ihn soweit, dass er sogar für seine Lieben Lebensversicherungen abgeschlossen und alles so vorbereitet hatte, dass es nach einem Betriebsunfall aussehen sollte, denn er wollte seine Baggage nicht ins Chaos stürzen.

Aber statt sich umzubringen ging er auf einen Kursus für Bewusstseins-Training, den wir eigentlich angeschoben hatten, um Leute in Schuld zu verstricken, derer wir vorher weder durch Kirchen, noch durch Drogen oder Laster hatten beikommen können.

Dort sollten sie lernen, die Macht der geistigen Energie zu nutzen und damit Macht über die Gedanken anderer und über geplante Abläufe zu bekommen. Und fast alle sind uns erfolgreich auf den Leim gegangen, haben ihre Macht missbraucht, sind schuldig geworden und gehörten fortan uns.

Dieser Mann aber hat die Macht benutzt, um uns zu bekämpfen, unsere Stolpersteine zu beseitigen und sein übles Werk der Zersetzung fortzusetzen.

Wir versuchten also wieder, das alte Selbstmord-Programm zu aktivieren, indem wir seinen Lieblings-Zögling auf ihn losließen, den er dreizehn Jahre lang hatte zum Juristen werden lassen, weil der vorgegeben hatte, er wolle für Gerechtigkeit kämpfen. Wir ließen diesen also korrumpieren und zum Verräter werden, was auch vorzüglich klappte, da dieser Zögling durch und durch korrupt war. Er brauchte den Angeklagten ja jetzt nicht mehr, da er selber, raffgierig wie er war, inzwischen mehr verdiente, als dieser. Er sollte ihn nun loswerden wollen. Das gelang auch, weil wir ihm die richtigen Ideen eingaben, wie er seinen Ziehvater am Besten gegen sich aufbringen würde.

Unser junger Anwalt nutzte eine Notsituation des Angeklagten, um diesen zu demütigen, offen dessen Ideale zu verraten und -um es zu krönen- die Opfer, die dieser über all die Jahre gebracht hatte, in den Dreck zu ziehen und als mehr oder weniger nichtig hinzustellen.

Aber der Angeklagte warf sich nicht etwa aus dem Fenster oder so, sondern er warf seinen Schützling zur Tür hinaus und drohte, ihn die Treppe herunter zu werfen, sollte dieser nicht sofort verschwinden, schrieb ein ganzes Paket von Strafpredigten gegen ihn, indem er ihm alle seine widerlichen Unzulänglichkeiten minutiös nachwies und schickte ihm Hauff's Geschichte vom Kalten Herzen, mit der Maßgabe, sein Weg zum Holländer Michel sei das Lesen seiner Untaten und erst, wenn er vom Holländer Michel sein eigenes Herz zurück-betrogen habe und bereit sei, vor Scham zu sterben, könne er vielleicht in den Kreis der anständigen Menschen wieder aufgenommen werden.

Zehn Jahre verbrachte er in tiefster Trauer, doch anstatt sich umzubringen, wie wir es gehofft und erwartet hatten, gründete er ein neues Geschäft, um es allen zu zeigen, dass sie ihn zwar immer alle gebraucht hatten, er aber auch ohne sie auskäme, arbeitete wie ein Besessener, brachte seinen eigenen Sohn durch und schaffte sich seine Schulden vom Hals, gab das Geschäft wieder auf, war bereit auf fast alles zu verzichten, nur um von den weltlichen Einflüssen frei zu sein und sein verderbliches Werk zu vollbringen, von dem wir ihn in all den Jahrzehnten nicht hatten abbringen können.

Mit Hilfe der Ausführungen des Zeugen Herr Tod werde ich den Beweis bringen, dass dieser Bursche unerlaubte Hilfe von 'Oben' gehabt haben muss!"

Diesmal hatte er wirklich sehr lange durchgehalten. Er sank vorerst erschöpft in seinen schwarzen Stuhl, schob sich wieder so einen Schokoriegel, oder was so aussah, in den Mund, ließ zischend von dem Wasser in sein fauliges Maul laufen, es qualmte und zischte wieder zwischen den Zahnstümpfen und den fahlen Lippen hervor und er nahm erneut Rednerpose ein, um fortzufahren:

"Nachdem ich nun über den ungerechtfertigten Schutz gesprochen habe, will ich mich den Machenschaften dieses Angeschuldigten zuwenden.

Abgesehen von den kleinen und größeren Verbrechen, die er sich, ungestraft, wie ich betonen möchte, ungestraft, geleistet hat, abgesehen davon, wie er überall auf der Welt Ordnungsbehörden hinters Licht geführt und ausgetrickst hat, hat er in den Achtziger Jahren sich tatsächlich erdreistet, der Stadt Frankfurt eine geniale Lösung für ihre Verkehrsprobleme auszuarbeiten, die so unglaublich genial war, dass man ihm das einfach nicht glauben wollte.

Und er hat später alle dafür verantwortlichen Kräfte, die das verhindert hatten aufs übelste beschimpft, ungestraft, wie ich betone, ungestraft.

Natürlich hatten wir das verhindern müssen, denn letztlich wollte er dafür furchtbar viel Geld haben und das hätte unsere Pläne, ihn loszuwerden, empfindlich gestört.

Wir konnten ihn doch nur noch dran kriegen, wenn er eine Todsünde begehen würde, irgendein Verbrechen, zum Beispiel seinen ungetreuen Ziehsohn erschießen oder sich selbst. Mit genügend Geld aber wäre ihm kaum noch beizukommen gewesen. Also wir haben wirklich alles getan, um sein Projekt zu verhindern und ihm die größte Enttäuschung seines Lebens zu bereiten.

Natürlich musste er scheitern. Überall wo er vorsprach befand man, dass man ja gern würde, aber entweder nicht zuständig sei oder dass es dazu der Zustimmung vieler anderer bedürfe, die wiederum nicht zu haben sei, weil der Bursche sein Geheimnis natürlich nicht verraten wollte, ohne vorher einen Vertrag zu haben, den die nun wieder nicht blindlings abschließen wollten, ohne zu wissen, worum es nun eigentlich geht. Obwohl er ihnen gesagt hatte, sie müssten nur zahlen, wenn sie auch davon Gebrauch machten.

Ja es sickerte sogar durch, dass hier die Politiker das Volk anschmierten, indem sie vorgaben, sie wollten alles verbessern, aber im Geheimen alles daran setzten, dass es immer schlimmer wurde, weil sie nämlich hofften, sie könnten auf diese Weise einen Zustand erreichen, der ihnen die Handhabe gäbe, endlich ihren unsinnigen Traum zu verwirklichen, die Stadt ganz für jeglichen Verkehr zu sperren.

Er empfand das alles als einen Skandal, war wütend, dass man einem Münchner Professor für einen Chaosplan Millionen gegeben hatte, ihm aber, weil er keinen Namen und Titel hatte, garnichts geben wollte, ließ seinen tollen Plan einfach wieder in der Schublade verschwinden, sagte sich, er habe es nun seinem richtigen Vater gleich getan, nämlich auch eine Art Doktorarbeit hervor gebracht, betrachtete dies mit Genugtuung, schimpfte über das System, über die Unregierbarkeit, dass niemand mehr Entscheidungen treffen könne, weil jeder jeden blockiere und verhindere, statuierte, dass es kein Wunder sei, dass sich nichts mehr verändern lasse, weil zu viele Köche den Brei verderben würden und es niemanden zu wundern brauche, wenn alles bergab ginge, und ging dann zur Tagesordnung über. Jedenfalls stürzte er sich deshalb nicht aus dem Fenster, wie wir gehofft hatten und es schien unmöglich, ihn auf diese Weise los zu werden und alles, was dabei herauskam war, dass er sich in ungehöriger Weise über die Obrigkeit ausließ!"

Nach dieser, wieder sehr langen Rede, musste er sich erneut kurz erholen, überall herrschte Nachdenklichkeit und an manchen Stellen wurde getuschelt.

Dann hatte sich der Ankläger soweit regeneriert, dass er wieder loslegen konnte und sagte enttäuscht:

"Ich hatte eigentlich erwartet, dass dieses Verhalten des Angeklagten gegen jegliche Autorität, hier im Saal mehr Empörung auslösen würde. Ich will diese Anklage damit beschließen, dass das Empörendste ist, dass er vorhat, all diese Sachen in alle Welt zu posaunen und ich werde Ihnen das in der Zeitschleife auch beweisen.

Denn da liegt es bereits als fünfte Auflage vor und wenn wir dem nicht Einhalt gebieten, wird es tatsächlich gedruckt werden.

Wir -die Vertreter der Weltherrschaft- halten das für einen Verstoß gegen bestehende Verträge und als eine Einmischung in unsere inneren Angelegenheiten, die wir uns verbitten und beantragen erneut, den Angeklagten aus dem Verkehr zu ziehen.

Wir werden in der Beweisaufnahme und den Zeugenvernehmungen den Nachweis führen, dass wir Recht haben, der Himmel hier mit unlauteren Mitteln Einmischung betreibt und unserem Antrag stattzugeben ist!" Damit setzte er sich wieder

Der Vorsitzende verkündete, dass man für heute genug getan habe, bat für die nächste Sitzung um pünktliches Erscheinen, klopfte mit dem Hammer auf die bestimmte Stelle an seinem Tisch und entschwand aus dem Gerichtssaal. Seine Beisitzer auch.

Die Engel verließen lachend und kopfschüttelnd den Saal und hinter der schwarzen Bank der Teufel öffnete sich der Abfahrt Schacht nach 'unten' und sie verschwanden darin mit ziemlich lautem Getöse, was recht unheimlich war.

Alex hatte die ganze Zeit gelangweilt neben mir gesessen und Däumchen gedreht und ich fand, dass ich zum ersten Mal im Gerichtssaal sozusagen übrig war, was wohl daran lag, dass mein Körper daheim noch schlief und ich es selbst in der Hand hatte, wohin ich mich jetzt begeben würde. Ich sagte zu Alex:

"Ich komme mir hier völlig überflüssig vor. Jeder erzählt meine Geschichten, verdreht sie, aber zu meinem Schaden, wozu braucht man mich hier eigentlich?"

"Die Beteiligten wollen sich ein Bild von Dir machen, wie das in jedem Gericht ist, auch bei Euch!" gab er zurück.

„Aber ich bitte Dich! Auf Erden wurden doch auch schon Leute in ihrer Abwesenheit sogar zum Tode verurteilt. Und was für ein Bild will man sich von mir machen, wenn man mich hier in diesem läppischen grünen Gewand vorführt?

Wie eine Rarität aus dem Zoo, in dem man aussieht, als wäre man einem Operationsteam entsprungen; fehlt nur noch der Mundschutz!"

Alex wirkte etwas ungehalten.

"Glaubst Du, dass es mir ein Vergnügen ist, hier mit Dir meine Zeit zu vertrödeln und mir all das langweilige Zeug anzuhören, das ich ohnehin schon längst kenne?"

Ich entschuldigte mich brav und sagte:

"Tut mir leid, aber ich habe doch niemandem was getan, habe alles erduldet, manchmal, vielleicht sogar öfter ein Geschrei gemacht. Aber von mir aus sollen sie mich doch aus dem Verkehr ziehen und die ganze Welt zum Teufel gehen lassen. Sie scheint mir ohnehin nicht mehr zu retten und ich erwarte eh nichts mehr von ihr!"

Jetzt war er richtig zornig geworden.

"Wie kannst Du es wagen, hier solche Reden zu führen? Reicht es nicht, wenn Du da unten solche Reden führst? Ich bin hier, um Dir beizustehen und will so was nicht mehr von Dir hören.

Außerdem bin ich sicher, dass sich alles zum Besten wenden wird."

In diesem Moment leuchtete ein Schild auf, diesmal in Rot:

'Linkes Bein eingeschlafen, sofort zurückkehren' und Alex lachte belustigt und meinte:

"Nicht mal richtig ins Bett legen kannst Du Dich"..... und damit sah ich mich, eigentlich ihn, entschwinden, merkte, dass mein Bein eingeschlafen war, drehte mich um, und schlief weiter.

Das erste Mal seit Tagen ohne Störung.

◇

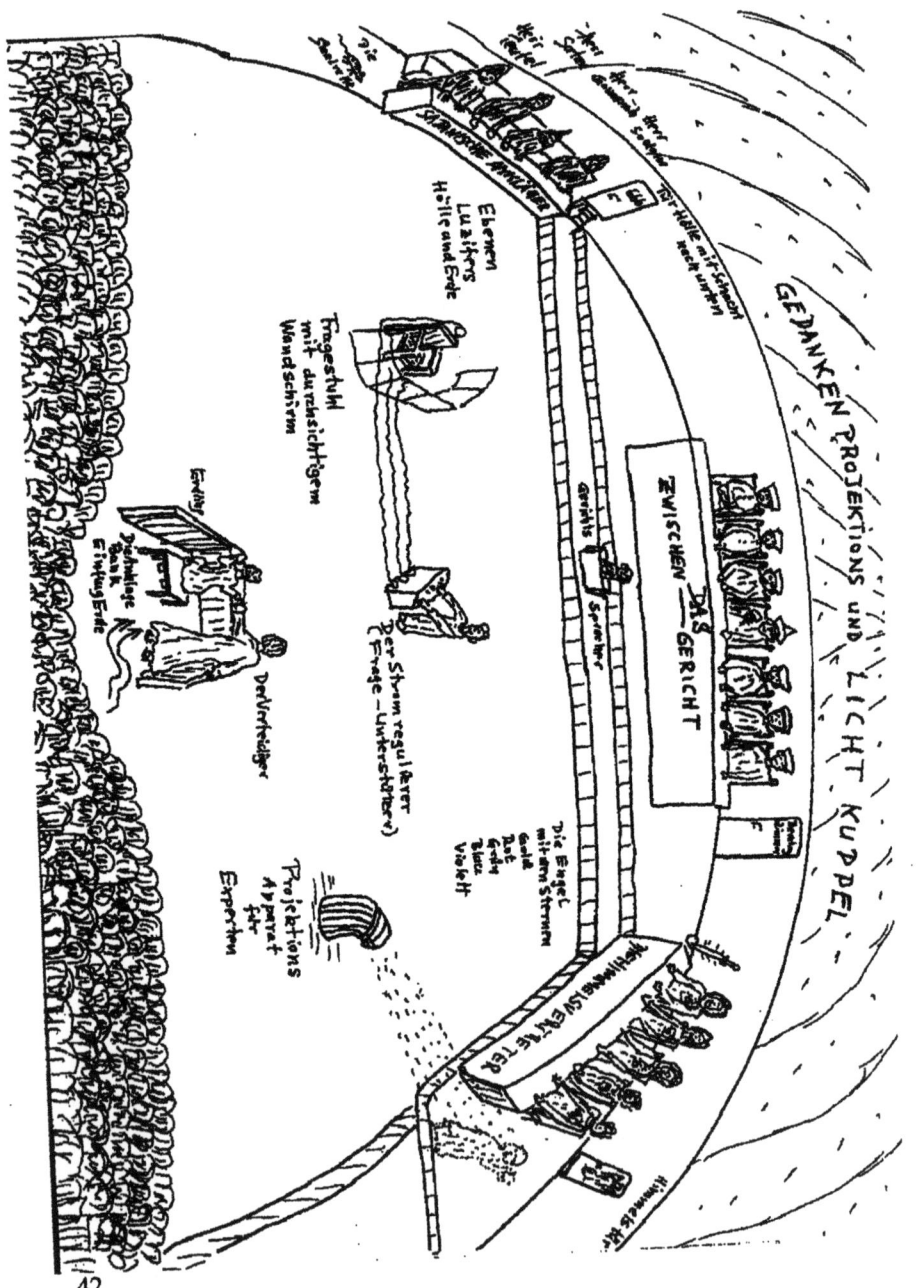

42

5.Kapitel   Die Lichtkuppel

Bei meinem nächsten Erscheinen hatte ich mich vorher ordentlich in mein Bett gelegt, damit nicht wieder ein Bein einschläft oder so, denn ich wollte, wenn ich es schon nicht vermeiden konnte, das Ganze möglichst schnell hinter mich bringen.

Der Herr Satan, der immer wollte, dass man ihn mit 'Herr Staatsanwalt' anredet, hatte gerade verkündet, man wolle zunächst einmal mein seltsames Sexualverhalten auf den Tisch bringen

Auf den Tisch bringen! Vielleicht versprach er sich ja dadurch einen großen Erfolg und eine Abkürzung des Verfahrens, weil das ja auf der Erde immer so gut klappt, wenn man Politiker oder Regierende zum Schweigen bringen will, ausrangieren, wegputzen.

Jedenfalls verkündete er, dass diesen Anklagepunkt der Herr Sodom besonders gut vorzutragen geeignet sei, da dieser über einschlägige Erfahrungen auf diesem Gebiet verfüge.

Schließlich sei ihm damals wegen solcher Sachen seine Stadt von Jahwe weg gepustet worden, wenigstens teilweise deswegen und da er inzwischen in den verschiedensten Lebzeiten immer ein Pfaffenamt innegehabt habe, habe er noch viel intimere Kenntnisse menschlicher Verfehlungen auf diesem Gebiet erlangen können und sei deshalb Spezialist auf diesem Sektor, dem Sex-Sektor.

Natürlich trug er auch die Pfaffentracht, unter der sich so gut wie alles so vorzüglich verbergen lässt.

Als die Ankläger sich darin ergingen, über meine sexuellen Fehlpraktiken zu berichten und dabei Einzelheiten über diese aus den Tiefen ihrer Talare hervor kramten, die ich selbst schon lange vergessen hatte, konnte ich mich dem Drang nicht widersetzen, völlig neue Gedankenbilder entstehen zu lassen, die mich zwangsläufig in eine rasante Lachfahrt trieben, wie ich sie schon so oft in früherer Zeit erlebt hatte und von der ich daher aus Erfahrung wusste, dass sie in einer unaufhaltsamen Lachkaskade enden würde, die immer dann besonders bedrohlich und unaufhaltsam war, wenn ich sie am wenigsten gebrauchen konnte, und die immer unwiderstehlicher ihrem Ziel zu drängte, je peinlicher und unpassender die Situation war.

Zum Beispiel als wir, als heranwachsende Kinder, der kirchlichen Trauung unserer Mutter und unseres Stiefvaters in einer kleinen australischen Buschkapelle beiwohnten, wo der kleine, liebenswerte, deutsch-stämmige Pfarrer sich liebenswürdiger Weise auf Deutsch abmühte und Dinge sagte, wie: "Und Gott schuf ein Männlein und ein Weiblein", oder "Jesus fütterte seine Jünger."

Dieses unbändige und durch nichts aufzuhaltende Verlangen, gerade dann zu lachen, wenn es praktisch verboten war, hatte mich immer wieder überkommen wie eine unselige Geisteskrankheit, die einen gerade dann überkommt, wenn man beweisen will, dass man sie natürlich nicht hat -diese Geisteskrankheit.

Immer wenn Andere diese mir besonders albern vorkommende 'Feierlichkeit' an den Tag legten, überkamen mich diese Gefühle.

Als ich selber, nach einem halben Jahr wilder Ehe, das erste und letzte Mal in meinem Leben geheiratet hatte, war es mir auch passiert.

Der Standesbeamte, der auf der gegenüber liegenden Seite eines dunkelgrünen Glastisches gesessen hatte, hatte begonnen, ganz feierlich über die Wirren und die zu überwindenden Klippen und Untiefen einer Ehe Vortrag zu halten und uns unschuldigen Kindlein das für die Zukunft anzukündigen, was in dieser halbjährigen wilden Ehe schon weitaus exzessiver in der Wirklichkeit für uns Vergangenheit geworden war, auf dass wir uns besser darauf vorbereiten könnten und es war so absurd, als wollte jemand einem Teufel die unhaltbaren Zustände in der Hölle beschreiben, so dass ich den Anblick des ehrbaren Mannes nicht mehr ernsthaft hatte ertragen können und deshalb begonnen hatte, mit meinen Blicken auf die Tischplatte zu entfliehen.

Aber hier war mir noch größeres Ungemach begegnet.

Das Gesicht des ehrbaren Standesbeamten erschien nun auf der Tischplatte auch noch verkehrt herum. Der breite Mund war nun noch breiter und das alles im Grün der Tischplatte erinnerte nun an einen großen Frosch aus einem absurden Märchen, nur dass sie dort in der Regel als verwunschene Prinzen aufzutreten pflegen, nie aber als ehrbare Standesbeamte.

Und es war wieder einmal unaufhaltsam um mich geschehen gewesen. Ich konnte trotz aller Unterdrückungsversuche, trotz des Wissens um die Peinlichkeit, mein Lachen nicht aufhalten und prustete lauthals quer über den Tisch, so dass der Standesbeamte sicherlich für einen Regenschirm dankbar gewesen wäre.

Und so etwas begann sich nun erneut anzubahnen, als im Zwischengericht die Rede auf meine seltsamen, etwas exotischen Sexualpraktiken zu kommen begann und ausgerechnet diese Vorzeigepfaffen sie in gestelztem Ton vortrugen.

Es war deshalb besonders schlimm, weil an diesem Ort immer gleich sichtbare Gedankenbilder aus den Köpfen der Leute hervor strömten, die weitaus mehr darstellten, als das eigentlich Vorgetragene, die sich dann auf der über uns befindlichen Lichtkuppel fast wie dreidimensionale Bilder niederschlugen und es dadurch unschwer zu erkennen war, was sie außer dem Gesagten noch so alles gedacht hatten.

Natürlich entstanden diese Bilder mit einer so rasanten Geschwindigkeit, dass sie sich alsbald mit anderen Bildern mischten und überlagerten. Aber das Verräterische für mich war, dass ich anscheinend der Einzige im Raum war, der farbige Bilder entstehen ließ, während die Vertreter der Unterwelt nur Schwarz-Weiß-Bilder hervor brachten, die Vertreter der geistigen Ebene eher glasklare, durchsichtige, in Symbolen verschlüsselte Formen absonderten, die, zumindest für mich, nicht mehr interpretierbar waren und deshalb wohl sicherlich auch nicht für die Unterweltler und dass die der himmlischen Seite Angehörenden nur noch goldene Lichtwellen von sich gaben, die wohl von keinem Vertreter der darunter liegenden Ebenen hätten gedeutet werden können.

Nur ich musste peinlicherweise bunte, klar erkennbare, alles überlagernde Bilder absondern und ich hoffte zutiefst, dass der mir übergebene Filter, eine Art Zensurfilter, den mir Alex vorher zu meinem Schutz überlassen hatte, die verfänglichen Bilder wenigstens soweit verschleiern würde, dass nicht mehr alles in voller Farbenpracht und in allen Einzelheiten sichtbar wäre.

Aber es gab da ein Problem. Alex hatte mir diesen Filter in die Mütze hinein praktiziert, die ich hatte aufsetzen sollen, um diesen darin zu verbergen.

Und zwar genau an der Stelle, wo besonders verwerfliche, unmoralische und lüsterne Gedanken normalerweise den Kopf zu verlassen pflegen. Jedenfalls in der Regel.

Und nun war einer dieser Gerichtsaufpasser gekommen und hatte verlangt, dass ich gefälligst meine Mütze abzunehmen hätte und ich hatte versucht, heimlich den Filter aus der Mütze zu entfernen und da er darin sehr fest zu sitzen schien, hatte ich ihn mit einem recht energischen Ruck unter dem Tisch heraus gerissen und dabei den Tisch fast umgestoßen, mir einen Ordnungsruf vom Richtertisch eingehandelt, ich solle gefälligst nicht so herum hampeln, man könne bei solcher Unruhe kaum verhandeln und ich hatte sodann versucht, mir den Filter in die kurz geschorenen Haare zu praktizieren, in der Hoffnung, er würde schon an dieser berüchtigten Stelle haften bleiben und dass ich damit nicht zu albern aussehen würde.

Aber das Unheil nahm unaufhaltsam seinen Lauf, wie beim ungewollten, gar noch unterdrückten Lachen.

Als der kleinste der Pfaffen mit der Beschreibung der ersten Verfehlungen begann, wurde der Druck an der berüchtigten Stelle immer stärker, der Filter, der bisher die Bilderflut in bunte Linien aufgelöst hatte, begann sich wie eine Brandblase aufzublähen und es war wie bei einer Feuerwehrspritze, über die man ein Kondom gezogen hat: Ein Feuerwehrmann geht zum Hydranten, dreht den Haupthahn auf, fünf atü Wasserdruck aus dem städtischen Leitungsnetz stürmen in den Schlauch, der sich peitschend windet, bis das Wasser die Feuerwehrspritze erreicht hat und das Kondom mit lautem Knall platzt.

Der ominöse Filter platze mit laut hörbarem Knall und entließ eine Flut von obszönen Bildern in den Raum, die sich alsbald an der Lichtkuppel niederschlugen und all das grau-schwarze Bilderwerk der Unterweltseite mit leuchtend bunten Farben überdeckte.

Ein unüberhörbares Raunen ging durch den Raum und für kurze Zeit stierten alle Anwesenden zu den lustigen kleinen schmutzigen Bildern, die sich da an der Kuppel niedergeschlagen hatten und -ihr Eigenleben entwickelnd- ihr Unwesen trieben

Da liefen also auf einer kugelförmigen Ebene überall fette Weibsbilder herum, die, statt ihre bunt leuchtenden Unterteile hervor zu zeigen, diese gut verhüllt hielten und statt dessen ihre Gesichter bunt schillernd mit Farben beschmiert hatten.

Und alberne Mannsbilder rannten mit ihren unscheinbaren, angespitzten, hinter Kleidern verborgenen Penissen hinter ihnen her und statt ihre roten Penisse vorzuzeigen, wie es die Affen tun, von denen sie abstammen, zeigten sie Geldscheine vor.

Und sie wurden geheißen, diese nach Prüfung in einen Schlitz in einem seitlich am Weibsbild hängenden Behälter zu stecken, worauf sich bei den Weibsbildern unten, zwischen den Schenkeln, ein Rollgitter aufrollte und den begehrten, leicht rötlichen Schlitz freigab, der wegen seiner Verborgenheit kaum noch Leuchtkraft entfaltete.

Und die albernen Mannsbilder hatten ihre Last, ihre kleinen roten Penisse da hinein zu schieben, weil diese schon ganz verkümmert waren vom ewigen Verbergen, statt Vorzeigen, und weil sie sich Frustbäuche angefressen hatten, die ihre Penisse noch um einiges verkürzt hatten. Dann sah man sie einige Minuten wilde Bewegungen machen, wie ein Gefangener, der schnell, während der Wärter mal weg ist, einen Gitterstab durchsägen will, um dann anschließend befreit und erschöpft ihre blass-roten Penisse wieder heraus zu ziehen, die in erschlafftem Zustand nur noch halb so groß waren und überhaupt nicht mehr vorzeigbar gewesen wären, weshalb sie auch immer große Nobel-Autos brauchten, um von diesem erbärmlichen Zustand abzulenken.

Dann passierte bei den Weibsbildern etwas Erstaunliches.

Auf ihrem Rücken begann sich in einem Fensterausschnitt eine bunte Scheibe mit Zahlen und Symbolen zu drehen, es machte etwa neunmal 'Kling' und 'Klack', dann öffnete sich erneut das Rolltor zwischen den Schenkeln und es fielen -plop, plop, plop, wie bei

47

einem Spielautomaten, in den man oben Geld rein steckt und unten zuweilen ein Gewinn rauspoppt- lauter kleine Pfaffen und Polizisten und Richter und Rechtsverdreher, Neger und Juden, Moslems und Amerikaner und Deutsche und Chinesen und Mechaniker heraus, alle ganz possierliche kleine Kerlchen, die sogleich bereits ihre Berufskleidung und ihr Werkzeug dabei hatten, weil man heute garnicht früh genug anfangen kann, wenn man später mal einen Job haben will.

Da waren die Pfaffen mit ihren Kragen und ihren Kutten und der Kordel, dem seltsamen Hütchen auf dem Kopf und einer vom Teufel persönlich redigierten Bibel in der Hand, die Polizisten mit ihrer grünen Uniform und der weißen Mütze, die bereits einen recht ordentlichen Schlagstock in der einen und eine Pistole in der anderen Hand fest umklammert hielten, Richter die Roben und Barette trugen und die den Hammer zum Ruhe schaffen und ihre vorgefertigten Urteile bereits in Händen hielten, Rechtsverdreher die bereits verdrehbare Paragraphen zum Ins-Gegenteil Verdrehen und kleine Geldbündel zur Wahrheitserleichterung in ihren winzigen Händchen hielten.

Die kleinen Neger, die bereits ein Transparent trugen mit der Aufschrift: 'Nie wieder nur Bananen', die kleinen Juden mit ihren lustigen Käppis auf dem Kopf, die in der einen Hand ein Schild trugen 'Nie wieder Opfer', in der anderen ein Kassenbuch und die kleinen Mechaniker, die bereits einen blauen Overall trugen, in einer Hand einen Schraubenschlüssel, in der anderen ein Schild wo 'mehr Lohn' drauf stand.

Und dann waren da die kleinen Moslems, von denen es unterschiedliche gab.

Solche, die einen schwarz-gold glänzenden Koran mit goldener Aufschrift in der einen Hand und ein Transparent in der anderen trugen, auf dem stand: 'Die anderen sind Sünder, wir sind tolerant'! Und dann die anderen, die ein Brett vorm Kopf hatten auf dem stand: 'Unser Mittelalter ist jetzt!', die in einer Hand ein Transparent hatten auf dem Khomenies Kopf prangte und in der anderen Hand eine schwarze Kugel mit einer brennenden Lunte trugen und auf deren

48

Rücken ein Steckbrief prangte, der 3 Millionen $ für den Kopf von Salman Rushdi auslobte.

Und da waren die kleinen Amerikaner, die in einer Hand einen Teller trugen und in der anderen ein Bündel Dollarnoten an denen unten schon Wurzeln herab hingen, weil sie diese so oft ins Spülwasser hielten, weil sie glaubten, die Geldbündel würden dann schneller wachsen. Und auch sie trugen ein Brett vor dem Kopf auf dem stand: 'Wir wollen ein weißes Amerika' und 'Uncle Sam wird's schon richten'.

Und dann die kleinen Deutschen, die teilweise viereckige Köpfe hatten, teilweise Kahlköpfe aus denen die Enden von Hakenkreuzen heraus ragten, mit Knüppeln in der einen und Bierflaschen in der anderen Hand und wieder andere mit einem Brett vor dem Kopf, auf dem stand: 'Wir wollen in Ruhe Coca Cola trinken, deshalb Ausländer raus!'

Und die erstaunlicher Weise schon in einer Hand einen Teller trugen, nur mit dem D-Mark Bündel hatte es noch nicht so geklappt, weil sie sich anscheinend scheuten, es ins schmutzige Spülwasser zu halten. Aber ansonsten waren sie schon fast zu kleinen Amerikanern mutiert.

Und dann ploppten aus den großen Öffnungen natürlich auch -fast hätte ich es vergessen- lauter kleine Weibsbilder, die alle schon das Rollgitter in der Öffnung zwischen den Schenkeln hatten und die bereits unter dem Arm einen voluminösen Behälter mit einem Geldschlitz trugen.

Einige trugen Transparente mit der Aufschrift: 'Wir wollen die Herrschaft, und zwar über den Mann', andere 'Nie wieder Sex', wieder andere: 'Für männer-freie Zonen', oder 'Nie wieder Frau sein'.

Und natürlich hatten sie schon mit Schminke bemalte Gesichter! Einen Brauch, den die Neger längst aufgegeben haben.

Es war possierlich, mit anzusehen, wie sie überall aus den jetzt sehr großen Öffnungen heraus poppten und irgendwie bedrohlich, wie es auf dem Platz immer enger zu werden drohte, weshalb es auch angesagt war, dass sie bereits jetzt schon richtige fertige kleine Kerlchen waren, die sogleich begannen, andere von ihrem Platz zu verdrängen, während ein weiteres, recht seltsames Phänomen auf dem Platz stattfand.

Die Weibsbilder, die inzwischen ihre Rolltore wieder herunter gelassen hatten, rannten jetzt den Mannsbildern hinterher, packten sie am Kragen und verlangten von den völlig verschreckten Männchen, sie hätten noch mehr Geld in den Schlitz zu stecken, da sie durch ihr Verhalten diese kleinen Kerlchen verursacht hätten und sie, die Weibsbilder, aber selbst keine Zeit für die Aufzucht hätten, daher Andere für diese Aufgabe bezahlen müssten, um sich ihrer eigentlichen Aufgabe, den Geldschlitz ständig neu auffüllen zu lassen, hingeben zu können. Verstehe das wer will.

An diesem Punkt war im Saal ein solches Gelächter und ein solcher Tumult ausgebrochen, dass der Vorsitzende Richter mit seinem schweren Hammer voller Aufregung dermaßen auf die Richterbank schlug, dass diese einen Riss bekam und es allen Anwesenden in den Ohren dröhnte.

Und er verlangte von der Technik, dass man sogleich das Licht in der Lichtkuppel, das die Bilder hatte sichtbar werden lassen, abzuschalten habe, ordnete eine kurze Pause an, in der ich ausnahmsweise und entgegen den Regeln, mit einer neuen Mütze auszustatten sei, die einen stärkeren Filter an dieser spezifischen Stelle auch wirkungsvoll und zuverlässig festhalten würde.

Und er kündigte an, wenn sich danach weiterhin in so würdeloser Art benommen werden sollte, das Verfahren abzubrechen und die Klage samt und sonders abzuweisen.

Aus dem Tumult wurde ein verhaltenes Gegrummel

Irgendein Gerichtsmensch eilte mit einer neuen Mütze und einem größeren Filter herbei.

Mein Verteidiger versuchte sie mir an der richtigen Stelle auf den Kopf zu stülpen, während die Technik versuchte, die Lichtkuppel von allen Schmuddelbildern zu reinigen und wieder in sauberem Licht erscheinen zu lassen.

Wahrhaftig hatten die Vertreter der Anklage ohne dieses Licht noch düsterer ausgesehen, als dies ohnehin schon der Fall war.

50

Ich dachte mir, wie es wohl erst gewesen wäre, wenn sie die Lichtkuppel nicht ausgeschaltet hätten und die nächsten Figuren, die gerade meinem Kopf entschlüpft waren, auch noch gesehen hätten.

Ich hatte nämlich gerade darüber nachdenken müssen, dass immer mehr sogenannte Wissenschaftler versucht hatten, durch das Verhalten der Affen die Zwangsläufigkeit des Verhaltens der Menschen , die ja von diesen abstammen, zu untermauern.

Und dabei war mir aufgefallen, dass die Affen, wenn sie ein Weibchen beeindrucken wollen, ihren schönen steifen, roten Penis vorzeigen, mit stolzgeschwellter Brust und tierisch-breitem Grinsen und dass bei der Spezies Mensch Geldscheine zum Vorzeigen benutzt werden und dass nur noch solche Exemplare artgerechtes Verhalten zeigen, die ihn am hellichten Tage auf öffentlichen Plätzen unter dem Mantel hervorholen und damit -entgegen der natürlichen Regel- alle Anwesenden erschrecken und abgeführt werden und solche, die ihn auf Männertoiletten vorzeigen, wo sie zumindest auf eine bestimmte Spezies des Männchens großen Eindruck machen.

Aber auch sie werden als entartet betrachtet. Komisch, obwohl allein diese beiden Sorten ein artgerechtes Verhalten an den Tag legen.

Klar, die Weibsbilder sehen in solchen Exemplaren eine Geschäftsschädigung, weil diese das Auffüllen ihrer Geldschlitze hintertreiben.

Wenn all dies auch noch auf der Lichtkuppel erschienen wäre, wäre wahrscheinlich unter den Anwesenden ein Krieg ausgebrochen, der Gerichtssaal aus der feinstofflichen Ebene gesprengt worden und alle Anwesenden wären sicherlich sogleich in ihre jeweiligen Existenzebenen zurück geknallt worden.

Ich wäre, wie aus einem Traum, ziemlich verstört und amüsiert wieder aufgewacht und hätte mich erneut den banalen Aufgaben des Lebens stellen müssen.

Aber so leicht wurde es mir eben nicht gemacht

Statt dessen probierte man, ob das mit der Lichtkuppel nun klappen würde und mit meiner Filtermütze, stellte mir absichtlich ein paar schmutzige Fragen und stellte befriedigt fest, dass aus dem Filter nun nur noch bunte Linien austraten und keine unreinen Bilder an der nun sauberen Lichtkuppel erschienen.

Da all dies eine normale Traumphase bei weitem überschritten hatte, obgleich hier die Zeit nicht existiert, beschloss man, sich auf die nächste gemeinsame Traumphase zu vertagen, wobei darauf Wert gelegt wurde, dass alle gefälligst zur gleichen Zeit zu Bett zu gehen hätten, damit sie in etwa wieder zur gleichen Zeit hier im Zwischengericht in Erscheinung treten könnten.

Ihnen wurde leichtes Abendessen verordnet, damit sie nicht wegen einem störrischen Magen Einschlafprobleme hätten und es wurde ihnen empfohlen, sich gefälligst besser vorzubereiten, darauf zu verzichten, Anekdoten von sich zu geben und die kostbare Zeit des Gerichts mit Unfug zu vergeuden.

Darauf ertönte das Signal, das zum Rückruf in ihre jeweiligen Körper geläutet wurde und der Saal leerte sich schlagartig.

Erstaunlich; es gab immer neue Varianten, den Spuk zu beenden.

Ich erwachte mit ziemlichem Druck auf der Blase wieder in meinem heimischen Bett.

Als ich am nächsten Abend pünktlich um die angeordnete Zeit ins Bett ging, die Klingel abgestellt und den Anrufbeantworter eingeschaltet hatte, nahm ich mir vor, möglichst wieder so einzuschlafen, dass ich später alles erinnern würde, wie es mir bisher ja auch gelungen war.

Eine schlagartige Müdigkeit überkam mich, wie bei den anderen Malen auch und bevor ich's mich versah saß ich wieder auf meinem angestammten Platz im Zwischengericht.

◇

6.Kapitel Erörterung der sexuellen Absonderlichkeiten

Ich saß also bereits wieder auf meinem Platz, mit meinem grünen Kleid.

Die Richter hatten sich unter dem Geraschel ihrer Gewänder wieder hingesetzt, der Vorsitzende hatte das Verfahren eröffnet und der Herr Sodom war aufgerufen, nun mit der Anklage fortzufahren.

Dieser bemühte sich gerade mit einer großen Mappe mit viel Papier und vielen Bildern, wie man sehen konnte, da ihm einiges aus der Mappe heraus gefallen war und beinahe die Saalratte erschlagen hatte, die immer wieder in der Nähe der Ankläger ihr Unwesen trieb, indem sie dort, teilweise geräuschvoll hin und her huschte oder ein Geschrei veranstaltete, wenn jemand auf sie drauf trat.

Er ordnete also mühsam seine Sachen, richtete sich auf, zum Auditorium gewandt und fing an:

"Wir werden also heute die Sexualpraktiken des Angeklagten ausführlich behandeln, weil dann wahrscheinlich weiteres Vertrödeln von Zeit mit diesem Zeitgenossen sich erübrigen wird!"

"Also," fuhr er fort, "es begann bei diesem unnatürlichen Burschen schon, als er gerade 11 Jahre alt war und er anfing, bei jeder Gelegenheit mit seinem Penis zu spielen und ihn aufs Unnatürlichste zu strapazieren, um sich verbotene Lustgefühle zu verschaffen.

Ja, verbotene, denn seine Mutter hatte ständig unter Drohungen und Prügeln alles beschäftigen mit dem Unterleib in der Familie verboten.

Er verschaffte sich heimlich Zugang zu einem Arztbuch, das er entdeckt hatte und schlug immer wieder die Seite auf, auf der die Öffnung der Frau dargestellt war, bis die Mutter das Buch verschwinden ließ.

Alle Prügeln und Drohungen, wie zum Beispiel man würde vom Onanieren Rückenmarksschwund und Gehirnschwund kriegen, was damals eine sehr populäre Abschreckung war, konnten ihn nicht von seinem schmutzigen Tun abhalten.

Er tat es sogar, wenn er von seiner Mutter zum gemeinsamen Mittagsschlaf gezwungen wurde, wo er Rücken an Rücken mit ihr in einem Bett liegen musste, quasi hinter ihrem Rücken.

Und als sie ihn einmal fragte, weshalb er so schnaufe, antwortete er dreist, er blase einen Luftballon auf, obwohl er garkeinen hatte.

Dann hörte er sich in den Kellern und Ruinen, wo sich seinesgleichen rumzutreiben pflegte, die schmutzigen Geschichten anderer Kinder an und beteiligte sich an Doktorspielen mit kleinen Mädchen.

Er konnte seinen Blick nicht abwenden, wenn draußen auf der Straße ein Hengst seinen großen roten, glitschigen Pferdepenis herab hängen ließ und freute sich an schmutzigen Reimen wie 'Max und Moritz, diese Rüpel, schaukeln sich am Pferdepiepel' und sah besonders genau hin, wenn die Pferde ihr Hinterteil öffneten um große Pferdeäpfel auf die Straße fallen zu lassen.

Diese schwarz-roten Öffnungen, die sich so schön langsam öffneten, faszinierten ihn schon, als er noch ein Junge war, womit bewiesen wäre, dass er schon damals pervers war.

Dann, mit 14, ging er bei jeder Gelegenheit mit einem Schulfreund in eine Ruine, um 'ein Gefühl zu machen', wie sie es nannten, wo sie sich dann gegenüber auf Steinbrocken setzten und sich gegenseitig dabei zusahen.

In dieser Zeit hatte er ein so aufreizendes Verhalten, dass ihm laufend Männer nach rannten.

Und obwohl er diese ja aufgereizt hatte, beschimpfte er sie und drohte ihnen allerlei Übel an, wenn sie ihn nicht in Ruhe ließen.

Genauso, wie es die Frauen immer machen; aufreizen und dann Übel androhen.

Als er bei einem Schulfreund eingeladen war und dort den Freund im Bett des Stiefvaters antraf, und zwar nackt -beide nackt- und erfuhr, dass dessen Mutter im anderen Zimmer schlief, weil der Stiefvater die Frau nur wegen des Jungen geheiratet hatte, sie aber dessen Geld wollte, empörte sich der Angeklagte auch noch wegen dieser Schweinerei, wie er es nannte, dass diese Hure ihren Sohn verkauft habe, obwohl ich sicher bin, dass er nur eifersüchtig darauf war, dass der Junge mit seinem Stiefvater im Bett lag und ihn auch noch überlegen angrinste."

Der Herr Sodom, der hier so alte Hüte vortrug und dabei noch alles gegen mich verdrehte, hatte eine Pause gemacht, weil ihm offensichtlich die Papiere durcheinander geraten waren und er dies als willkommenen Anlass benutzte, sich gelb-grünen Schleim aus der Nase zu putzen, den er dann auch noch sichtbar an seinem Schmuddelgewand abstreifte, was ihm aber nur schlecht gelang, so dass anschließend die Papiere an seinen hässlichen Fingern kleben blieben und das Sortieren derselben zum Fiasko geriet.

Als er es dennoch endlich geschafft hatte, fuhr er fort:

"Diese schmutzige Entwicklung setzte sich auch fort, als die Familie nach Australien ausgewandert war. Er begegnete dort, gerade 16, einem anderen Jungen, der auch aus Berlin kam und verliebte sich sogleich in ihn. Aber weit gefehlt, wenn man annehmen wollte, er hätte sich diesem etwa offenbart. Denn dazu war er viel zu feige, weil er damit rechnen musste, dass ihn dieser anständige Junge gleich davon gejagt hätte.

Statt dessen versteckte er seine absonderliche Fehlentwicklung, stimmte in das Schimpfkonzert über solche Entarteten mit ein und ließ keine Gelegenheit aus, den anständigen Jungen von oben bis unten zu betrachten, mit ihm Ringkämpfe zu veranstalten, um sich an dessen Körper zu ergötzen, obwohl dieser viel stärker war und ihn dabei immer fast umbrachte.

Meine Herren, dieses Individuum war nicht nur anders rum, er entwickelte auch sado-masochistische Züge, was aber noch lange nicht alles ist."

Hier musste er sich wieder erholen und da er so gut Bescheid wusste und alles so schön verdrehen konnte, dachte ich mir, jetzt wird er bestimmt die Sache mit dem Schaf erzählen. Aber er begann mit der Kartoffel.

"Meine Herren, in dieser Zeit begann der Angeklagte den anständigen Jungen zu verderben. So tauschten sie Informationen darüber aus, mit welchen Hilfsmitteln man sich gut ersatzweise befriedigen könne.

Da war die Rede von ausgehöhlten Kartoffeln, vom Gebrauch von Sandseife, die besonders gut prickeln sollte und ähnlich unnatürlichem Kram.

Und eines Tages kam dann die Sache mit dem Schaf.

Ich bitte hier den Gerichtssprecher, aus dem Lebensbuch des Angeklagten zu verlesen, was damals unser Beobachter nieder geschrieben hat."

Der Gerichtssprecher schlug ein großes, dickes Buch auf, blätterte eine Weile darin und sagte dann:

"Mein verehrter Herr, diese Stelle kann ich nicht finden; es gibt sie offensichtlich nicht!"

Der Herr Sodom war wütend, beherrschte sich aber und fuhr zynisch grinsend fort: "Nun gut, soweit scheint es also auch schon zu sein, dass man das Lebensbuch manipuliert hat".........

Er wurde vom Ordungsruf des Vorsitzenden unterbrochen und setzte erneut an: "Dann wollen wir mal sehen, ob die Sache mit dem Bordellbesuch in Sydney noch im Lebensbuch steht.

Da fuhr er nämlich zu Ostern, da war er gerade 18 Jahre alt, der Freund 17, mit diesem nach Sydney, nicht ohne vorher am Flugplatz von Cooma das nötige Benzin zu klauen, das sie in Milchkannen füllten, die sie vorher bei der Molkerei geklaut hatten, denn nach Sydney waren es fast 500 km und es musste ja für den Hin- und Rückweg reichen, um dort in ein Bordell zu gehen, um das erste Mal im Leben eine Frau 'auszuprobieren'!

Ja meine Herren, ,auszuprobieren!"

Er musste sich schon wieder erholen, weil er sich so ereifert hatte und er fuhr fort:

"Ich bitte den Gerichtssprecher aus dem Lebensbuch vorzulesen!"

Der Sprecher blätterte erneut. Bei den übrigen Anwesenden war verhaltene Heiterkeit auszumachen.

56

Immer wieder entwich dem einen oder anderen ein unterdrückter Lacher, mal ein Quietscher, Hände wanderten vor den Mund und jeder versuchte ernsthaft bei der Sache zu sein.

Der Sprecher hatte offensichtlich die Stelle gefunden und kündigte an:

"Da zu dieser Zeit kein Beobachter dabei war, wegen Ostern, ist das Nachfolgende in der eigenen Rede des Angeklagten, als Gedächtnisprotokoll nieder geschrieben. Ich bitte Sie also, dies zu berücksichtigen, dass nicht ich das war, sondern der Angeklagte!"

Und dabei räusperte er sich, setzte sich ordentlich zurecht und begann zu lesen:

"Wir fuhren also nach Sydney, um das erste Mal im Leben eine Frau von unten zu betrachten, wie sie da wirklich aussieht, weil wir noch nie eine gesehen hatten.

Es gab ja so viele Gerüchte darüber, wie zum Beispiel eines, das nie einer je nachprüfen konnte, weil man keine Asiaten ins Land ließ, dass die Chinesinnen das Ding quer hätten, was natürlich sehr praktisch wäre, weil es sich dann immer beim breit machen der Beine schön straff zusammen ziehen würde. Aber keiner konnte sagen, ob das stimmte oder nicht.

Bei anderen wundersamen Geschichten war es jedenfalls viel offensichtlicher, dass sie erlogen waren.

Zum Beispiel diese: Ein Mann will es mit einer Frau tun und sie sagt zu ihm:

'Jedes Mal, wenn ich mehr Seil sage, steckst Du bitte mehr rein'

Dann bestieg er sie und steckte sein Dings rein und die Frau sagte:

'Mehr Seil' und er steckte ein Bein rein.

Und die Frau sagte: 'Mehr Seil'. Und er steckte das andere Bein rein.

Und die Frau sagte: ‚Mehr Seil'. Und nun rutschte er völlig rein, konnte sich nicht mehr festhalten und fiel in eine große, dunkle Höhle.

Als er sich an die Dunkelheit gewöhnt hatte, sah er am fernen Ende der Höhle ein Licht flackern. Er ging hinüber zu dem flackernden

Licht und sah, dass da ein Mann an einem Tisch saß und beim Schein einer Kerze in einem Buch las.

Und er fragte den Mann: 'Entschuldigung mein Herr, können Sie mir sagen, wie man hier wieder raus kommt?'

Und der alte Mann, der einen langen, weißen Bart hatte, der schon bis zum Fußboden reichte, antwortete:

'Wenn Sie mir helfen, mein Pferd und meinen Wagen zu finden, sage ich Ihnen, wie man hier wieder raus kommt!'

Natürlich war uns klar, dass diese Geschichte erlogen war.

Jedenfalls mussten wir uns selbst ein Bild von der Sache machen.

Als wir in Sydney ankamen, überlegten wir, wie wir dem Umstand gerecht werden sollten, dass Ostern war und wir eigentlich in die Kirche hätten gehen sollen.

Das vertrug sich aber nun nicht mit unserem unanständigen Vorhaben, ein schmutziges Bordell aufzusuchen. Also machten wir einen Kompromiss. Um Ostern gerecht zu werden und da wir auch gerne ins Kino gingen, nahmen wir die Gelegenheit, den viel gepriesenen Monumentalfilm 'Die Zehn Gebote' anzusehen, der gerade angelaufen war. So hatten wir was christliches uns zu Gemüte geführt, hatten aber keine Kirche durch unser Vorhaben, in ein Bordell zu gehen, entweiht.

Nach dem sehr eindrucksvollen Film fiel es uns fast schwer, in die Palmerstreet am Kings Cross zu fahren, der legendären Straße, von der alle in den Busch-Camps erzählt hatten, wo Nutten sein sollten, trotzdem es eigentlich verboten war.

Als wir uns sehr vorsichtig der Straße genähert hatten, bot sich uns ein erstaunliches Bild. Entlang der Straße, die vielleicht auf jeder Seite 20 bis 30 Häuser hatte -alles kleine, einzeln stehende Einfamilienhäuser- standen vor jedem Haus etwa 30 bis 40 Männer Schlange, wie bei uns vor den Läden, nach dem Krieg.

Bei näherem Hinsehen war folgendes Ritual zu beobachten:

Alle eineinhalb bis zwei Minuten kam ein verstörter Mann heraus, der sich noch den Hosenschlitz zuknöpfte, während der Nächste bereits hinein ging.

Und die Wartenden fragten den gerade Herausgekommenen, wie es denn gewesen sei. Jeder der so Befragten gab auch bereitwillig Auskunft über die Qualität und Beschaffenheit der begehrten Öffnung und über das Herumgehampel und so weiter, in ziemlich zotigem Ton, was einige veranlasste, noch erregter an ihrer Hose zu reiben, andere bewog, die Schlange, in der sie schon eine gute Position hatten zu verlassen und sich in eine andere Schlange, vor einem anderen Haus, wieder einzureihen.

Ich maß es mit der Stoppuhr; eine Minute und fünfzig Sekunden war die übliche Frequenz, dass einer raus kam und der nächste rein ging.

Wir liefen die ganze Straße entlang und sahen uns die Weiber an, wenn sie kurz in der Tür auftauchten, um den einen raus zu schieben und den nächste herein zu holen.

Sie waren alle ziemlich alt, fett und liederlich.

Zwischendurch kam es mehrmals zu einem gar seltsamen Phänomen.

Irgendwer, am einen oder anderen Ende der Straße, rief: 'Coppers' und sofort lösten sich schlagartig die Schlangen vor den Häusern auf und einige tausend Männer aus aller Herren Länder gingen, wie auf Kommando spazieren, als wäre nichts gewesen.

Dann fuhr eine Polizeistreife durch die Straße und kaum war diese um die nächste Ecke gebogen, rannten alle sogleich zurück und nahmen problemlos wieder ihre Stellung in der Schlange ein.

Nachdem wir an der einen Seite herauf und an der anderen Seite wieder herunter gelaufen waren, beschlossen wir, die Frau in dem letzten Haus zu benutzen, da sie am jüngsten aussah und noch volles Haar hatte.

Wir stellten uns artig in der Schlange der Wartenden auf und sahen immer wieder für kurze Momente das Gesicht der Frau über die Menge ragen.

Es ging nämlich immer ein paar Stufen herauf zu der Eingangstür. Sie hatte eine Hakennase und einen dünnen, strengen Mund und befehligte wortlos ihre Opfer.

Es war fast unrealistisch, wie all diese Männer, die im Busch hart gearbeitet hatten, vor diesen Weibern kuschten, als wären sie zuhause bei ihren strengen Müttern. Endlich waren wir an der Reihe.

Mein Freund traute sich nicht, als Erster rein zu gehen, obwohl ich es ihm bezahlen wollte und selber garnicht so recht wollte.

Aber ich war nun einmal da und ich wollte jede Erfahrung machen, die es als junger Mann zu machen galt. Also ging ich als erster hinein.

Die Frau mit der Hakennase und dem schmalen Mund führte mich hinein in einen düsteren Raum, der von einer an der Decke baumelnden 40 Watt Birne in einer Fassung erleuchtet wurde, verlangte zwei Pfund, die ich bereits in der Hand hielt, weil das der gängige Tarif war, steckte sie schnell weg und hieß mich, genau hier stehen zu bleiben, während sie in einem Nachbarzimmer verschwand.

Das Nachbarzimmer war nur durch eine Pappwand von dem, in dem ich jetzt war, abgetrennt. Und diese Pappwand ging nur bis etwa 30 Zentimeter unter die Decke, um eine Durchlüftung zu ermöglichen, weil wahrscheinlich das hintere Zimmer kein Fenster hatte, wie ich es schon öfter gesehen hatte. In der Pappwand war aber nicht etwa eine Tür, sondern dort hing ein Laken, so dass man nicht in den anderen Raum hinein sehen konnte.

Statt dessen konnte man um so besser hören.

Eine besoffene, alte Frauenstimme schrie mit einem Mann rum, in unflätigster Weise, 'if you want to fuck, you have to pay, you old pig' und ähnliches, und das Theater wurde so heftig, dass ich dachte, da würde jeden Moment ein Mann im hohen Bogen durch den Vorhang geflogen kommen.

Die Frau mit der Hakennase und dem schmalen Mund kam wieder, mit einer emaillierten Waschschüssel und einem Stück Seife und einem Lappen, stellte die Waschschüssel vor mir auf einen hohen Hocker, verlangte, dass ich gefälligst meinen Dings herzeigen sollte, begann ihn vehement mit Seife und Lappen zu waschen und zu schrubben, nahm ein Handtuch, das rauh wie eine Raspel war, trocknete ihn ab, quetschte ihn richtig zusammen, als wollte sie sehen, ob da was raus käme, räumte flugs Schüssel und Tuch wieder ins Nebenzimmer, rauschte wieder zwischen dem Lakenvorhang durch, dass dieser hoch flatterte und knallte sich rücklings auf ein schmuddeliges Bett, auf dem nur ein Laken war, das so aussah, als sei es noch nie gewaschen worden.

Sie riss sich den Rock hoch, machte die Beine breit -und das Ganze Prozedere hatte noch nicht einmal eine Minute gedauert- und forderte mich mit einer herrischen Geste auf, gefälligst zu ihr aufs Bett zu steigen und es schnell hinter mich zu bringen.

Nebenan tobte immer noch der Tumult, der noch lauter geworden war. Dinge flogen durchs Zimmer und nicht nur, dass ich Angst hatte, mit gezogenem Dings in eine Prügelei verwickelt zu werden, ich genierte mich auch und knipste, als ich mich auf das Bett begab, den Lichtschalter aus, falls jemand rein käme.

Wie von der Tarantel gestochen fuhr die Frau hoch, wobei sie mich fast vom Bett warf, schaltete das marode Licht wieder an und ließ mich wissen, dass sie da keinen Spaß verstehe, das Licht habe an zu bleiben und ich solle es endlich tun, da draußen würden noch mehr Leute warten.

Spätestens zu diesem Zeitpunkt war ich eigentlich reif, den unseligen Ort zu verlassen. Aber ich hatte bezahlt und wie Leute, die auch ein schlechtes Essen aufessen, weil sie es ja bezahlt haben oder einen schlechten Film bis zuende ansehen, weil es ja gekostet hat, wollte ich es jetzt auch tun.

Aber vor allem, wegen der Erfahrung, immerhin der ersten in meinem Leben, heraus zu finden, was an dieser Sache dran ist, mit dieser Öffnung.

Aber so sehr ich auch glaubte, ich hätte ihn wo rein gesteckt, ich bemerkte partout nichts. Da war ein riesiges schwarzes Loch, musste ich annehmen. Nur, wenn ich mich statt vor und zurück, mal zur Seite bewegte, merkte ich, dass da eine Wandung war, die sich trocken und kalt anfühlte, wahrscheinlich vom Durchzug bei einer so riesigen Öffnung.

Die Frau hatte offensichtlich den Ehrgeiz, jeden Besteiger zufrieden zu stellen, weil es schlecht fürs Geschäft ist, wenn er draußen erzählt, dass es nichts war.

Jedenfalls umklammerte sie mich jetzt auch noch mit den Beinen, und das alles in voller Kleidung, was aber nicht nur nichts nützte, sondern es nur noch schlimmer machte.

Ich beschloss, dass es mir zu dumm sei, stand auf, steckte ihn kopfschüttelnd weg und ging raus.

Draußen schaute mich mein Freund erwartungsvoll mit fragendem Blick an. Ich drückte ihm 2 Pfund in die Hand und sagte ihm, er möge es selbst heraus finden, in der Hoffnung, er würde endlich begreifen, dass es sich nicht lohne, sich um das weibliche Geschlecht verrückt zu machen.

Aber es kam völlig anders, als ich erwartet hatte.

Mein Freund kam nach einigen Minuten fröhlich lachend wieder heraus.

Ich fragte ihn, wie es gewesen sei, er strahlte, prima, es habe ihm Spaß gemacht, er müsste nur aufpassen, er habe sich früher, als Junge mal an seinem Dings verletzt und da müsse er es etwas vorsichtiger angehen lassen.

Als hätte diese Frau überhaupt irgendeinen Dings aufhalten können.

Ich war enttäuscht, die Investition hatte sich nicht nur nicht gelohnt, sie war auch kontraproduktiv, weil er es toll gefunden hatte.

Er war eben ein einfacher Naturbursche, der wie alle Männchen, garnichts mit kriegt, wenn er geil ist, dachte ich"....

In diesem Moment durchschnitt die Stimme des Herrn Sodom den Raum und er sagte ganz laut:

"Das reicht, Herr Sprecher! Wir haben alle gehört, der Angeklagte ist mit seinem Freund ins Puff gegangen, weil er ihn umpolen wollte.

Er war enttäuscht, weil es diesem gefallen hatte. Er fand ihn primitiv, weil dieser nicht den gleichen Abscheu bei der Nutte empfunden hat und so hat er sich als unnatürlicher Kerl entlarvt! Aber es geht noch viel weiter. Irgendwann hat er es mit allerlei Tieren getrieben -immer bei Vollmond- aber dazu fehlen uns ja leider derzeit die Unterlagen, jedenfalls soll er es gar mit einem Huhn getrieben haben!"

Waren die Anwesenden vorher teilweise schon vor Langeweile am Einschlafen gewesen, so waren sie nun alle wieder wach und Erheiterung war im Raum zu spüren.

Das erste Mal in diesem Prozess meldete sich mein Verteidiger Alex zu Wort:

"Einspruch, hohes Gericht! So kann das nicht laufen. Der Herr Sodom ergeht sich hier in Gossengeschichten. Das ist ja sein Milieu. Und seine Ausführungen widersprechen einfach den Tatsachen!

Wenn man berücksichtigt, dass ein Huhn billiger ist, als ein Bordellbesuch, wenn man weiter bedenkt, dass man vom Huhn, wenigstens in der Regel, keine tödlichen Krankheiten kriegen kann, ist es dann nicht logisch, dass ein Huhn im Kochtopf, eine regelrechte Vergeudung ist?"

"Es ist aber gegen die Gesetze Gottes," widersprach Sodom aufsässig.

"Ich habe danach nicht gefragt! Ich habe gefragt, ob es logisch wäre?"

"Rein von der Logik her, ja!" antwortete Sodom

"Ist Ihnen bekannt, dass man in Arabien zu solchen Zwecken ein Huhn auf den Penis pflanzt, diesem dann den Kopf abhackt, weil das Huhn dann minutenlang so schön zappelt?"

"Ja, das ist bekannt!"

"Hat der Angeklagte jemals einem Huhn deswegen den Kopf abgehackt, obwohl das ja die, die es in den Kochtopf tun auch machen, den Kopf abhacken?"

"Hat er nicht," erwiderte Sodom.

"Herr Staatsanwalt, Ihnen ist sicher bekannt, dass vor kurzem in Pakistan oder Indien ein Junge erschossen wurde, und alle Welt geglaubt hat, er sei erschossen worden, weil er zuvor im Fernsehen Aussagen über Kinderarbeit gemacht hatte.

Aber dann stellte sich heraus, dass dieser Junge deshalb erschossen wurde, weil er einen jungen Mann dabei überrascht hatte, wie der es gerade einem Esel besorgt hat und diesen verspottet hatte?"

"Ja, der Fall ist mir bekannt!" antwortete Sodom.

"Gut, dann sagen Sie uns doch bitte hier allen, was die dazu befragten Jungen zu dem Fall noch gesagt haben!"

Herr Sodom verzog das Gesicht und sagte:

"Meinen Sie die Frage, ob das dort so üblich sei?"

Alex erwiderte: "Genau diese Frage wollte ich hören. Was haben die Jungs geantwortet?"

"Na klar, das sei dort ganz normal, weil man doch an die Mädchen nicht rankomme, da alles verboten sei. Ganz normal!" antwortete Sodom.

"Ist es nicht richtig," fuhr Alex in seiner Befragung fort, "dass damals in Australien die Bevölkerung innerhalb weniger Jahre von acht Millionen auf elf Millionen aufgestockt wurde und dass diese drei Millionen, die dazu kamen, fast ausschließlich Männer waren?

Und dass die jungen Mädchen garnicht daran gedacht haben, mit jungen Burschen zu gehen, sondern sich 35 Jährige nahmen, weil die schon Geld und ein Auto hatten?

Und dass ein junger Mann, wenn er ein paar Mal mit einem Mädchen gesehen wurde, auf Schadensersatz verklagt werden konnte, wenn das Mädchen nur behauptete, dass er ihr die Heirat versprochen habe? Und dass weiß Gott wie vielen Jungen ein Kind angehängt wurde, obwohl sie diese Frau nie nackt zu sehen bekommen hatten?

Und ist es nicht weiterhin wahr, dass damals Jungen aus Nachbarorten an Samstagen mit Knüppeln und Motorradketten angereist kamen, um die örtliche Jugend aus dem Tanzsaal zu prügeln, weil sie die Mädchen gerne für sich haben wollten?

Und ist es da nicht genauso normal, statt sich all diesem Theater auszusetzen, statt als Vergewaltiger herum zu laufen, es mit allerlei Tieren zu treiben?"

64

"Es ist aber gegen Gottes Gebote," antwortete der Herr Sodom aufsässig.

"Ist es nicht wahr, dass Gott, beziehungsweise der Herr Jahwe, dem Herrn Moses nur 10 Gebote gegeben hat?

Oder gibt es vielleicht ein elftes Gebot, dass da hieße, Du sollst es nicht mit Tieren treiben?"

"Ich kenne kein solches Gebot," erwiderte der Herr Sodom störrisch, "aber meine Stadt und die des Herrn Gomorrah wurden deswegen dem Erdboden gleichgemacht!"

"Ist es nicht vielleicht viel eher ganz anders gewesen," setzte nun Alex nach, "dass nämlich Eure Städte deshalb dem Erdboden gleichgemacht worden sind, weil es darin keinen einen ehrlichen Mann gegeben hat, dort gesoffen, gehurt, vergewaltigt, geraubt und gemordet wurde?"

"Aber das ist doch genau," fauchte Sodom, "was heute allerorten auf der Erde passiert und niemand putzt ihnen deswegen gleich ihre Städte weg!"

"Ist es nicht weiterhin richtig, dass es in Lateinamerika heute noch Länder gibt, wo es verboten ist, es mit Lamas zu treiben, weil viele davon die Syphilis in sich tragen und man Angst hat, sie könnten diese schreckliche Krankheit mit in ihre Familien bringen, wie damals die Spanier, als sie sie nach Europa gebracht und ganze Völkerscharen damit ausgerottet haben?

Und dass man den überführten Hirten die Eier mit Spezialzangen zerquetscht -vor versammelter Dorfgemeinde- zur Abschreckung?"

"Ja," sagte Sodom, "aber worauf wollen Sie hinaus?"

"Ist es also nicht weiterhin richtig, dass das Problem heute noch brandaktuell ist? Bis heute, weil der Herr Luzifer, seit seinem Erscheinen auf der Erde, den natürlichen Fortpflanzungstrieb zu einer Dauerdroge ausgeweitet hat, um die Menschen besser unter Kontrolle zu kriegen, weil nun Verbote und Strafen die von dieser Droge Abhängigen manipulierbar, korrupt, zu jeder Schandtat bereit und auf diese Weise zu Luzifers Geisel gemacht haben?

Und ist es nicht wahr, dass auf diese Weise, weil das Normale verboten wird, das Unnormale inzwischen normal geworden ist?"

"Ich möchte hierzu nichts sagen, schließlich bin ich hier der Kläger und nicht der Angeklagte!" sagte Sodom trotzig.

"Herr Sodom," fuhr Alex fort, "ich kann sie auf den elektrischen Fragestuhl bringen lassen, wenn Sie hier nicht die Wahrheit sagen.

Sie klagen meinen Mandanten wegen Schandtaten an, die weltweit, von der Antike bis heute, ganz normal sind, nur dass niemand darüber spricht. Vor dem Kinsey-Report hat auch keiner zugegeben, dass er täglich onaniert, dass Männer es mit Männern treiben und Frauen mit Frauen, oder dass die Landjugend es mit ihren Stalltieren treibt, weil jeder glaubte, er sei der Einzige.

Ich frage also noch mal anders herum: Ist es nicht richtig, dass die luziferischen Kräfte den Menschen dergestalt verändert und sexabhängig gemacht haben, dass weltweit seit dieser Zeit alle Abarten und Verbrechen geschehen konnten, die ohne diese Veränderung nie passiert wären?"

"Nun, wenn Sie mich so fragen, kann ich dies nicht verneinen, aber ich protestiere; als guter Katholik, als Angehöriger der obersten Schichten dieser Kirche, muss ich protestieren!"

"Heuchler," fuhr es plötzlich durch den Raum.

Der Erzengel Michael hatte sich das erste Mal in diesem Prozess eingemischt, war aufgestanden und legte sogleich los:

"Ich kann mir diesen Unfug hier nicht länger mit anhören.

Setzt diesen verlogenen Burschen auf den Wahrheitsstuhl!"

Die zwei dunklen Gestalten, die mich beim ersten Mal aus meinem Bett geholt hatten, eilten flugs herbei, schnappten sich den Herrn Sodom und zerrten den widerborstigen blitzschnell zu dem Lügenstuhl, schnallten ihn dort fest, der Wahrheitsnachhelfer, auch so ein grauer Bursche, kam herbei und setzte sich an sein Pult und mit sichtlichem Vergnügen im Gesicht, versicherte er, er sei bereit, jede Wahrheit aus dem Lügner heraus zu kitzeln.

66

Der Herr Michael richtete sich jetzt erneut mit herrschender Stimme an Sodom:

"Sie haben uns hier erzählt, die Katholische Kirche sei gegen sexuelle Unzucht. Ich möchte jetzt von Ihnen detailliert hören, in welchen Ländern und in welchen Institutionen der Kirche hauptsächlich Knaben, aber auch kleine Mädchen von Pfaffen, von Lehrern in Internaten, von Bischöfen und gar von Kardinälen zu schändlichem sexuellen Tun mißbraucht wurden. Und sie brauchen nur die zu erwähnen, die bereits bekannt sind?"

Der Herr Sodom war nun garnicht mehr auftrumpfend.

Er sah erbärmlich aus in diesem Stuhl, sein Gesicht war noch farbloser geworden und er brachte keinen Ton hervor.

"Elektriker," ertönte erneut Michaels Stimme durch den Saal,

"drehen sie ihm etwas Strom unter sein Lügengewand!"

Der Strom-Mann grinste zufrieden und drehte an seinen Knöpfen.

Der Her Sodom zappelte recht unnatürlich und schrie:

"Gut, ich will reden."

Der Elektriker drehte sogleich wieder die Knöpfe zurück, obwohl er das nur ungern tat. Aber das war die Vorschrift.

Der Herr Sodom atmete tief durch und begann:

"Ich kann mich da unten nicht mehr blicken lassen. Aber ich habe ja keine Wahl. Also es wurden tatsächlich Fälle bekannt aus Kanada, dass Jungen im Internat von ihren Lehrern jahrelang mißbraucht wurden und dass das in Amerika geschah, an Schulen und Kirchen und in Irland, in England, in der Schweiz und in vielen anderen Ländern."

"Das reicht mir noch nicht!" ließ Michael sich vernehmen,

"Was haben sie mit den Kindern getan? Genau bitte!"

"Sie haben ihnen ihre fetten Schwänze in ihre kleinen Popos gesteckt und sie haben sie ihnen in den Mund gesteckt und sie fast erstickt damit!"

"Und auf welche Weise haben sie die armen Kinder zum Schweigen gebracht?" setzte Michael nach.

"Indem sie den Kleinen gedroht haben, dass sie in die Hölle kämen, wenn sie es je jemandem erzählen würden."

"Schaut Euch diese erbärmliche schwarze Brut an,"

fuhr Michael fort, „in der Zeit der ersten Päpste haben sie sich Knaben in Harems gehalten und bei Bedarf sogar kastriert, um sie länger gebrauchsfähig zu halten, weil sie keine Frauen haben durften, um den Schein zu wahren und sie haben es all die Jahrhunderte hindurch so getrieben und unzählige kleine Seelen zerstört.

Sie haben fast alles Normale zu Verbotenem erklärt, so dass das Unnormale mittlerweile das Normale wurde und hier wollen sie sich aufspielen, dieses verlogene Theater abziehen, von wegen Sexverfehlungen, die wahrhaftig harmlos sind, gegen all das Ungeheuerliche, was sie selber getan haben. Wie widerlich!

Herr Alex, fahren Sie mit dieser Farce fort, wenn es denn sein muss!"

Alex schwang sich wieder in Pose und begann erneut, dem Herrn Sodom unangenehme Fragen zu stellen.

"Ist es Ihnen bekannt, dass bereits im alten Ägypten Männer es mit Kamelen trieben, dass sie dazu extra Fußrasten, die mit Lederriemen an den Beinen der Kamele festgebunden waren, benutzt haben, damit sie immer dabei sind, wenn das Kamel herum läuft, damit es ihnen nicht so gehen sollte, wie den deutschen Bauern, von denen immer erzählt wird, dass sie bei ihren Kühen einen Melkschemel hinter der Kuh aufstellen, der immer umkippt, wenn der Bauer ihn gerade rein stecken will?"

In diesem Moment ging ein Inferno los. Einige der Richter, die schon lange ihre Mühe hatten, an sich zu halten, fingen an, fast hysterisch zu kreischen und zu quieken, hatten purpurne Gesichter bekommen und krümmten sich vor Lachen. Das hatte zur Folge, dass das Publikum auch zu toben anfing und der ganze Saal in einer heiteren Stimmung war.

Nur der Vorsitzende war ernst geblieben, empörte sich ob der Krawalle und der mangelnden Beherrschung und schlug kräftig mit seinem Hammer umher.

"Was soll denn dieses alberne Gelache," fragte er herausfordernd seine Beisitzer, die immer noch prusteten und nach Luft rangen.

Der ganz linke Richter fing sich einigermaßen und da er auch am Weitesten weg saß, hatte er den Mut, immer noch herum albernd, dem Vorsitzenden zu antworten:

"Herr Vorsitzender," hub er an, "es ist ein ganz alter Hut, dass Menschen es schon immer mit allem getrieben haben, was sich bewegt, warm ist und eine glitschige Öffnung hat. Weil sie nämlich einen Tierkörper bewohnen. Und da ist es so, dass unter bestimmten Zuständen der Erregung sämtliche Vernunft hinfällig wird. Weshalb das Volk auch den passenden Spruch dazu hat, 'Wenn der Dings steht, sei der Verstand im '...... Sie wissen schon!"

Und nun begann er dem Vorsitzenden zu erklären, dass sämtliche Richter schon mal als Menschen auf der Erde, in eben einem solchen Tierkörper gelebt hätten, dass ihnen keine Spielart fremd sei, dass es ungeheuren Spaß gemacht habe und dass er, der Vorsitzende, das nur deshalb nicht verstehen könne, weil er selbst in den geistigen Ebenen aufgewachsen sei, bevor man die Variante mit der Erde als Brutstätte für Geistwesen eingeführt habe.

Er möge doch aber bitte Verständnis haben, dass sie alle gelacht hätten, weil Sex, im nachhinein betrachtet, wirklich etwas sehr komisches sei und dass jeder, der sich selbst dabei beobachten könnte, wahrscheinlich verschreckt davonlaufen würde, wegen der unglaublichen Bewegungen die er dabei mache, der Verrenkungen, der Anstrengung und des stupiden Gesichtsausdruckes.

Und alle fingen erneut an zu kichern und man konnte in ihren Gesichtern sehen, dass sie so allerlei erlebt haben mussten, wovon sie hier sicher nicht berichten würden.

Nur ich musste mir diesen ganzen grotesken Unfug über mich anhören, obwohl fast alles gelogen war.

Der Herr Sodom war inzwischen wieder auf seinem vorherigen Platz und begann erneut:

"Also unser Angeklagter hat Sodomie begangen, was ja hier keinen zu interessieren scheint. Er hat sich Knaben zugewendet aber behauptet, er sei nie ein Homo gewesen, gar noch, er sei seiner Zeit voraus gewesen und hat dazu sogar noch den Herrn Jesus zitiert!„

"Wie das?" fragte einer der Richter.

"Ja, das ist richtig, er hat gesagt, er sei seiner Zeit voraus und er hat Jesus zitiert! Ich bitte den Gerichtssprecher die entsprechende Stelle im Lebensbuch vorzulesen!"

Der Gerichtssprecher war etwas schwer von KP und bat um Auskunft, welche Stelle der Herr Sodom wohl meine.

"Die Stelle, wem nach der Auferstehung die Frauen gehören!" sagte Sodom.

"Aha," sagte der Sprecher, blätterte und begann vorzulesen:

"Er spricht hier mit einem Bekannten und sagt: Also, früher, zu den Zeiten, als man die biblischen Geschichten niedergeschrieben hat, war es Brauch, dass, wenn ein Mann starb und der einen Bruder hatte, der Bruder dessen Frau übernahm, weil sie sonst nicht hätte überleben können, außer als Bettlerin oder Hure. So kam es vor, wenn einer drei Brüder verloren hatte, dass er plötzlich seine und deren drei Frauen, also vier Frauen hatte.

Als nun Jesus den Leuten erzählte, dass sie alle auferstehen würden, fragten sie ganz logisch, wem denn dann die Frauen gehören würden, den ersten Besitzern oder dem letzten Besitzer. Und weißt Du, was der Herr Jesus seinen Jüngern geantwortet hat?

'Dort wird es weder Frauen noch Männer geben, sondern Ihr werdet sein wie die Engel!'

Wenn ich mir also meine Lieben nach Schönheit und Geist aussuche, ohne Rücksicht auf deren Geschlecht, habe ich der Zeit nur vorgegriffen!"

Als der Sprecher hier angelangt war, schrie Sodom dazwischen:

"Halt, das reicht!"

70

Der Sprecher hörte auf und Sodom begann nun wieder:

"Wir haben also gesehen, dass der Angeklagte den Namen Jesu mißbraucht, um seine schrankenlose Unsittlichkeit zu rechtfertigen.." und hier wurde er von Alex unterbrochen, der sofort mit neuen Fragen begann:

"Hat der Angeklagte jemals in seiner bisherigen Lebzeit einen seiner Freunde bestiegen oder sonstige sexuelle Handlungen an ihnen vollzogen?"

"Nein," antwortete Sodom, "aber er hätte gerne, und er hat mit Strichern poussiert, an ihrer Stelle sozusagen, wie abstoßend!"

"Moment," setzte Alex nach, "wenn hier schon die Rede davon ist, dass er gern gewollt hätte, dann bitte schön, sagen Sie uns auch, warum er es dennoch nicht getan hat!"

"Nun, er hat es nicht getan, weil er ihnen ihr Leben nicht verderben wollte. Er wusste ja, dass die Gesellschaft das nicht akzeptiert hat, dass solche Leute nicht für voll genommen werden und dass seine Freunde höchstwahrscheinlich nicht stark genug gewesen wären, Beides zu tun, mit einem Freund einerseits und mit einer Familie andererseits. Und er wollte, dass sie glücklich werden sollten. Damit ist doch bewiesen, dass er sich seines unrechten Tuns bewußt war!" trumpfte Sodom auf.

"Das ist schwachsinniger Unfug," konterte Alex, "er war seiner Zeit voraus, wusste aber, dass seine Freunde alle zu schwach waren, um diesen Schritt mit zu gehen, weshalb er sie aus Liebe verschonte, weil er um das Leid wusste, das er selbst zur Genüge ausgekostet hatte.

Und wenn er zum Ausgleich mal zu Strichjungen ging, weil er die Einsamkeit nicht mehr ertrug, hat er sie wie Könige behandelt und nie etwas getan, das deren Würde verletzt hätte. Das geschah alle soviele Jahre mal und manchmal hat er ihnen einfach nur das Geld gegeben und sie wieder weg geschickt, weil er sich vor ihnen geschämt hat.

Und er hat es auch zwischendrin mit Mädchen gemacht. Wie es ihm gerade gefallen hat.

71

Wir können also sehen, dass der Sodom sich hier bestenfalls zum Gespött der Anwesenden gemacht hat und dass er wirklich nichts hat vortragen können, das einer Anklage wert gewesen wäre.

Ich beantrage daher, diesen Anklagepunkt als nichtig zurück zu weisen und diesen Teil der Befragung abzuschließen!"

Der Herr Sodom, der die Unsinnigkeit der Sex-Anklage längst eingesehen hatte, sprang sogleich vor und sagte unterwürfig zu den Richtern:

"Hohes Gericht, obwohl ich natürlich ganz anderer Meinung bin, sehe ich ein, dass hier alle anderer Auffassung sind, dass die Anklage offensichtlich nichts bewirkt hat, weshalb ich sie hiermit formal zurückziehe!"

Die Richter atmeten erleichtert auf und man konnte ihnen ansehen, dass sie froh waren, endlich zu einem Schluss zu kommen, da diese Sitzung schon viel länger gedauert hatte, als alle vorherigen und es ihnen schwer fiel, ihr Energiefeld aufrechtzuerhalten.

Sie wurden immer farbloser und ihre Konturen waren schon ein wenig aufgeweicht. So war es nur zu natürlich, dass, als der Vorsitzende rief, 'die Verhandlung ist für heute geschlossen', und der seltsame Signalton erklang, der Saal sich noch schlagartiger leerte, als beim letzten Mal.

Ich wachte völlig erschöpft und zerknittert auf, rannte sogleich, ihr wisst schon wohin und freute mich aufs Frühstück, weil ich richtig hungrig geworden war, nach soviel Geschichten über Sex.

◇

7.Kapitel   Zeugenauftritt des Herrn Tod

Es war ein schrecklicher Tag, an dem ich so ziemlich alles falsch gemacht hatte. Das hatte schon morgens, beim Frühstück angefangen. Ich hatte, wie sich nachher herausstellte, keinen Tee in mein Teesieb getan und mich gewundert, dass das aufgegossene Teewasser nach mehrmaliger Kontrolle immer noch keine Farbe angenommen hatte. Da es inzwischen abgekühlt war, musste ich erst Neues kochen, um einen Tee zu bereiten.

Und das war so weitergegangen, dass ich zum Einkaufen gegangen war und mein Portemonnaie vergessen hatte, so dass man mir meine Einkäufe nicht aushändigen wollte, so dass ich erst zum Kiosk rennen musste, um mir Geld zu borgen, damit ich meine Einkäufe auslösen konnte, damit mir die Milch inzwischen nicht sauer wird.

Die vorangegangene Nacht hatte mich doch schwer mitgenommen und ich fragte mich, wie lange wohl das Theater noch weitergehen würde mit meinen nächtlichen 'Ausflügen' zu diesem obskuren 'Zwischengericht' und ob ich wohl je heil aus dieser Sache raus kommen würde.

Und ich fragte mich, ob das wohl eine neue Art wäre, wie sich das Ende ankündigt und ich vielleicht nur deshalb noch nie von sowas gehört hatte, weil die anderen sich nicht trauten, davon zu erzählen, weil sie vielleicht befürchteten, dass man sie dann in eine Anstalt stecken würde.

Hier wird man nämlich immer in eine Anstalt gesteckt, wenn man ungewöhnliche oder sonderbare Geschichten erzählt. Wie dem auch sei, ich überstand den Tag irgendwie, ging am Abend recht früh ins Bett und kaum war ich am Einschlummern, ging es wieder los, genau wie an den anderen Tagen auch.

Ich saß wieder an meinem Platz auf der Anklagebank, der Vorsitzende hatte sich wieder Ruhe mit dem Hammer verschafft, es war sehr unruhig im Saal, Füße scharrten, Gewänder raschelten, es wurde hier und da gehüstelt, ähnlich wie vor einer ernsten Opernaufführung, nur dass das Geräusch verstimmter Musik-instrumente, die gerade gestimmt wurden, fehlte.

Und dann war es, als ginge ein unsichtbarer Vorhang auf, alles war totenstill im Raum und der Vorsitzende rief den Herrn Satan, der immer darauf bestand mit 'Herr Staatsanwalt' angeredet zu werden, dazu auf, mit seiner Anklage fortzufahren. Dieser stellte sich in wichtige Pose, machte eine ausladende Handbewegung und begann:

"Hohes Gericht, meine Herrschaften! Es wird hier immer so hingestellt, als sei die Herrschaft Luzifers ein Unglück für diese Welt gewesen und wir alle, die versucht haben auf der Erde Ordnung zu schaffen, werden immer wieder verteufelt. Und das, obwohl wir immer unser Bestes gegeben haben!"

Es ging wieder einige Unruhe durch den Saal. Die Richter verzogen ihre Gesichter, bei den Engeln war es noch schlimmer, als wollten sie gleich aufspringen und jemanden erwürgen und im Publikum schwankte es zwischen Zustimmung und Ablehnung, so dass der Vorsitzende sich genötigt sah, den Hammer einzusetzen.

Der Herr Satan fuhr fort:

"Ich will Ihnen heute, wie ich bereits am Anfang des Prozesses angekündigt habe, den Herrn Tod als Zeugen vorführen, der darüber zu berichten haben wird, wie oft versucht wurde, diesen Störenfried, den Angeklagten, aus dem Verkehr zu ziehen, womit bewiesen werden sollte, dass er mit den himmlischen Mächten unter einer Decke steckt. Ich rufe den Herrn Tod!"

Was jetzt geschah war schon ein seltsames Phänomen. Während die anderen Anwesenden die Szene immer durch irgendeine Tür betreten oder verlassen hatten, segelte hier etwas Unbestimmbares durch die Lichtkuppel, schwebte durch den Raum, ließ sich links von dem Fragestuhl nieder und begann allmählich, reale Form anzunehmen.

Ein erschrecktes Raunen ging durch den Raum. Allmählich hatte sich ein schwarzer Kapuzenumhang abgezeichnet, der die ganze Gestalt verhüllte. Unten sahen ein paar dürre Gebeine heraus, die in riesigen schwarzen Pantoffeln steckten, die den Eindruck erweckten, als könne bestimmt niemand darin auch nur einen Schritt laufen ohne zu stolpern oder der Länge nach hinzufliegen, sozusagen aus den Pantinen zu kippen. An den Seiten, wo der Umhang seine angedeuteten Ärmel hatte, schauten ein paar Knochenarme mit

74

Knochenhänden daran heraus und in einer dieser Hände hielt diese schreckliche Figur eine niedliche Kindersense mit einem Holzstiel und einer rosanen Plastikschneide, die insgesamt nur etwa einen halben Meter maß und recht putzig aussah.

Zwischen dem allgemeinen Erschrecken über diese gruselige Figur kam nun hier und da auch wieder amüsiertes Zischeln auf, wohl sicher wegen der putzigen Kindersense mit dem Plastikteil oder vielleicht wegen der großen Pantoffeln; wer weiß.

Der Staatsanwalt wollte gerade etwas sagen, kam aber nicht dazu, weil sich nun der Vorsitzende einmischte und fragte:

"Herr Tod, erlauben Sie mir eine Frage: Warum erscheinen Sie, der Sie als Sonderengel auf die Erde geschickt worden sind, um bei der Metamorphose der Geistwesen zu helfen, in einem so erbärmlichen Aufzug ?"

Der Herr Tod machte ein paar Schritte auf die Richterbank zu, drehte sich mal nach rechts, mal nach links, als wollte er ein großes Publikum begrüßen und erwiderte, zur Richterbank gewandt:

"Herr Vorsitzender, ich finde diesen Aufzug auch schrecklich und wenig erbaulich, glauben Sie mir.

Aber ich erscheine so, wie sich die Menschen mich vorstellen. Und seit dieser Luzifer auf der Erde ist und die Herrschaft übernommen hat, haben alle Menschen eine unbändige Angst vor mir, zu Unrecht, Herr Vorsitzender, zu Unrecht und sie stellen mich seit dieser Zeit als Sensemann dar, als albernes Skelett, das furchteinflößend ist und deshalb kleiden sie es in ein so verhüllendes Kostüm. Und die Sense soll darstellen, dass ich sie abmähe, wie eine Wiese, mit all ihren Blumen. Dabei habe ich nie jemanden abgemäht.

Ich bringe nicht einmal jemanden um!"

Es hatte sich gar grauslich angehört, was da aus diesem hohlen, halb in der Kapuze verborgenen Totenschädel herausgekommen war.

Und sogleich meldete sich ein Engel zu Wort, der mit dem roten Stern, der die Liebe verkörpert:

"Herr Tod, eine Zwischenfrage bitte. Ich habe mich noch nicht sehr mit der Erde und ihrem Leben beschäftigt. Was bedeutet denn Tod überhaupt und was ist Ihre Aufgabe ?"

Der Herr Tod drehte sich behende herum, spazierte mit leicht tänzelndem Schritt an dem Fragestuhl vorbei, auf die Bank der Engel zu, wobei ihm die riesigen Pantoffeln erstaunlicher Weise überhaupt keine Schwierigkeiten machten und sagte:

"Herr Engel, der Herr Vorsitzende hat Recht! Die Position des Todes wurde eingerichtet, als die Erde einzig und allein eine Aufzuchtstation für Geistwesen war. Auf der Erde ergaben sich phantastische Möglichkeiten, dass ein geistiges Wesen sich viel schneller zu voller Reife entwickeln konnte. Dazu steckte man sie lediglich in einen hochentwickelten Tierkörper und sorgte dafür, dass sie, wenn sie diesen bei ihren Lernspielen ruinierten, sogleich in einen neuen schlüpfen konnten, um ihre Entwicklung fortzusetzen, mit dem Ziel, sie als reife Geistwesen in den geistigen Ebenen weiterwachsen zu lassen, als Nachwuchs für den Himmel.

Man mag diese Idee kurios finden, aber das ist nicht meine Sache, mich darüber auszulassen. .

Jedenfalls war die Erde ein schöner Ort und es gab hier unzählige Möglichkeiten zu schnellen Erfahrungen, ohne die geistigen Ebenen in Unordnung zu bringen. Es war so eine Art Kindergarten mit Vorschule, Schule und Uni sozusagen, die verschiedensten Stufen alle an einem Ort.

So konnten sie zum Beispiel weil es Hunger und Kälte und Durst gab und die Geilheit, lernen zu entscheiden, ob sie das letzte Stück Brot mit jemandem teilen oder ob sie ihn deswegen erschlagen würden.

Diese sehr schmerzhaften Erfahrungen brachten schnelle Resultate, da wegen der geistigen Gesetze vom Kharma und anderen, alles immer wieder, spätestens im nächsten Körper auf sie zurückschlug. Sie lernten auf diese Weise wirklich sehr schnell.

Und damals war meine Position von einem Engel ausgeführt, der die Aufgabe hatte, wie eine Hebamme die Geistwesen, die gerade ihren Körper ruiniert hatten, in Empfang zu nehmen, zu trösten, liebevoll

76

in den Arm zu nehmen, ihnen alles zu erklären und sie -je nach Fortschritt- einem neuen Körper zuzuführen oder in den Zug nach oben, in eine höhere Ebene zu setzen. Diese Stellung war eine sehr erfreuliche Stellung, wahrhaftig!"

Der Herr Tod hatte eine kurze Pause gemacht und sein Vortrag war sehr nachdenklich und traurig im Ausdruck gewesen.

Der Engel mit dem roten Stern setzte nach:

"Herr Tod, Sie sagen immer 'es war', als würden Sie von den guten alten Zeiten reden. Was ist daraus geworden? Denn anscheinend ist es nicht mehr so, wie es einmal war ?"

Der Herr Tod raffte sich wieder auf und hub an:

"Hohes Gericht, ich möchte gerne eine Aussage machen, kann dies aber nur machen, wenn die Anklägerbank solange geräumt wird und man diese schwarzen Gestalten solange hinausschickt!"

Der Vorsitzende schien erstaunt und da er sowas nicht gewohnt war, fragte er etwas ungehalten:

"Ist das wirklich notwendig? Wir kommen ohnehin nicht recht voran in diesem leidigen Prozess ?"

"Ja, das ist unbedingt notwendig, da ich einerseits die Pflicht habe, die Fragen der Engel unbedingt zu beantworten, andererseits aus Berufsgründen nicht in Gegenwart dieser Typen aussagen kann!"

Auf der Anklägerbank herrschte hastige Unruhe und Schuhegetrampel, wobei auch ein Pferdefuß ganz deutlich herauszuhören war, es gingen Protestrufe von dort aus, aber der Vorsitzende sagte mit scharfer Stimme:

"Die Ankläger haben sofort den Raum zu verlassen und sich draußen zu unserer Verfügung zu halten!"

Und damit schlug er mit seinem Hammer laut auf den Tisch, als wollte er so seinen Worten das richtige Gewicht verleihen.

Die Ankläger verschwanden in der Tür mit der Aufschrift 666 .

Ein Hauch wie von einer brennenden Müllkippe zog kurzzeitig durch den Ort, den auch die Absauganlage nicht ganz wegschaffen konnte und diesmal hatte sich sogar die Saalratte hinaus begeben.

Der Vorsitzende bat nun den Herrn Tod fortzufahren und dieser begann erneut:

"Also, Herr Engel, damals, als dieses Amt eingerichtet worden war, war das ein schöner Job. Es gab selten Geistwesen, die es nicht geschafft hatten, sich prächtig zu entwickeln und dafür brauchten sie ungefähr im Schnitt zwölf Körper. Das hielt sich also in Grenzen und sie hatten in dieser Zeit alle Lernstufen, die hier zu absolvieren waren geschafft, um als zivilisierte Wesen in die Geistigen Ebenen aufzusteigen.

Ja, das war wirklich ein schöner Job und die Leute mochten mich auch. Bis dieser verfluchte Herr Luzifer in die Welt geworfen wurde, mit seinem verdorbenen, korrupten Anhang. Man hatte ihn auf unsere Erde geworfen, nachdem er gegen die himmlische Ordnung einen Aufstand gemacht hatte; er hatte dort Demokratie gefordert, wie wir sie nun überall auf der Erde auch haben. Eine widerliche Sache, kann ich Ihnen sagen, weil sie vorspiegelt, was zu sein, was sie nicht ist, genauso wie die Kirchen, die vorspiegeln was göttliches zu sein und nur der Machtentfaltung, dem Gelderwerb und der Unterwerfung dienen.

Luzifer hatte nämlich seine Anhänger korrumpiert; er hatte ihnen Dinge, Vorteile versprochen, genauso, wie es heute auch ist.

Der Himmel beschloss zurecht, diese korrupte Brut aus dem Himmel zu werfen. Aber das Unglück kam, als er sie auf die Erde warf."

In diesem Moment begehrte der Vorsitzende mit einem Zwischenruf auf:

"Ja, es war eine miese Entscheidung, dieses Pack in unsere Zuchtstation zu sperren! Sie haben uns alles kaputt gemacht und jetzt müssen wir auch noch diese Farce hier aufführen!"

In diesem Moment war der Erzengel Michael aufgesprungen und rief in den Saal:

"Herr Vorsitzender, ich verbitte mir solche Kritik an den Entscheidungen von 'Oben'. Aber da ich Sie sehr schätze und Ihre Arbeit in der Geistigen Welt und für die Erde und Ihre Urteilskraft in sehr hohem Ansehen stehen, will ich es Ihnen, jetzt, wo die schwarze

Brut draußen ist, erklären. Die Erde, für deren Entwicklung Ihre Leute zuständig sind, ist nur ein kleiner Bruchteil eines riesigen Kreislaufs.

Dieser Kreislauf beginnt mit Ur-Bausteinen und formt sich allmählich zu Sonnensystemen mit Planeten und es entsteht Leben darauf und irgendwann, etwa in dem zweiten Drittel des Kreislaufs, haben wir Bedingungen, eine solche Zuchtstation einzurichten.

Es beginnt also mit dem Einsetzen neuer Geistbabys sozusagen und im weiteren Verlauf haben sie Zeit, ihre Entwicklung zu durchlaufen.

Am Ende des Kreislaufs ist ein riesiger kosmischer Müllschlucker, der alles, was sich zu diesem Zeitpunkt noch dort befindet, in Ur-Bausteine zerlegt und der Kreislauf beginnt von Neuem.

Ihre Erde befindet sich kurz vor dem Ende des Kreislaufs. Wir haben Ihnen das bisher nicht gesagt, damit Sie sich bis zuletzt um die dort lebenden Wesen ungemindert bemühen.

Ich verlange deshalb auch, dass Sie das bei Ihrer Rückkehr nicht hinaus posaunen.

Als Luzifer mit seinem Anhang aus dem Himmel geworfen wurde, haben wir ihn dorthin zur Erde verbannt, weil er und sein Anhang immerhin Engel waren, von denen gehofft wurde, sie würden sich, zurückgeworfen auf eine materielle Ebene und den Kharmischen Gesetzen unterworfen, eines Besseren besinnen und zur Vernunft kommen. Da sie als Engel über immer noch viel Macht verfügten, nahmen wir an, sie würden ihre Chance nutzen und den dort lebenden Wesen bei ihrer Entwicklung voran helfen, sozusagen um wiedergutzumachen.

Da sich dort ohnehin nur noch 'Sitzenbleiber' befanden, die sowieso keine große Chance hatten, vor Ende des Kreislaufs ihre Entwicklung erfolgreich abzuschließen, schien das eine gute Idee zu sein.

Da die dort anwesenden Wesen ohnehin bösartig waren und partout nicht lernen wollten, war es also einerseits eine Chance, andererseits war es um die anderen ohnehin nicht schade. Sie taugten nichts.

Es war aber wiederum eine gute Gelegenheit, die schwarze Brut ein für allemal loszuwerden, weil sie, bei Versagen, in den Kosmischen Müllschlucker käme. Im Himmel hätte dann auch keiner mehr ein Gejammer darüber veranstalten können.

Ich hoffe also, Herr Vorsitzender, dass Sie nun verstanden haben, warum Ihre maßlose Kritik unangebracht war. Wir werden alle jene Wesen -das zu Ihrer Beruhigung- die guten Geistes sind, vor Erreichen dieses Endes des Kreislaufs evakuieren.

Es gibt also keinen Grund, mit Ihrer guten Arbeit nicht emsig fortzufahren!"

Nach dieser langen Rede setzte sich der Herr Michael wieder hin.

Der Herr Tod wusste nicht mehr, was er sagen sollte und der Engel mit dem roten Stern fragte erneut:

"Also Sie haben so eine Art Hebammenengel gespielt. Aber was ist dann passiert?"

Der Herr Tod erhob sich wieder zu aufrechter Gestalt -er war vorher eher etwas geknickt gewesen- und sagte:

"Also eigentlich war das, als ich noch Lehrling bei meinem Vorgänger war. Er war wirklich ein sehr sensibler Engel.

Als also gerade die Titanen -eine sehr fortgeschrittene Gruppe aus einer vorangegangenen Etappe des Kreislaufs- mit ihren Raumschiffen kamen, überall Pyramiden bauen ließen und die Entwicklung auf der Erde mit ihrem Wissen vorantreiben wollten, herrschten eine Zeitlang fast paradiesische Zustände auf Erden.

Bis dann die Schar Luzifers hier auftauchte. Sie wollten die Weltherrschaft und als erstes verdarben sie die Titanen, sich als Götter aufzuspielen. Diese fanden auch Spaß daran und konnten ja auch mit ihren Raumschiffen und ihrer Technik die damaligen Menschen glauben machen, dass sie Götter seien. Aber dann wurden sie bei einem Besuch ihrer Dienstherren dabei ertappt, dass sie sich infiziert hatten und man beschloss höheren Ortes, sie zu vernichten. Da sie sich auf der herrlichen Insel -eigentlich sollte ich sagen Kontinent- Atlantis niedergelassen hatten, wurde höheren Orts beschlossen, dass man einen kurz vor dem Zerbröseln stehenden kleinen Planeten, der sich gerade in einer Linie mit allen anderen Planeten befand, anschieben, die günstige Gravitationslage ausnutzen und ihn auf Atlantis lenken könnte.

Das klappte auch und der Planet knallte so heftig auf Atlantis auf, dass es 5000 Meter tief im Meer versank, wo heute noch eine Pyramide aus dem Schlamm ragt. Die höheren Herren, die Atlantis versenkt hatten, flogen davon, zu einer neuen Zuchtstation auf dem großen Kreislauf und sie hießen meinen Lehrherrn, hier auszuharren und seine Aufgabe weiter zu erfüllen. Sie flogen davon und kamen nie mehr wieder.

Die Erdachse hatte sich dabei derart verschoben, dass sich das Klima änderte und dass, wo vorher blühende Landschaften waren, nun Wüste wurde und die vorhandenen Kulturen langsam aber sicher von der Bildfläche verschwanden.

Mein Lehrherr und ich waren die einsamsten Wesen der Welt. Und dann ging es erst richtig los.

Der Herr Luzifer und seine Anhängerschaft vertrieben überall unseren Nachwuchs und schlichen sich selber in die Körper ein.

Sie verdarben wirklich alles, was es bis dahin an Entwicklung gegeben hatte.

Sie waren raffgierig, heuchlerisch, verlogen und versuchten mit allen Mitteln die Weltherrschaft zu übernehmen. Sie führten unablässig Kriege, verleiteten weitentwickelte Geistwesen, sich ihnen anzuschließen und bestraften sie anschließend für ihre Verbrechen, indem sie sie in die Hölle steckten. So etwas grauenerregendes hatte es vorher niemals gegeben.

Und die Hölle bekam reichlich Futter. Und der Herr Luzifer, der sich inmitten der Erde in der glühendsten Hitze gemütlich eingerichtet hatte, fraß diese Seelen gierig auf, während er ständig onanierte. Damit spritzte er die verdorbenen Seelen wieder an die Oberfläche, wo sie sich erneut, noch verdorbener als vorher, tummelten.

Und da Luzifer sehr gefräßig war, verlangte er, dass sie sich immer mehr und immer schneller vermehren sollten. Dazu kam ihm zugute, dass einer von Atlantis überlebt hatte, der ähnlich dem heutigen

Papst, ständig mit seinem Raumschiff unterwegs war und, als Atlantis versenkt wurde, gerade nicht da war.

Dieser einsame und verlassene Atlantisbewohner hatte niemanden mehr und er versuchte auch nicht, Kontakt mit der übrigen Flotte aufzunehmen, weil er Angst hatte, sie würden auch ihn umbringen. Denn er hatte auch sehr erfolgreich Gott gespielt. Sein Name ist Herr Jahwe. Sie kennen ihn sicher aus dieser umstrittenen Schrift, die Bibel genannt wird.

Also diesen Herrn Jahwe, der seinen selbst gewählten Job sehr ernst nahm und gerade dem Herrn Moses die zehn Gebote mit seinem Laser aus dem Fels geschnitten hatte, lud der Herr Luzifer vor und regte eine Zusammenarbeit an, indem er Jahwe vortäuschte, er sei ein Engel, habe die Herrschaft abgelöst und nun die Aufgabe, hier auf der Erde für Ordnung zu sorgen und der Herr Jahwe könne ihm dabei recht ordentlich helfen und das würde ihm im Himmel sicherlich vergolten werden.

Da der Herr Jahwe einem Engel nicht widerstehen konnte, schließlich war er ja nur ein Titan gewesen, also einer aus einer höheren geistigen Ebene, sagte er erfreut zu, zumal er Schuldgefühle und Ängste nach der erfolgten Strafaktion hatte und begann seine Arbeit mit den Juden zu vertiefen, weil die ihm am weitesten fortgeschritten erschienen. Er vernichtete, auf Anraten Luzifers die Städte Sodom und Gomorrah und ließ sich auf allerlei grausliche Abenteuer ein.

Als mein Dienstherr sah, dass aus den getöteten Körpern immer mehr schwarze und völlig deformierte Geister herauskamen, die er nun fast alle in der Hölle abzuliefern hatte und die Menschen ihn deswegen zu hassen begannen, legte er zunächst dieses Gewand an, erschien in dieser Form und eines Tages hob er die schwere eiserne Sense über seinen Kopf, hielt sie am Quergriff, begann, sie wie einen Hubschrauberrotor, immer schneller über seinem Kopf zu drehen, bis sie sich wahnsinnig schnell, mit lautem Zischen durch die Luft bewegte, stieß einen fürchterlichen Schrei aus, sprang zur Seite, genau in den Kreislauf der Sichelschneide und diese schnitt, während sie sich Kreis um Kreis immer weiter gen Boden senkte, meinen

Vorgänger in lauter kleine Scheiben, bis sie sich selbst in den Boden bohrte. Niemals davor und niemals danach habe ich so etwas schreckliches gesehen.

Da der Herr Tod mir vorher befohlen hatte, in genau dieser Tracht herumzulaufen, habe ich das bis auf den heutigen Tag auch so gemacht. Bis auf die Sense.

Weil ich nicht in Versuchung kommen wollte, auf die gleiche Art zu enden, kaufte ich mir in einem Kaufhaus, in der Spielwarenabteilung, diese Kindersense mit Plastikschneide, die völlig ungefährlich ist und auch nicht fliegen könnte."

Der Engel mit dem roten Stern wollte noch immer keine Ruhe geben:

"Ist es Ihnen, verehrter Herr Tod, nicht vielleicht möglich, wieder Ihre frühere Form anzunehmen -wenigstens für diesen Prozess- damit zumindest wir uns nicht zu gruseln brauchen?"

Der Herr Tod machte einen geschmeichelten und erfreuten Eindruck, als er sagte:

"Wenn Sie erlauben, meine Herrschaften und vielleicht den Prozess vertagen könnten, wäre ich gerne bereit, mich etwas vorteilhafter darzustellen!"

Der Vorsitzende, der schon unruhig geworden war, schien die Idee gut zu finden.

Er hieß die Ankläger wieder hereinzukommen, verkündete, dass er vorhabe zu vertagen, bekräftigte das Ganze mit seinem Hammer und schloss die Verhandlung.

Alle Anwesenden verließen schnell ihre Plätze und verschwanden hastig durch die für sie vorgesehenen Türen.

Die Saalratte war wieder mal eingeklemmt worden und schrie, bis man die schreckliche Tür mit der 666 drauf noch mal kurz geöffnet hatte und sie schnell in der Tiefe des stinkenden Schachts verschwand.

Alle hatten ganz aufgeregt getuschelt, als wären sie eine Schar Reporter, die schnell ihren Redaktionen die Rennergebnisse durchgeben wollten und so waren sie auch aus dem Saal gestürzt.

Nur Alex saß da und schüttelte den Kopf und meinte, man hätte es ihnen noch nicht sagen sollen, das mit dem Ende des Kreislaufs.

Es würde sich sicher rumsprechen, wie bei einem Frauenkränzchen und das könnte schlimme Folgen haben, für alle. Denn wer würde tatsächlich noch ein Apfelbäumchen pflanzen, wie Luther es habe tun wollen, wenn morgen die Welt unterginge?

Und schließlich hätten sie 'da Oben' noch mehr Ärger mit Heuchlern, die schnell noch so tun als ob, während sie in Wirklichkeit noch lange nicht reif wären und eigentlich zum Ausschuss gehörten, der zum Müll müsse.

Irgendwann sagte er: „Sei froh, dass es erst mal vorbei ist für heute.

Sieh dass Du heim kommst. Da oben auf dem Transparent sehe ich ein Pi Pi Symbol!"

Und dabei lachte er erheitert, und fuhr fort:

"Es hat den Anschein, Du musst wohin! Was ein Glück, dass ich solche Probleme nicht habe, ha, ha, ha, ha,," und damit entschwand er, mit einem zwinkernden und einem lachenden Auge.

Bevor ich's mich versah, fand ich mich in meinem Bett wieder und tatsächlich, es gab Anzeichen, dass ein Gang zur Toilette angesagt war.

◇

8.Kapitel   Zeuge Herr Tod als Engel

Meine Tage zwischen den Auftritten im Zwischengericht wurden immer unruhiger. Es war einfach zuviel. Vieles von dem, was dort erörtert wurde hatte ich zwar teilweise gewusst, geahnt oder vermutet. Aber dennoch waren Dinge dazugekommen, die mich stark beunruhigten. Zumal, als ich dasaß, eigentlich nie etwas gefragt wurde und das miese Gefühl nicht los wurde, dass man hier nicht nur über mich zu Gericht saß.

Nein, ich empfand mich hier als nacktes Opfer eines Schauprozesses, als jemand, den man exemplarisch benutzte und ausschlachtete um Prinzipien zu reiten, von denen ich meinte, dass sie mich eigentlich garnichts angingen.

Ja, ich empfand mich nackt, wie man hier allerlei über mich ausbreitete, wie das zum Teil Heiterkeit auslöste und es war, als hätte man sich das grüne Gewand für mich auch gleich sparen können.

Denn nackter konnte man garnicht sein, als wenn vor allen Leuten aus dem Lebensbuch vorgelesen wurde. Es war schon alles sehr makaber und gruselig, vor allem weil ich mich erstmals im Leben dem allen nicht entziehen konnte.

Hatte ich früher einen zu schlechten Traum gehabt, hatte ich gelernt mir zu sagen: OK, es ist ein Traum und der gefällt mir nicht, also Aufwachen! Und ich wachte einfach auf.

Schon als Kinder hatten wir Geschichten gelesen, von dem, der auszog das Gruseln zu lernen und wir hatten gelernt, dem Gruseligen mutig ins Auge zu sehen. Bei der Fahrt mit einer Geisterbahn wusste man, das ist alles ein Jux, da kommt bestimmt ein nasser Waschlappen, der einem ins Gesicht schlägt und nach zwei Minuten ist alles vorbei und man hatte seine schaurig-schöne Erregung gehabt und das gute Gefühl, furchtlos dem Grauen ins Gesicht zu sehen.

Das war ja auch einfach. Man wusste ja, dass es Spiel war. Aber das hier war anders. Wie auf dem Gespensterschiff von Hauff wiederholte sich der Spuk jede Nacht, mit immer anderen Figuren und ich war jedesmal das Opfer, das man gerne zum Schafott führen wollte.

Wenn ich dann dasaß war ich relativ ruhig und gelassen, wie immer im Leben auch, wenn Gefahren auftauchten. Ich ließ mir nie meine innere Unruhe oder etwa Angst anmerken, hatte gelernt, mit unglaublicher Kaltblütigkeit allen Gefahren zu begegnen. Aber ich hatte auch gelernt, sie, wenn möglich, zu vermeiden. Und hier ließ sich nichts vermeiden. Ich musste mich ins Unvermeidliche fügen. Und fügen wollte ich mich noch nie. Niemals mich fremdem Willen beugen. Immer selbst bestimmen können.

Das hatte schon meine Mutter zu spüren bekommen. Es gab nichts und niemanden vor dem ich mich gebeugt hätte, nichts, vor dem ich Respekt gehabt hätte, außer vor Leistung und Anstand.

Keine Autoritäten, die ich je geachtet hätte, weil ich ihre Verlogenheiten durchschaut hatte.

Aber hier war ich Spielball höherer Kräfte und das Spiel hatte einen offenen Ausgang. Da war alle Welt, die mich umbringen wollte und ich musste mir das nun auch noch Nacht für Nacht anhören.

Ich traute mich abends kaum mehr ins Bett, überlegte gar, ob ich es in einem Hotel versuchen sollte. Aber dann dachte ich an das Armband und wie wenig Sinn ein Ortswechsel machen würde. Trägt man doch seine Bürde immer mit sich herum, egal wohin man geht. Also fügte ich mich und ging zu Bett.

Das bekannte Szenario erschien sogleich. Der Vorsitzende hatte die Sitzung eröffnet und die Engel gefragt, ob sie noch weitere Fragen an den Herrn Tod hätten, was diese vehement bejahten.

Er hatte die Ankläger wieder vor die Tür geschickt und rief den Herrn Tod auf.

Wieder ging ein leichtes Rauschen durch den Raum, etwas helles schwebte zur Lichtkuppel herein, senkte sich an denselben Ort wie gestern, links neben dem Fragestuhl, ein weißer Nebel verdichtete sich zu einem herrlichen Gewand, schöne Beine mit schönen Füßen erschienen unter dem Kleid, die in riesigen purpurnen Pantoffeln steckten, die auch viel zu groß waren und ich fragte mich insgeheim, ob sie wohl Ähnlichkeit mit denen haben würden, die der kleine Muck benutzte, um durch die Gegend zu fliegen.

An den Ärmeln kamen wunderschöne Hände zum Vorschein, gütige, liebevolle Hände und oben erschien ein wunderschöner Hals mit einem prächtigen Kopf, stolz und aufrecht, mit herrlichem schwarzbraunen Haar, das lockig das Antlitz umrahmte und klaren, großen schwarz-braunen Augen, vor denen man nur demütig niedersinken konnte. Sein Gesicht war unbeschreiblich.

Er stand da und lachte und sagte:

"So, meine Herren, Sie wollten mich sehen, wie ich wirklich bin, ich meine, wie ich vorgesehen war, hier bin ich!"

Und damit lächelte er in die Runde, wie ein Filmstar bei der Oscar Verleihung. Und alle waren erstaunt.

Der Vorsitzende war schon wieder sehr ungeduldig und sagte:

"Meine Herren Engel, wir sind hier nicht in einer Theatervorstellung und auch nicht auf einer Preisverleihung. Würden Sie bitte jetzt Ihre Fragen stellen!"

Der Engel mit dem Roten Stern fragte:

"Herr Tod. Sie haben gesagt, dass Sie niemanden umbringen.

Ist dann der Spruch, 'Jemand sei dem Tod von der Schippe gesprungen' so zu verstehen, dass Sie sie nur einsammeln?

Und wie kommen sie dann zu Tode, wenn nicht durch Sie ?"

"Also das ist eine lange Geschichte. Ursprünglich gab es zwei Arten von Tod. Die eine war, dass man es jedem Menschen ins Lebensbuch geschrieben hatte, wann er seine Stufe geschafft haben sollte und aus dem Verkehr zu ziehen sei. Wenn die Zeit reif war tauchte auf seiner Stirn ein Omega auf, das nur uns, nicht aber den Menschen sichtbar war. Damals war Griechisch in Mode und Omega stand für Ende. Das A und das O, Anfang und Ende. Unsere Leute gingen täglich durch die Straßen und Häuser und hielten Ausschau nach solchen Menschen, die das Omega auf der Stirn hatten. Dann begleiteten sie diese solange, bis es eine günstige Gelegenheit gab, sie mit einer tödlichen Seuche in Berührung zu bringen -zum Beispiel indem sie diesen suggerierten, aus einem dreckigen Wasserloch zu trinken oder verschimmeltes Brot zu essen, Rattengift mit Salz zu verwechseln oder ähnliches- oder sie führten sie an einen Abgrund und ließen sie unsicher werden und stolpern und abstürzen oder sie ließen sie unvorsichtig vor ein Fuhrwerk laufen.

Aber diese Zeit der Handarbeit ist längst vorbei

Seitdem Luzifer den Menschen zu einer Ganzjahres-Begattungsmaschine gemacht hat, haben sie sich dermaßen rapide vermehrt, dass wir mit so altertümlichen Methoden nicht mehr zurande kämen. Inzwischen haben wir alles rationalisiert. Es wäre noch gelachter, würden wir uns mit jedem Einzelnen befassen. Zumal bei der Art, wie heutzutage Krieg geführt wird.

Wir haben deshalb ein neues Verfahren entwickelt, das ständig vervollkommnet wird.

Zunächst bekommen alle Babys bei ihrer Geburt ein Verfallsdatum einprogrammiert und den Befehl, bei Eintreten des Verfallsdatums das Omega auf der Stirn zu tragen und geeignete Schritte zu unternehmen, um sich selbst aus dem Verkehr zu ziehen.

Das Programm sieht auch vor, dass bei üblen Erscheinungsformen, wie Verbrechen aller Art, Betrug und Verrat, Lügen und Unanständigkeit, frühzeitig Krankheiten auftreten, die zum genannten Datum, aber langsam, zum Tod führen.

Auf diese Weise geben wir ihnen Gelegenheit, noch in dieser Lebzeit ihre verrottete Struktur zu ändern, so dass sie am Ende nicht gar so tief sinken müssen.

Dann haben wir sie dazu programmiert, am Ende aus ihrem Körper herauszuspringen, ähnlich einem Piloten, der sich mit dem Schleudersitz aus seinem Flugzeug katapultiert und dann per Fallschirm sicher zur Erde segelt. Dann haben wir dehnbare Auffangnetze überall aufgehängt, in die sie nun hinein fallen.

Oben die feinsten und dünnsten, weiter unten immer dickere und festere. Wenn nun einer aus seinem Körper fliegt hat er ein bestimmtes Gewicht, das sich danach bestimmt, wie grob oder wie fein er ist, wie unrein oder wie rein, wie reich oder wie geistig".......der Engel unterbrach ihn:

"Was hat reich damit zu tun ?" fragte er.

Der Herr Tod antwortete: „Ja, ein Reicher ist meist ungeistig. Sonst wäre er nicht reich. Denn entweder hat er betrogen -wie sollte er sonst reich werden?- oder andere Verbrechen angehäuft! Also, wenn ein redlicher Mann im Jahr 30.000.- verdient, egal wie sehr er sich anstrengt, wie kann dann einer, der meistens nichts tut, 3 oder 30 Millionen machen? Und wenn er sie redlich verdient hätte, aufgrund wirklich sehr harter Arbeit, hat er meist sich betrogen, indem er seinen Körper und seine Familie ruiniert hat.

Jedenfalls, wäre er geistig gewesen, hätte er den armen Straßenkindern, von denen es Millionen überall auf der Welt gibt, ein Heim gegeben.

Weil deren Eltern für die Reichen Sklavenarbeit verrichtet haben, so dass ihre Kinder auf den Straßen landeten und dort wie Wolfskinder leben, ohne Chance auf eine Zukunft, oft von Todesschwadronen ermordet, weil sie lästig sind und sie keiner haben will, vergewaltigt von Erwachsenen und Polizisten, verkauft an andere zum Sex-Gebrauch.

Wo es nur 50 Mark im Monat kostet, so ein Kind in einem Haus unterzubringen, es zu ernähren und zu kleiden, es zu unterrichten und einen Beruf lernen zu lassen, nur 50 Mark im Monat, da kaufen sie Autos für 80 oder 100 Tausend Mark oder mehr, obwohl man auch für 20 Tausend schon eins bekäme, zum rumfahren, wozu sie ja da sind.

Wer also zunächst mitschuldig ist, dass es Straßenkinder gibt und dann noch 100 Tausend für ein Auto ausgibt, statt 20, der tötet oder verdirbt dreizehn Kinder!

Ich bin da von zehn Jahren - von 6 bis 16- ausgegangen, wo die Kinder im Heim wären. Wer also bei nur einem solchen Luxuskauf den Tod von 13 Kindern in Kauf nimmt, der muss zwangsläufig zu schwer sein für die feinen Netze der oberen Ebenen!

Aber zurück zur Frage. Also wer zu schwer ist, fällt durch das obere, feine Netz durch, weil dessen zarte Fäden dem Druck nachgeben und ihn zum nächsten Netz durchplumpsen lassen.

Hinter ihm schließt sich das feine Netz wieder, damit ein feines Wesen darin aufgefangen werden kann.

Wer sich einem groben Wesen im Tod anschließt, kann leicht von diesem mitgerissen werden.

Die Menschen sind leider viel zu dumm, um Abstand von solchen Wesen zu halten; diese imponieren ihnen ja so. Ja, wer also durch alle Ebenen gefallen ist und nirgendwo aufgefangen werden konnte, wird von den Trichtern der Hölle aufgesogen; die Quote ist erschreckend.

Es kommt täglich vor, dass diese Riesentrichter verstopft sind und mit Gewalt nachgeholfen werden muss. Das ist aber nicht mehr mein Job.

Aus den verschiedenen Netzen, was natürlich eher symbolisch zu verstehen ist, kommen die Wesen in ihre Ebenen, mit genau Ihresgleichen. Sie müssen dort ihre eigenen Unarten ertragen und alsbald haben sie diese so satt, dass sie ihnen abschwören und dann sind sie reif für die nächste Stufe. Neuer Körper, neues Spiel, neue Stufe. Leider ist es seit Luzifers Ankunft immer weniger Wesen gelungen, ihren Aufstieg zu schaffen. Und wenn, dann meistens mit mehrmaligem 'Sitzenbleiben'!

Und wenn einer es nur mit Mühe und Not gerade so geschafft hat, geben wir ihm die Möglichkeit, einem anderen als Schutzgeist zu dienen und es dann, dank seiner Führung, gemeinsam zu schaffen.

Nur, auch das muss gesagt werden, seit Luzifers Banden überall sind und das tägliche Leben überall bestimmen, ist es den Schutzgeistern kaum mehr möglich, ihre Arbeit zum Erfolg zu bringen. Zumal sich die Menschen immer mehr äußeren Einflüssen freiwillig aussetzen, wie Radio, Walkman und dem Fernsehen, so dass sie die feine innere Stimme oft garnicht mehr hören können. Die Schutzgeister müssen dann ihren Schützling fahren lassen, was sie immer sehr traurig macht.

90

Ich habe Ihnen also erklärt, wie es sein sollte. Aber seit Luzifer fast alle Ärzte zu Geldsäcken gemacht hat, pfuschen auch die mir gar fürchterlich ins Handwerk. Sie halten Leute am Leben, die schon völlig verrottet sind und halten damit deren Wesen gefangen, weil es sich so vortrefflich daran verdienen lässt und wenn diese Wesen dann endlich den Körper verlassen haben, sind sie genauso verfault, wie ihre Körper und taugen zu nichts mehr. Und im Krieg ist es ganz schlimm. Da können wir nur noch einsammeln.

Und da sie mit ihrem Körper zusammenhingen, sind sie oft genauso zerrissen wie diese und wir müssen sie wieder zusammen flicken.

Eine furchtbare Schweinerei. Und da sind etliche Selbstmörder drunter, die sich auf diese Weise als Helden tarnen."

Der Engel mit dem Roten Stern hakte nach: "Wieso tarnen sie sich ?"

"Weil sie glauben, dass ein Selbstmörder in die Hölle kommt. Gehen sie aber in den Krieg und stellen sich ins Feuer, glauben sie, als Helden in den Himmel zu kommen. Aber sie vergessen dabei, dass es nicht auf die Todesart ankommt, wie sie aufgenommen werden, sondern auf ihre Struktur, auf ihre Reinheit und ob sie Flügel haben oder immer noch ein Wurm sind, statt ein Schmetterling!"

Der Engel mit dem Blauen Stern fragte nun: "Ist es richtig, dass man den Menschen einredet, dass es kein Leben nach dem Tode gibt und dass diese, wenn sie es glauben, später blind und taub sind und völlig außerstande, sich zu orientieren ?"

"Ja," antwortete der Herr Tod, "es ist leider so, dass die sogenannte Wissenschaft den Leuten einredet, dass man gefälligst an nichts zu glauben habe, das man nicht sehen, nicht hören, nicht anfassen und nicht messen oder schmecken kann. Sie würden sogar die Radiowellen ableugnen, wenn es keine Radios gäbe!

Das hat schlimme Folgen. Wir können, wenn wir den Körper verlassen nur das erleben, was wir uns vorher auch vorstellen konnten. Wer sich zum Beispiel vorstellt, da wäre die goldene Treppe, die zu St.Peters Himmelstor führt, der wird eine solche auch finden. Für ihn wird sie da sein.

Wenn Columbus der damaligen Meinung gefolgt wäre und geglaubt hätte, die Erde sei eine Scheibe, an deren Ende man in die Tiefe stürzt, wäre er nie losgefahren. Aber er hatte eine Vorstellung, dass da mehr sein würde und so entdeckte er Amerika!

Aber das Schlimmste daran ist, dass Menschen, die glauben, dass es nach dem Tod nichts gibt, sich oft sagen: Dann wollen wir dieses eine Leben so richtig auskosten, egal mit welchen Mitteln, egal auf wessen Kosten und sie häufen Kharma auf Kharma und schaffen eine stinkende Welt, in der es keinem mehr Spaß macht zu leben!"

Diesmal unterbrach der Richter: "Das sind alles alte Hüte. Die jungen Herrn Engel sollten besser ihre Schulbücher lesen, als diesen Prozess hier mit solchen Alltäglichkeiten aufzuhalten. Können wir jetzt fortfahren ?"

Diesmal war es der Engel mit dem grünen Stern, der noch mal nachhakte:

"Einen Moment noch! Was ist damals mit dem Herrn Jesus passiert?"

Der Herr Tod machte ein sehr betrübtes Gesicht und erwiderte:

"Ich darf darüber nicht reden. Aber soviel will ich sagen: Damals stand die ganze Welt auf der Kippe.

Ich wollte schon meinen Job hinschmeißen und ich rief damals den Herrn Jahwe zu Hilfe, den Stein wegzuräumen, damit nicht diese widerlichen Grabschänder und Reliquiensammler, die sich gerne damit schmücken, von irgendeiner Berühmtheit einen kleinen Knochen vorweisen zu können, ihm noch seinen Leichnam zerfleddern würden. Der Herr Jesus war nicht mehr derselbe.

Der Herr Jahwe flog ihn herum; sogar nach Südamerika. Und wenn Sie mehr wissen wollen, müssen Sie den Herrn Jahwe fragen!

Der hat anschließend auch den Juden eingeheizt. Aber da will ich mich nicht einmischen. Da ist zuviel schief gelaufen. Jedenfalls war nichts mehr so, wie es vorher war!"

Darauf der Engel mit dem Blauen Stern: "Herr Tod, es erscheint also so, als hätten Sie mit dem Sterben kaum noch etwas zu tun ?"

"Das stimmt so nicht," gab der Herr Tod zurück, "es ist zwar richtig, dass auch wir wegen der Massen von Menschen rationalisieren mussten. Denn sogar mit einem Heer von Assistenten war dieser Arbeitsaufwand nicht mehr per Handarbeit zu schaffen.

Also wir zogen zur automatischen Sortierung die Netze in die Ebenen; es ist ähnlich wie auf einer Hühnerfarm, wo ja auch die Eier auf ein Fließband fallen oder bei der Kartoffelsortierung, wo erst die kleinen durchfallen, am nächsten Schüttelgitter die nächstgrößeren und so weiter. So haben wir auch fast alles automatisiert.

Bereits die Neugeborenen bekommen ein Verfallsdatum einprogrammiert, bei dessen Eintreten sie automatisch eine psychosomatische Krankheit auslösen, zu schnell mit dem Auto fahren, schnell freiwillig in einen Krieg ziehen oder auf eine Brücke oder einen Turm steigen, um herunterzufallen.

Die Einsammelanlagen, die nur noch von wenigen Assistenten überwacht werden, machen fast alles automatisch!"

Der Engel mit dem grünen Stern war immer noch wissbegierig:

"Dann sind Sie-entschuldigen Sie- eigentlich überflüssig geworden?"

Der Tod entgegnete: "Oh nein, das auch nicht! Ich muss das ganze System ständig überwachen.

Wenn zu viele in ein Netz fallen, kann es passieren, dass es reißt und sie dann in eine viel zu tiefe Ebene abstürzen, von wo wir sie garnicht wieder raus kriegen würden, weil dann der Sog der Höllentrichter bereits zu stark ist. Da muss dann sofort per Hand auf die Schnelle geholfen werden.

Und dann das Problem der Doppelbelastung, ja eigentlich müsste man sagen, Dreifachbelastung. Ich bin doch inzwischen Diener dreier Herren. Der helle Wahnsinn, kann ich Ihnen sagen. Da ist der Himmel mit Sonderwünschen, da sind die Geistigen Ebenen, die ständig herumnörgeln, dass wir ihnen soviel beschädigte Ware liefern und der Herr Luzifer, der nie genug kriegen kann und mich zum Beispiel seit Jahrzehnten mit dem Auftrag nervt, den Angeklagten aus dem Verkehr zu ziehen. Und das alleine ist schon ein Fall, den man als Vollbeschäftigung ansehen könnte.

Nein, die Arbeit ist trotz allem Fortschritt kaum zu schaffen und sie wird immer schmutziger!"

Wieder meldete sich der Richter:

"Vielleicht sollten Sie Schmutzzulage verlangen!"

Der Tod verzog das Gesicht, als wollte er fragen: Von wem? Und der Richter, ungeduldig in der Reihe der Engel herum schauend, fragte:

"Können wir jetzt weitermachen?"

Und nachdem keiner Einwände hatte:

"Ruft die Ankläger wieder rein!"

Die Tür mit der 666 öffnete sich, die vier Gestalten und die Saalratte kamen in den Raum und nahmen umständlich und sichtlich verärgert, dass sie solange draußen vor ausgesperrt bleiben mussten, wieder Platz.

Der Herr Satan, der immer darauf bestand, mit Herr Staatsanwalt angeredet zu werden, stand wichtigtuerisch auf und ereiferte sich:

"Hohes Gericht! Ich kann das nicht verstehen. Soviel ich weiß, hatten wir den Herrn Tod hier als Zeugen geladen. Was soll denn dieser Mann hier, mit den großen purpurnen Pantoffeln? Ist das hier jetzt vielleicht zu einem Kostümfest verkommen?"

Der Herr Tod war blitzschnell und behende wieder an seinen ursprünglichen Platz zurückgeeilt und fast sah es so aus, als wollte er die Vier gleich von ihren Stühlen fegen, als der Vorsitzende seinen Hammer durch die Luft sausen ließ und ausrief:

"Ich bitte um Ruhe, meine Herren! Benehmen Sie sich, wenn Sie wollen, dass das Verfahren weitergeführt wird! Der Mann, den Sie hier sehen ist der Herr Tod! Und er ist hier so erschienen, wie es ihm in seiner Stellung gebührt! Fahren Sie also fort mit Ihrer Zeugenvernehmung!"

Die bösen Vier waren ganz verdattert und es sah aus, als fürchteten sie sich tatsächlich und mit kleinlauter Stimme sagte der Herr Staatsanwalt:

"Ich bitte den Herrn Tod mit den roten Pantoffeln," und hier war wieder Spott in der Stimme, "mit seiner Aussage zu beginnen, wie

94

oft er vergeblich versucht hat, den Angeklagten aus dem Verkehr zu ziehen!"

Der Tod wollte gerade anfangen seine eigentliche Aussage zu machen, als ein lautes Poltern an der Tür meines Daches über den Lautsprecher schallte und die Sitzung sogleich vertagt und aufgehoben wurde, weil ich aufgewacht war, um nach dem Rechten zu sehen. Das Gepolter an der Tür war jemand, der die Treppe zu putzen versucht hatte und dabei heruntergefallen war, mit Putzeimer und allem.

Aber ich habe versprochen, diesen banalen Unfug nicht mehr im Einzelnen zu erzählen.

◇

9.Kapitel   Die eigentliche Aussage des Herrn Tod

Also es war ja schon eine abenteuerliche Geschichte, die der Herr Tod da von sich gegeben hatte. Und ich überlegte mir, in welchem Netz ich wohl landen würde, mit meinen 90 Kilo. Aber dann dachte ich, dass das ja sicherlich nichts mit dem hiesigen Körpergewicht zu tun haben würde, sondern dass sich das eher auf Tugenden und Schandtaten beziehe und dass ich da vielleicht garnicht so schlecht abschneiden würde.

Und dann musste ich wieder an diesen 'Schleudersitz-Effekt' denken und überlegte mir, wo man sich am Besten aufhalten sollte, wenn es soweit wäre, damit man nicht gerade durch eine Betondecke fliegen würde. Und dann musste ich wieder daran denken, dass ja auch dies nur symbolisch zu verstehen sei. Verstehe das wer will.

Auf jeden Fall fand ich mich des Nachts gleich wieder an meinem Platz, in dem grünen Gewand, mit der Handschelle am Arm und der Herr Tod war gerade wieder in Erscheinung getreten -Gott sei Dank in seiner ursprünglichen Form, als schöner Engel mit den großen purpurnen Pantoffeln- und der Herr Satan, der immer darauf bestand....Sie wissen schon...hatte gerade den Herrn Tod aufgefordert, nun endlich zu schildern, wie oft und wie ergebnislos versucht worden war, mich um die Ecke zu bringen.

Er begann denn auch sogleich: "Meine Herrschaften! Ich spreche zwar nicht gerne darüber, zumal das eigentlich unter die Schweigepflicht fällt. Aber da ich hier gezwungenermaßen aussagen soll, will ich dies wahrheitsgemäß tun!"

Er rückte noch seine Kleider zurecht, machte eine ausladende Geste und begann erneut:

"Also, wie hier schon vorher berichtet wurde, gab es bereits vor seiner Geburt eine ganze Anzahl von Versuchen, ihn zu verhindern. Durch Spülungen mit Seifenlauge, Schläge in den Bauch der Mutter, das Aufsuchen einer barbarischen Abtreibe-Frau und vieles mehr, bis zu einem mißglückten Selbstmordversuch der werdenden Mutter, insgesamt 8 Versuche, und alles blieb fruchtlos, nur die Leibesfrucht nicht.

96

Die wuchs! Als das Kind geboren war hatte es bereits ein Omega auf der Stirn und war somit sozusagen zum Abschuss freigegeben.

Es gab also die verschiedensten Attacken auf sein Leben. Zunächst ein Keuchhusten, der damals noch fast immer tödlich ausging, eine hübsche Zehnzentnerbombe oder Luftmine, die aber im zweiten Stock in der Badewanne steckenblieb und nicht zündete. Dann der Hahn, der ihn auf dem Gut seiner Tante angegriffen und ihm mit seiner dreckigen Kralle die Backe durchbohrt und eine Blutvergiftung ausgelöst hatte, die oberhalb der Mundpartie meistens tödlich endete. Aber wie wir bereits gehört haben, wurde auch dies mit einer Tetanusspritze in letzter Minute vereitelt.

Dann wurde auf ihn mit dem Maschinengewehr geschossen, aus einem Tiefflieger, was auch nichts fruchtete, weil der Junge noch zu klein war und die Kugeln nur über seinen Kopf sausten.

Dann fiel er in Lindau, wohin die Familie in den letzten Kriegsmonaten hin evakuiert worden war, bei dem Versuch, einen kleinen Fisch zu fangen, abends, als es schon dunkel war und keiner mehr dort war, ins Hafenbecken und sollte eigentlich ertrinken. Aber obwohl er nicht schwimmen konnte und seine Kleider sich sogleich mit Wasser vollsogen und ihn nach unten zogen, schaffte es dieser kleine Bursche, sich an der Treppe, von der er ausgeglitscht war, umzudrehen, sich bäuchlings auf diese zu legen und ganz langsam und konzentriert, Stufe für Stufe wieder aus dem Wasser zu steigen.

Ach ja, es gab noch einen Versuch, den ich vergessen habe zu erwähnen. Auf dem Gut seiner Tante war der Kutscher mit ihm 'Reiten' gegangen. Die Mutter hatte den Kutscher mit Zigaretten bestochen, der Kutscher hatte ihn ausgerechnet auf das große schwarze Pferd gesetzt, das niemand reiten durfte, weil es jeden abzuwerfen pflegte und deshalb eigentlich schon hätte erschossen werden sollen und führte es am Zügel hinunter zum Dorf. In diesem Dorf hatte der Junge eigentlich zur Schule gehen sollen. Aber er hatte ein Hakenkreuz am Revers tragen müssen und die Polenkinder hatten ihm schon am ersten Tag die Kleider vom Leib gerissen und ihn wissen lassen, dass sie auch mit ihm so verfahren würden, wenn er sich dort je wieder blicken ließe, woraufhin er dort nicht mehr hingehen musste.

Und genau da entlang, wo diese Schule war, führte der Kutscher, der wie Fernandel aussah, das schwarze, gefährliche Pferd mit dem Jungen. Die Schule war gerade aus, die Polakenkinder kamen schreiend heraus und machten ein gar fürchterliches Gebrüll, woraufhin das Pferd scheute, sich aufbäumte und versuchte, den kleinen Reiter abzuwerfen.

So sehr sich der Kutscher auch bemühte, das Pferd im Zaum zu halten, es riss diesen fast mit in die Luft und der kleine Bursche fing an panisch zu schreien.

Der Kutscher befahl ihm, sofort das Geschrei einzustellen, drohte ihm mit der Peitsche, weil das Geschrei das Pferd noch verrückter machen würde, der kleine Bursche hörte auf zu schreien, der Kutscher bändigte irgendwann das Pferd und zerrte es von den grölenden Gören weg und der Junge war wieder auf wundersame Weise gerettet.

Sie müssen entschuldigen, wenn ich manche Sachen zeitlich durcheinander bringe. Aber ich hatte auch noch andere Arbeiten zu verrichten und außerdem ist es schon sehr lange her. Auf dem Weg von Berlin nach Lindau in die Evakuierung, fuhr die Familie des Jungen mit der Eisenbahn und der Zug musste morgens über eine Brücke fahren, deren eine Hälfte in der Nacht zuvor bei einem Bombenangriff weggesprengt worden war. Wie wir bereits hörten, war das eine neue Möglichkeit. Der Zug fuhr ganz langsam über die Brücke. Eine Schnecke hätte auf der Schiene vor dem Zug her rutschen können, ohne überfahren zu werden und der ganze Zug schaukelte auf der Brücke hin und her, wie auf einer Hollywoodschaukel, aber die Brücke stürzte nicht ein.

Später, nach dem Krieg, wurde er dazu gebracht, in den Ruinen zu spielen und einer besonders spannenden und gefährlichen Beschäftigung nachzugehen, nämlich instabile Ruinen vollends zum Einsturz zu bringen.

Es war eine bewährte Methode, Kinder umzubringen, die jeden Tag mit Erfolg von meinen Assistenten praktiziert wurde. Aber es half nichts. Der Junge war zu schlau. Er machte es wie die Baumfäller, die ja auch vorher berechnen, wo der Baum hinfällt. Und so brachte er zwar ganze Stockwerke zum Einsturz, wurde aber nie verschüttet oder erschlagen.

Dann spielte er in den Neubauten, die nie fertig geworden waren und in denen es noch keine Fußböden gab, in den obersten Stockwerken mit anderen Kindern Greifzeck, wo außer den Balken nichts war, so dass man vom Dach bis in den Keller herunter schauen konnte, wobei sie entweder längs der Balken rannten oder quer zu ihnen über die Balken sprangen. Aber statt ihm segelte sein Schulfreund vom vierten in den ersten Stock und blieb dort ziemlich ramponiert hängen. Aber ihm passierte nichts. Obwohl man durch manche Zimmer nur kam, wenn man an einem nur zehn Zentimeter aus der Wand ragenden Balken entlang ging, er tat es. Gesicht zur Wand, beide Hände ausgestreckt, als wolle er jemanden segnen, wandelte er mit dem Bauch an der Wand, wenn man überhaupt von Bauch sprechen kann und kümmerte sich nicht darum, dass man über vier Stockwerke in den Keller fallen konnte.

Da er ständig das Omega auf der Stirn trug, mussten wir also diesen Kapriolen ständig beiwohnen und ich muss es zugeben, es war zeitweise so aufregend, dass wir selber zu zittern begannen, nur beim Zusehen.

Dann spielte ein Freund von ihm, derselbe, der durch drei Stockwerke geflogen war, mit Panzerfaustknete, baute mit einem Bleirohr eine Kanone, wo er vorne Steine zum verschießen rein stopfte, zündete das Ding irgendwie und das Bleirohr flog ihm um die Ohren und er hatte später lauter Narben im Gesicht und ein Trommelfell weniger.

Aber unser Angeklagter machte es schlauer. Er mischte sich Schwarzpulver an, tat es in'ein schmales Marmeladenglas, legte eine in Schwarzpulver getränkte Lunte, setzte eine Stromsicherung mit der Öffnung nach unten, als Deckel auf das Glas und zündete die Lunte, um zu sehen, ob die Stromsicherung wie eine Rakete fortfliegen würde. Zu diesem Zweck stellte er das Glas hinter die Ecke des Müllhäuschens, versteckte sich dann hinter der Ecke und beobachtete das Ganze aus sicherer Deckung. Es gab nur eine kleine Verpuffung, bei der die Sicherung etwa zwei Zentimeter abhob, um dann wieder als Deckel auf das Glas zurückzufallen. Jedenfalls baute er keine Kanone, sondern eine Rakete und er riskierte auch nicht, dass ihm der Kram um die Ohren fliegen würde. War also wieder nichts.

Also wurde er angestiftet, in den Mülltonnen nach Briefen zu suchen, weil da immer so schöne Briefmarken drauf waren. Und nun schien es endlich zu klappen. Er hatte plötzlich Scharlach bekommen und lag im Krankenhaus, wo es weder richtige Ärzte noch richtige Schwestern gab. Und die Schwestern nahmen die Sonderrationen an Milchpulver und anderem mit nach Hause, statt sie den kranken Kindern zu geben.

Er war auf der Infektionsstation, wo die Kinder die Mütter, wenn diese kamen, nur durch eine Scheibe sehen konnten, zum Winken, und sie durften Briefchen schreiben, die vor Übergabe desinfiziert wurden. Unser Bursche beobachtete auf der Fiebertabelle, dass die Kurve jeden Tag stieg. Eines Tages war sie bereits bei 43,8 und die Schwester, die seine skeptischen Blicke sah, befahl ihm, es ja nicht seiner Mutter zu sagen. Das alarmierte ihn derart, dass er seiner Mutter an diesem Tag auf den Zettel schrieb: Fieber 43,8 –Schwester verbietet Mitteilung. Und das in Blockschrift, die er von seiner Schwester gelernt hatte, weil er durch den Krieg nicht eingeschult worden war. Man schob ihn aufs Klo, weil er wegen der vielen Kinder und ihrem Lärm zu toben begonnen hatte, wo man die hinschob, die man da sterben lassen wollte. Wir dachten schon, unser Job würde sich bald erledigt haben. Aber dann kam die Mutter, las den Brief, scheuchte all die unfähigen Schwestern aus dem Weg, brachte ein altes Hausmittel zur Fiebersenkung zur Anwendung, heiße und kalte Wadenwickel, brachte das Fieber herunter, verlangte ein Einzelzimmer und sorgte dafür, dass die Schwestern die Milch und die Eier rausrückten und konnte ihn nach mehreren Wochen, noch völlig geschwächt, wieder mitnehmen. Als er auf die Straßenbahn aufspringen wollte, ein Volkssport in Berlin, sank er auf dem Trittbrett zusammen und ließ sich schnell von fahrenden Zug fallen. Also war es wieder danebengegangen.

Etwas später ließen wir ihn auf eine Ruine steigen, wo ihm die Hilfsmittel unter den Füßen wegbrachen, als er gerade in den vierten Stock steigen wollte. Er hing zwischen Himmel und Erde, unter sich vom Keller heraufragende Eisenträger, die ihn sicher hübsch aufgespießt hätten, wenn er aus dem vierten Stock da gelandet wäre.

Er hing da an seinen Händen am Fußboden des vierten Stockes und da er nie Sport gehabt hatte, weil er nach 50 Meter rennen immer umfiel, hatte er auch noch nie in seinem Leben einen Klimmzug gemacht, und diesmal hätte es also endlich klappen können.

Aber nein. Es klappte auch diesmal nicht. Er raffte übermenschliche Kräfte zusammen und zog sich nach oben, riss sich dabei die Kleider vom Leib und den Bauch auf. Seine Freunde waren abgehauen.

Er wusste nicht, wie er wieder runter kommen sollte, stieg an einer steilen Mauer, die nur zwei Ziegel breit war, rückwärts hinab. Und weil immer wieder was unter seinen Füßen wegbrach, rutschte er teilweise auf Bauch und Brust an der scharfkantigen, abgebrochenen Mauer, diese fest umklammernd, herunter. Dieser strapaziöse Abstieg dauerte ewig und er kam leichenblass und unübersehbar abgerissen und verschrammt nach Hause als es bereits dunkel war und jeder konnte ihm ansehen, dass er gerade Schreckliches erlebt haben musste. Bezeichnend ist, dass diese Jungens lieber gestorben wären, als Erwachsene zu Hilfe zu rufen; sie fürchteten diese mehr als mich! Ich halte mir das zugute, meine Herrschaften.

Sie wussten noch, dass der Tod kein Bösewicht ist!"

Und damit machte er eine kleine Verbeugung vor sich selbst, nahm von der Bank des Sprechers ein Glas Wasser und ließ es seine Kehle runter rauschen.

Der Vorsitzende nahm die Gelegenheit, den Einwurf zu machen:

"Lieber Herr Tod! Wie wäre es, wenn Sie uns nun endlich von den Vorkommnissen berichten würden, die wir noch nicht kennen. Einen Teil der von Ihnen vorgetragenen Sachen kennen wir schon vom Herrn Staatsanwalt. Den anderen Teil kann man nachlesen in dem Buch des Angeklagten 'Die schrecklich-schönen Abenteuer eines Kriegskindes'.

Es wäre schön, wenn Sie uns endlich etwas Neues zu bieten hätten!"
Und dabei wiegte er seinen Körper mehrmals auf wichtige Art vor und zurück, als wollte er damit seinen Worten Nachdruck verleihen.

Der Herr Tod sagte sogleich:

"Herr Vorsitzender, es tut mir leid, wenn ich Sie langweile. Aber ich habe keine Zeit, auch noch die Bücher meiner Schützlinge zu lesen.

Es ist schon schwierig genug, sie alle im Auge zu behalten, besonders, wenn sie so rumturnen, wie es dieser hier gemacht hat.

Also, nachdem es weder mit dem Scharlach, noch mit zwei Mandeloperationen geklappt hatte, ließen wir den mittlerweile 14jährigen mit seinem Fahrrad vor einen amerikanischen Laster fahren, der die Vorfahrt nicht achtete und ihn eigentlich platt fahren sollte. Aber der Junge war so geschickt, dass er den Laster blitzschnell umfuhr und sich dafür anschließend auf die Straße legte, bei rasender Fahrt und sich sämtliche Haut abschürfte. Aber er lebte noch.

Da er immer raste, besonders im Gelände, im Grunewald, versuchten wir es noch öfter.

Einmal tat er nichts anderes, als hinter amerikanischen Panzern herzufahren, die dort übten. Diese Riesendinger hatten ihm immer imponiert. Er hatte noch keine Panzerfaust kennengelernt und sich immer einen Panzer gewünscht, um damit, sicher vor allen Menschen, ans Ende der Welt zu fahren.

An diesem Tag ließen wir den Fahrer an einer steilen Böschung den falschen Gang einschalten. Der Panzer kam zum Stehen und da der Fahrer nicht richtig losfahren konnte, rollte der 40 Tonner geradewegs zurück, die Böschung wieder herunter. Unser Junge war direkt hinter dem Panzer und wir waren sicher, jetzt wäre es soweit. Aber Pustekuchen. Der Junge, der noch nie rückwärts gefahren war, ließ blitzschnell das Fahrrad rückwärts einen Bogen nach rechts fahren, legte sich in den Dreck und der Panzer rollte direkt an ihm vorbei, hielt an, fuhr wieder los und all die Zeit lag der Junge ganz still neben der Panzerkette und rührte sich nicht, um nicht ins rutschen zu kommen, weil es ja eine steile Böschung war.

102

Wir versuchten es dennoch erneut.

Es gab da so einen neumodischen Kram, eine Fahrradfederung, die man an die Vorderradgabel schrauben konnte. Wir steckten es ihm und er kaufte sie prompt und montierte sie sogleich. Er verdiente sich damals Geld mit Wein ausfahren, 50Pfg. die Stunde und so war das kein Problem. Außerdem schraubten sie immer noch Messingklinken und Wasserhähne aus den Ruinen aus und verkauften sie dem Schrotthändler.

Als er das erste Mal mit diesem neumodischen Federungskram im Grunewald eine fast senkrechte Böschung runter sauste und über eine Baumwurzel fuhr, klappte die Federung zusammen, das Vorderrad blockierte und er überschlug sich im hohen Bogen und kam eigentlich mit dem Kopf zuerst nach einem langen Flug wieder nach unten. Das hätte ihm das Genick brechen müssen, wir waren sicher. Aber wieder nichts. Er rollte sich zusammen wie eine Katze, rollte ab, landete auf dem Rücken, dann auf dem Hintern, fluchte ganz fürchterlich, sammelte sein Fahrrad auf, baute den teuren Kram aus und das Rad wieder ein, warf den teuren Kram im hohen Bogen in den Wald und sagte, möge sich ein anderer damit umbringen.

Dann, als er 15 war und das erste Mal mit einer Schulklasse aus Berlin raus kam, ließen wir ihn in Walsrode stundenlang im Wasser rum machen und endlich schien es zu klappen; er hatte sich eine Hirnhautentzündung eingefangen. Er kam in ein Nervenkrankenhaus und man wusste damals garnicht, wie man eine solche Krankheit heilen könnte. Die Bedingungen waren also ideal. Er bekam Rückenmarkspunktierungen mit stricknadelgroßen Kanülen, die man ihm ins Rückenmark stieß, während ein starker Pfleger ihn fest im Griff hatte, um Gehirnwasser abzulassen, damit der Druck im Kopf nachließ, man ließ ihn Glutaminsäure essen, was er gerne tat, da es ohnehin kaum was zu essen gab, das nach was geschmeckt hätte.

Ein schwuler Pfleger versuchte sich an ihn ranzumachen und jedesmal wenn er sich im Bett aufsetzte, was verboten war, wurde ihm schwarz vor Augen und schwindelig und er schrieb seiner Mutter, wenn sie ihn nicht da raushole, wollte er lieber gleich sterben.

Das Selbstmordprogramm, das während seiner Schwangerschaft gelegt worden war, hatte erstmals voll zugeschlagen. Wir brauchten also nur noch abzuwarten, bis er entweder einging, an der Krankheit oder sich umbrachte.

Aber wieder wars nichts. Nach knapp zwei Monaten spazierte er da raus, als wäre nichts gewesen und wir hatten das Nachsehen. Und kriegten die Rügen von unseren Auftraggebern.

Als dann seine Familie nach Australien ging, ging es immer so weiter. Er lernte seinen Freund Klaus kennen und der hatte bereits ein Gewehr und ein kleines Motorrad, das er, weil er zu jung für einen Führerschein war, heimlich fuhr. Er verbrachte jede freie Minute mit diesem Freund, lernte von diesem alles.

Und was da für versehentliche Schüsse losgingen. Einer durchs Autodach, einer vom Hund ausgelöst, einer von seinem Freund abgefeuert, beim Waffenputzen, der auf ihn gezielt war, weil der Klaus geglaubt hatte, das Magazin sei doch draußen. Doch unser Bursche verlangte, dass er woanders hinschießen solle und der schoss dem Nachbarn durch die Wand ins Bett.

Als er ins Internat kam, setzten wir ihm eine Giftschlange aufs Plumpsklo, das die Jungen während ihrer Außenspiele benutzten und gaben ihm das Gefühl, er müsste gleich in die Hose machen.

Er rannte zum Klo, ließ schon im Rennen die Hose runter und war gerade dabei, nachdem er die Tür aufgerissen hatte, sich auf den hölzernen Sitz zu schwingen, als er die Schlange sah, kehrt machte, die Hose wieder hoch riss und zu den anderen rannte und brüllte, auf dem Klo sei eine Schlange, so dass alle Jagd auf die Schlange machten, die, vom Geschrei verstört, längst das Weite gesucht hatte. Es war einfach unglaublich. Aber es war ihm nicht beizukommen.

Dann, nachdem er das Internat verlassen hatte und anfing zu arbeiten, kaufte er sich sogleich ein viel zu schweres Motorrad vom ersten Geld und jedesmal, wenn er am Wochenende vom Camp nach Hause fuhr, flog er aus einer Kurve, landete im Wald und hatte Mühe, wieder mit dem schweren Motorrad auf die Straße zu kommen. Er entwickelte eine Methode, vom Motorrad zu kommen, ohne sich weh zu tun.

104

Denn auf den Sandstraßen mit den großen Steinen, flog man regelmäßig hin. Es gehörte praktisch zum Alltag. Einmal brachten wir ihn nachts in eine besonders gefährliche Lage. Sein Licht war ausgefallen, er fuhr im Mondlicht. Ein Lastwagen hatte noch am Tag eine Fuhre Sand auf die Straße gestreut, aber nicht richtig verteilt. Er sauste rein, überschlug sich mitsamt dem Motorrad, sein Freund Klaus flog 15m weit und wollte nicht mehr bei ihm aufsteigen, aber passiert war wieder nichts. Dieser Junge konnte einen wahrhaftig an seinen Fähigkeiten zweifeln lassen. Wir waren wirklich unermüdlich hinter ihm her.

Ein anderes Mal besannen wir uns auf sein Selbstmordprogramm. Sein Freund hatte ihm erzählt, dass er dessen kleinem Bruder eine Zigarette aus der Hand geschossen habe. Unser Kandidat schaltete sogleich.

Er wusste, dass er diesem Freund nie seine Liebe eingestehen konnte. Und von ihm erschossen zu werden, betrachtete er als eine würdige Art zu sterben. Er trumpfte deshalb auf, er glaube nicht, dass dieser das könne, er solle es ihm vorführen. Er nahm eine Zigarette in die Hand, hielt sie direkt neben seinen Kopf und zwar rechts, wo der Wind herkam, ließ seinen Freund 50 Meter zurück gehen und hoffte, der Wind würde die Kugel abtreiben und sie würde ihn direkt in den Kopf treffen.

Sein Freund Klaus ging also etwa 50 Meter zurück, lud durch, zielte und schoss. Die Zigarette hatte ein Loch, er tat sie in eine Schachtel, um sie rumzuzeigen, denn er war sehr stolz auf seinen Freund und er war gleichzeitig zutiefst betrübt, dass der Freund ihn nicht erschossen hatte.

Meine Herrschaften, ich begann wirklich zu zweifeln, ob es mir jemals gelingen würde, diesen Burschen aus dem Verkehr zu ziehen."

Wieder griff er zum Wasser, das er wirklich zu brauchen schien. Dann fuhr er fort:

"Dann kaufte er sich das erste Auto, einen alten Jeep aus Amerika. Und er fuhr in ein leeres Camp, wo ihn keiner sehen konnte. Denn er hatte noch keinen Führerschein. Den bekam er erst, als er 17 war.

Und er übte wochenlang, das Auto auf zwei Rädern zu fahren. Da er keine Rampen hatte, wie die Helldrivers, kam er immer einen Berg runter gesaust, zog dann rechtwinkelig um die Ecke und hatte ihn auf diese Weise auf zwei Räder gekriegt. Stunden um Stunden, Tage für Tage hatte er so verbracht.

Wäre er umgekippt und von seinem Jeep, der kein Dach hatte, erschlagen worden, keiner hätte ihn dort gefunden. Aber er kippte nicht um und ihm passierte garnichts. Als er dann seinem Stiefvater in eben diesem Jeep das Fahren beibrachte, kippte dieser den Jeep um, aber unser Freund flog im hohen Bogen in ein Gebüsch und sein Stiefvater lag mit einem Bein unter dem Jeep.

Als er eines Tages mit seinem zweiten Auto durch die Berge fuhr, kam ihm ein Lastwagen mitten auf der Straße entgegen und es gab wirklich keinen Ausweg.

Unser Freund fuhr mit an die 100 Sachen eine Böschung hoch, segelte eine Weile durch den Busch und kam wieder zur Straße, mit immer noch etwa 100 Sachen, als diese etwa sieben Meter unter ihm lag. Aber vor ihm lag eine Schlucht, also 'sprang' er mit dem Auto zurück auf die Straße, davon ausgehend, dass Flugzeuge das Gleiche tun, wenn sie landen und die seien viel zierlicher gebaut, als Autos.

Sein Freund, der dabei war, war fast vor Angst gestorben, aber unser Kandidat stieg aus, kroch unter das Auto, kam befriedigt wieder hervor und verkündete, nicht mal eine Feder sei gebrochen.

Das nächste Mal versuchten wir es wieder mit dem Auto. Denn er hatte jetzt ein noch viel schnelleres Auto. Auf dem Weg nach Sydney hatte er vor Canberra in den Bergen immer so seltsame Schilder gesehen, die Geschwindigkeiten angaben und am Anfang eine große Tafel mit Erklärungen. Er hatte sich jedesmal vorgenommen, beim nächsten Mal zu lesen, was auf der Tafel stand. Er wollte nämlich wissen, ob die Geschwindigkeiten ein Gebot oder eine Empfehlung wären. Aber er war immer so schnell gewesen, dass er, kaum dass er der Tafel ansichtig wurde, auch schon vorbei war. Diesmal sollte es also klappen. Wir ließen ihn also mit voller Pulle auf die Tafel zu fahren und suggerierten ihm dann, 'Du mußt sie lesen' und er las sie lange und ausgiebig, mit etwa 100 Sachen. Er sah befriedigt, dass die

106

Geschwindigkeiten nur Empfehlungen waren und sauste gerade an dem ersten 15 Meilen Schild vorbei. Bremsen ging in dem Sand nicht mehr.

Er zog den Wagen in die Linkskurve, dass das rechte Trittbrett am Boden schabte und driftete fast am rechten Rand neben dem Abgrund entlang. Meine Herren, in Australien fährt man normalerweise links! Er driftete auf dem Trittbrett fast ganz rechts durch die Linkskurve und, zapperlot, es kamen tatsächlich drei Wagen entgegen. Diese schrammten an ihm auf dem äußersten Rand der Straße, mit zwei Rädern bereits neben der Straße, vorbei, er schaute fasziniert in den Spiegel, ob sie wohl abstürzen würden und als er sah, dass sie nicht abgestürzt waren, schaute er wieder nach vorne, da war schon die Rechtskurve, er schabte immer noch auf dem rechten Trittbrett lang, steuerte viel zu spät um, schabte auf dem linken Trittbrett in die Rechtskurve, flog in der folgenden Linkskurve fast den Berg hinunter und am Ende hatte er mich wieder mal ausgetrickst. Und das mit einem Autotyp, der damals dafür bekannt war, bei jeder Gelegenheit umzukippen.

Das konnte wahrhaftig nicht mit rechten Dingen zugehen.

In Sydney überholte er auf der falschen Seite eine Straßenbahn mit zwei Anhängern, dann kam ihm ein Straßenbahnzug entgegen, er musste also noch weiter auf die falsche Seite und dann kam ihm ein Schwarm Autos entgegen. Aber inzwischen war er an beiden Straßenbahnzügen vorbei, fuhr wieder rüber und tat so, als sei nichts gewesen.

In Melbourne wurde auf ihn geschossen, weil er sich in einem Steinbruch Sprengstoff geklaut hatte und der Wachmann ihn unbedingt haben wollte.

Die Kugeln prallten neben ihm an der Mauer ab, wie im Kino. Das absplitternde Gestein flog ihm ins Gesicht und er dachte nur, 'was ein mieser Schütze, kann nicht mal richtig zielen'.

Sein Selbstmordprogramm hatte sich wieder eingeschaltet und er dachte wirklich mit Verachtung über diesen schlechten Schützen.

Ja, er verachtete ihn! Und irgendwann entwickelte sich bei ihm eine Denkweise, ihm könne überhaupt nichts passieren, er genieße besonderen Schutz, er sollte ihn aber nicht unnötig herausfordern, um ihn nicht zu verärgern und so ging es immer wieder und wieder und wir bekamen keine Chance. Dann kam noch hinzu, dass das Omega von seiner Stirn immer mehr verschwand, bis man es garnicht mehr sehen konnte. Das war schon sehr absonderlich und noch nie vorher passiert.

Wir bekamen erst wieder eine Chance, als seine Ehe auf widerliche Weise in die Brüche gegangen war und sein altes Selbstmordprogramm wieder zuschlug.

Er schloss Lebensversicherungen für allerlei Leute ab, um sie nicht einfach im Stich zu lassen und er hatte alles so vorbereitet, dass es wie ein Arbeitsunfall aussehen sollte. Auf keinen Fall wollte er es mit einem Auto machen, weil es einerseits viel zu unsicher ist und unprofessionell aussehen würde und das wäre gegen seinen Stolz gewesen. Aber bevor es dazu kam, hörte er von einem Kursus für Bewusstseinstraining, sagte sich, das Geld dafür spielt jetzt auch keine Rolle mehr, es könne nicht mehr passieren, als dass auch das nichts nützt, lernte dort alle seine Probleme zu lösen, jagte alle Ärgernisse von dannen und begann ein völlig neues Leben.

Seitdem hat zwar immer wieder sein Selbstmordprogramm ein großes Omega auf seine Stirn gemalt, weil er mit der Welt so unzufrieden war. Aber er hat das Omega auch immer wieder wegradiert, was bisher niemandem geglückt ist.

Inzwischen habe ich richtig Freundschaft mit diesem Burschen geschlossen. Er weiß, dass ich nichts an sich Böses bin. Ich weiß, dass er mich liebt und jederzeit bereit ist, mir die Hand zu reichen und es lieber heute täte, als morgen. Aber er sagt, gerade jetzt habe er wichtige Aufgaben zu verrichten, es wäre schade um ihn, weil keiner sonst die Aufgaben verrichtet und ich solle mich nur etwas gedulden, dann könnten wir Freunde sein. Ich weiß -und er weiß es jetzt auch- dass ich ihm nicht als schreckliches Klappergestell begegnen werde, sondern genauso, wie mich jetzt alle hier sehen!"

Er griff wieder nach dem Wasserglas, spülte sich den Staub-zu-Staub von der Zunge und atmete erleichtert auf, als hätte er gerade gebeichtet und man hätte ihm Absolution erteilt.

Der Vorsitzende sagte: „Gut dann. Hat noch jemand Fragen an den Zeugen?"

Und als niemand irgendwas sagte, verkündete er:

"Gut, dann ist der Zeuge entlassen! Ich wünsche Ihnen Herr Tod gute Reise und künftig mehr Erfolg!"

Der Herr Tod verbeugte sich noch einmal rundrum mit einer ausladenden Geste. Dann begann er sich in Nichts aufzulösen, bis auf seine roten Pantoffeln, die immer noch da waren.

Dann rauschte es noch einmal kräftig, ein Zischen ging durch den Raum, ein kalter Windhauch zog an uns vorüber und plötzlich waren auch die purpurnen Pantoffeln verschwunden.

Der Herr Satan wollte gerade anfangen, sein Gift zu versprühen, als der Vorsitzende seinen Ordnungshammer mit lauten Knall auf den Tisch schlug und verkündete:

"Da wir hier schon viel zulange diesen Ausführungen haben zuhören müssen, verkünde ich, dass die Sitzung für heute geschlossen ist!"

Er erhob sich und verschwand eilends durch die hinter ihm liegende Tür.

Die Beisitzer folgten sogleich

Die Ankläger verließen den Ort mit murrenden Bemerkungen, wobei sie es sich nicht nehmen ließen, die Saalratte zu treten, dass sie laut quietschte, bevor auch sie im Müllschluckerschacht nach unten verschwanden.

Die Engel hatten sich mit staunenden Gesichtern, kopfschüttelnd und immer wieder zu mir rüber sehend, durch die Himmelspforte mit dem goldenen Engel auf der Tür entfernt.

Und das Publikum hatte sich sogleich verdünnisiert, da keine Sensationen mehr zu erwarten waren und so saßen nur noch Alex und ich als letzte im Raum.

Er schüttelte den Kopf und sagte: "Das wird eine verdammt anstrengende Sitzung werden, denen da klar zu machen, dass das alles ganz normal ist und nichts mit Schiebung zu tun hat!"

Und er schüttelte wieder den Kopf und sagte:

"Junge, ich gehe. Ich muss mich auf den Kampf morgen vorbereiten. Und Du solltest auch verschwinden. Adieu!"

Und damit verschwand er, als wäre er nie dagewesen

Der Gerichtssaal verschwand. Und plötzlich träumte ich von etwas Schönem.

Von Whoopy Goldberg und vielen anderen Schönen. Und von Blumen und Wiesen und Seen.

Es war wirklich sehr schön.

◇

10.Kapitel

Zwischenbewertung der Aussage des Herrn Tod

Als ich diesmal wieder im Zwischengericht erschien, herrschte einige Unruhe im Saal.

Alex hatte gerade noch in Notizzetteln geblättert und gelesen.

Der Herr Satan hatte umfangreiche Papierberge gewälzt und hastig einige Notizen durchgeschaut und nervös mit seiner Lügenzunge auf den ausgefransten Lippen hin und her geleckt.

Der Vorsitzende hatte mit den Beisitzern abwechselnd tuschelnd Bemerkungen ausgetauscht und dann die heutige Sitzung als eröffnet erklärt und den Staatsanwalt aufgefordert, sich bitte schön kurz zu fassen und sich noch was fürs Schlussplädoyer aufzuheben.

Es war nämlich hier anscheinend so, dass bei jedem der Anklagepunkte sogleich so eine Art Zwischenplädoyer abgehalten wurde, was für alle Beteiligten sehr praktisch war, weil sie sich bei dem umfangreichen Verfahren nicht dauernd alle Punkte zu merken und aufzuschreiben hatten, sondern sie sofort abhandeln konnten, womit sie als erledigt und abgehakt galten.

Der Herr Satan, der immer darauf bestand -Sie wissen schon- richtete sich auf, machte ein wichtiges Gesicht und begann:

"Sehr verehrte Anwesende! Das war ja ein sehr eindrucksvoller Auftritt des Herrn Gevatter Tod, hier als prächtiger Engel zu erscheinen. Aber das sollte uns nicht täuschen. Im Gegenteil. Man sollte eher die Frage stellen, ob er nicht seinen Beruf verfehlt hat."

Der Herr Satan wurde vom Hammer des Richters unterbrochen, der ausrief:

"Herr Staatsanwalt! Bitte bleiben Sie bei der Sache. Es steht Ihnen hier überhaupt nicht zu, eine lange vor Ihnen auf der Erde von 'Oben' installierte Instanz infrage zu stellen!"

"Herr Vorsitzender," begann der so gemaßregelte erneut, "ich ziehe die letzte Bemerkung zurück. Aber der Herr Tod hat nicht nur seine Aufgabe verfehlt, den hier Beschuldigten auftragsgemäß aus dem

Verkehr zu ziehen," und wieder ging der Hammer des Vorsitzenden auf der Richterbank nieder, dass alle erschraken und dieser sagte in noch schärferem Ton:

"Wenn sie nicht aufhören, etwas zu kritisieren, was Ihnen nicht zusteht, entziehe ich Ihnen das Wort und schließe Sie von diesem Verfahren aus!"

Der Herr Staatsanwalt sammelte sich zu einer erneuten Attacke und begann ein drittes Mal:

"Also, sagen wir es so. Es gibt offensichtlich Probleme um die Kompetenzen. Wir beanspruchen nach dem Gesetz 666, dass wir die Welt beherrschen und auf ihr nach Belieben walten und unsere Ordnung durchsetzen können. Dazu gehört unserer Meinung nach auch das Recht, jemanden der laufend gegen unsere Gesetze verstößt, eliminieren zu lassen und deshalb -und insbesondere, weil der Herr Tod ein Monopol auf diesem Sektor hat- gingen wir davon aus, dass er gefälligst auch unsere Aufträge auszuführen hätte.

Das ist keine unberechtigte Kritik an 'da Oben', sondern eine logische Folgerung aus den Tatsachen. Unser Todeskandidat lebt nämlich immer noch! Außerdem hat der Herr Tod die zwei vielleicht wundersamsten Ereignisse einfach vergessen -ich will hier nicht verschwiegen sagen- bitte schön.

Da gab es nämlich den Vorfall in Australien, als der Angeklagte im Busch, in den Snowy Mountains einen schweren Dreiachser fuhr.

Der Boss hatte ihm gesagt er solle herunter ins Tal fahren und sich dort auf der Baustelle melden und er warnte ihn, dass es auf der Talfahrt eine Serpentine gäbe, die er mit seinem Dreiachser nicht in einem Mal schaffen würde. Er solle deshalb die zu diesem Zweck angelegte 'Plattform' benutzen, auf ihr zuerst geradeaus weiterfahren, dann zurückstoßen in Richtung Bergwand, um dann vorwärts auf die untere Serpentine zu gelangen. Der Angeklagte, der immer alles besser wusste, kam die obere Serpentine herunter, betrachtete das Ganze und beschloss, sich nicht an die Anweisung zu halten, sondern die Haarnadelkurve in einem Zug zu nehmen. Aber auf dem Sand rutschten die Vorderräder mehr als sie lenkten, zumal er Bogie-Achsen hinten hatte, wo acht Räder geradeaus schoben, gegen zwei

112

Vorderräder, die Kurve fahren sollten. Und so kam es, dass er quer auf der unteren Serpentine stand, sein Führerhaus bereits über einem 2000 Fuß tiefen Abgrund hing, weil es einige Meter vor den Vorderrädern angebracht war und er hinten nicht mehr hochkam, als er versuchte, rückwärts zu fahren, weil die letzte Hinterachse bereits von der oberen auf die untere Straße gefallen war -ja, gefallen- denn der Höhenunterschied betrug da bereits einen Meter.

Und die Räder drehten durch, aber wieder hoch auf die andere Straße kamen sie nicht. So hatte er genau einen Meter zum Rangieren, als er quer zur Straße, mit der Kabine über dem Abgrund stand.

Da das Ganze mit Planierraupen in den Berg geschabt und dabei alles Erdreich einfach über den Rand geschoben worden war, gab es an diesem fast senkrecht abfallenden Abgrund keinen Baum und keinen Strauch, der einen aufgehalten hätte auf dem Weg nach unten ins Tal. Der Lastwagen hatte derart schlechte Bremsen, dass zweimal bremsen ausreichte um den Druanglufttank fast völlig zu leeren und da die Handbremse den schweren Wagen auch nicht halten konnte, weil sie nicht funktionierte, saß er völlig in der Klemme. Aus der Kabine steigen konnte er nicht, weil sie über dem Abgrund war und er sogleich in die Tiefe gefallen wäre. Aufs Dach hätte er auch nicht steigen können, weil die riesige Stahlmulde das Kabinendach bei weitem überragte und er zudem nicht sehr sportlich war, wie wir wissen. Der alte Wagen hatte auch keine Servolenkung, sondern nur ein riesiges, altes Holzlenkrad. Dennoch versuchte er, einen Meter vor, einen zurück, rechts rum, links rum, das Ungetüm von dort wegzukriegen, wobei er nach jedem zweiten Manöver die Luftdrucktanks erst wieder auffüllen musste, indem er mit dem linken Fuß voll das Gas drückte, da er den rechten nicht von der Bremse nehmen durfte. Er war überzeugt, dass es unmöglich sei. Wir waren überzeugt, dass es unmöglich sei. Schließlich hatten wir ihm suggeriert, sich nicht an die Anweisung zu halten. Hinter ihm staute sich im Laufe der Zeit eine Schlange von vielleicht einem Kilometer. Lauter Lastwagen, darunter sogar ein Kranwagen. Da der Angeklagte quer zur Straße stand, konnte er das alles sehr genau sehen. Wie sie ihre Groschenromane heraus holten und zu lesen begannen und keiner aus dem Wagen stieg, um ihm zu Hilfe zu eilen. Für den

Kranwagenfahrer wäre es ein leichtes gewesen, sein Heck wieder nach oben zu heben und ihn so zu retten. Aber auch dieser aß Brote und las eine Zeitung. Und unser Kandidat konnte sehen, wie bei jeder rechts-links Drehung seines Vorderrades ein tieferes Loch im Boden entstand und dass nicht mehr viel daran fehlte, und das Erdstück würde unter dem Gewicht wegbrechen und er würde mit dem schweren Wagen in die Tiefe stürzen. Da unten lagen sie alle, die Wracks, die vorher herunter gefallen waren, wenn der Regen wieder mal die Straße weggespült hatte; wie kleine Matchbox Spielzeuge sahen sie von oben aus. Wir waren sicher, dass er abstürzen müsste. Er war es auch. Dennoch machte er weiter. Etwa eine dreiviertel Stunde hatte er über dem Abgrund Schwerstarbeit geleistet. Das Loch unter dem rechten Vorderrad am Rand dieser Straße war bereits einen Meter tief und Risse zogen sich darum herum. Der Wagen hing schon ganz schief, als er es plötzlich wagte, nachdem sein Winkel zur Straße nur noch etwa 45' betrug, mit voller Pulle aus dieser Lage auszubrechen. Das Erdreich brach unter seinem Vorderrad weg und verschwand in der Tiefe, aber der volle Schub der Hinterachsen und das linke Vorderrad beförderten ihn zurück auf die Straße und er hatte gewonnen.

Keiner konnte die Straße nach ihm mehr benutzen, weil ein Stück fehlte.Aber er hatte es geschafft.

Zwar schaffte er es anschließend kaum, sich eine Zigarette anzustecken, weil seine Hände so zitterten, aber er lebte immer noch.Und das war nicht mit rechten Dingen zugegangen.

Kurze Zeit später übernahm er die Aufgabe, die Fahrer und Arbeiter auf der Pritsche eines Lastwagens morgens zur Arbeit ins Tal und abends zurück ins Camp zu fahren, weil er dafür täglich zwei Überstunden bekam und sich nicht selber –quasi umsonst- auf der harten Pritsche durchschütteln lassen musste.

Und da geschah es wieder.

Es hatte nachmittags stark geregnet und ein Teil der Straße, in einer scharfen Rechtskurve, war weggebrochen. Wir freuten uns schon, dass wir jetzt Erfolg haben würden. Aber es ging wieder nicht mit rechten Dingen zu. Da er bergauf mit voller Pulle um die Ecken fegte, um nicht in einen niedrigeren Gang zu müssen und endlich am Abend nach zehn Stunden harter Arbeit nach Hause zu kommen, war es klar, dass er nicht würde anhalten können, wenn er das Loch in der Straße sehen würde. Das Loch war auf der rechten Seite am Abgrund, links war die Bergwand und es war genau in der Kurve mittendrin. Es war etwa drei Meter lang und maß etwa die Hälfte der Straße. Als er das fehlende Stück Straße sah, gabe er Vollgas, steuerte ganz an den linken Rand, als wolle er geradeaus fahren, direkt in den Berg und im letzten Moment, gerade vor der Bergwand, riss er das Steuer nach rechts und stellte den Lastwagen auf die zwei linken Räder, fegte auf zwei Rädern um die Kurve und knallte, als er das Steuer wieder rasuließ, mit den rechten Rädern wieder auf den Boden, dass alle Männer auf der Pritsche Schmerzensschreie ausstießen, ihn verfluchten und nach immerhin zwei Monaten, die er sie gefahren hatte, nicht mehr mit ihm fahren wollten. In keinem dieser Fälle ist es mit rechten Dingen zugegangen!"

Der Herr Satan war so heiß gelaufen, dass er Erfrischung brauchte.

Er goss sich gleich wieder ein ganzes Glas auf einmal in den schwarzen Schlund, es brodelte und zischte, Dampfwolken verließen sein Schandmaul und als ihn der Vorsitzende fragte, ob er nun endlich zu einem Ende in der Sache käme, sagte dieser:

"Nein, Herr Vorsitzender. Es kommt noch doller. Der Herr Tod hat alle 'Wunder' anscheinend übersehen!

Besonders die hübschen im australischen Busch. Aber das kann ich nicht gelten lassen.Erlauben Sie mir also fortzufahren, damit Sie sich selbst ein Bild machen können, wie hier gemogelt wurde!"

Und er wischte sich den entstandenen Schaum vom Mund, wobei einiges herab kleckerte, wischte sich die Hand an seinem Rock ab und fuhr fort:

"Auf einer Fahrt nach Sydney, wo er und sein Freund Klaus auf Motorrädern fast nebeneinander fuhren, mit etwa 140 Sachen, bei strömendem Regen und sie gerade einen Sattelschlepper überholt hatten, der auch etwa 100 Sachen drauf hatte, weil es hübsch bergab gegangen war, passierte es an der nächsten Bergkuppe.

Sein Freund war auf einer Öl-Lache beim Wechsel von rechts nach links, genau hinter der Kuppe ins Schleudern geraten und hingeflogen, mit nun gut 150. Unser Kandidat war zunächst nicht betroffen, weil er weiter links gefahren und vorsorglich zurück geblieben war, indem er das Gas weggenommen hatte.

Er sah zu, wie sein Freund, der eine 500er BMW fuhr, auf der Seite liegend dahin schlitterteund sich auf dem linken Zylinder wie ein Kreisel zu drehen begann und dabei genau vor ein entgegenkommendes Wohnwagengespann rutschte, das ungebremst auf ihn zuraste. Er sah bereits den Tod seines Freundes vor sich als dessen Motorrad plötzlich mit der Lampe gegen einen Straßenpfahl stieß und mit einem irrwitzigen Ruck von der Straße flog und im Straßengraben landete. Das Wohnwagengespann raste vorbei, der Freund war gerettet, aber er hatte –fasziniert von dem Geschehen, wie das Kaninchen vor der Schlange- die Kontrolle verloren und war nun dabei, selbst hinzufliegen. Aber er tat, was er tausendmal geübt hatte, legte das Motorrad säuberlich, quer zur Straße auf den Boden –bei immer noch 130 Sachen, meine Herrschaften- stand auf, wollte das Motorrad aufheben, aber es war zu schwer, wegen dem großen Sack mit Sachen, den er hinten drauf mitgenommen hatte. Er band in aller Eile, aber völlig ruhig, den Sack los, zerrte ihn von der Straße, ging zurück, obwohl der Sattelschlepper jeden Moment über die Kuppe kommen musste und man diesen schon hören konnte, hob das Motorrad auf und schob es flugs zur Seite, während der Laster hinter ihm mit Getöse durchrauschte.

Meine Herrschaften, das war nicht normal! Hier ist eindeutig manipuliert worden. Ich will die vielen anderen Gelegenheiten hier garnicht mehr erwähnen. Dass jedesmal das Omega auf seiner Stirn auftauchte, brauche ich wohl nicht noch zu erklären und dass der Herr Tod persönlich da war, ist sicher auch allen klar. Aber er rasselte jedesmal eher vergnügt mit seiner Spielzeugsichel und ging Kaffee trinken, wie es die Arbeiter in der Pause machen.

Ein feiner Herr Tod!"

"Ruhe bitte," rief der Richter, weil es unruhig geworden war und benutzte wieder mal seinen Hammer.

116

Dann wendete er sich an Alex und sagte:

„Ich bitte jetzt die Verteidigung Vortrag zu halten, wenn Sie glauben, dazu etwas sagen zu sollen!"

Alex, der der ganzen Sache ziemlich übellaunig zugesehen hatte, erhob sich und begann:

"Hohes Gericht, meine Herrschaften! Die Anklage möchte bei allen vom Herrn Tod vorgetragenen Ereignissen und bei denen, die sie selbst vorgetragen hat, gleich übernatürliche Dinge und Wunder sehen.

Das muss ich aufs Entschiedenste zurückweisen. Bei genauerer Betrachtung nämlich gibt es für jedes dieser Vorkommnisse ganz natürliche Erklärungen.

Ich bitte daher das Gericht, den Herrn Professor Rellek I durch den Projektionsapparat aufs Podium zu beamen, damit wir ihn als Zeugen in der Angelegenheit hören können!"

Der Richter rief nach der grauen Gestalt, die das Schaltpult für den Fragestuhl bedient hatte. Dieser erschien und wurde angewiesen, den Herrn Professor Rellek I auf das Podium zu projizieren.

Er war etwas enttäuscht, weil er nur jemanden herbeibeamen sollte, ging aber sogleich zu Werke, gab mit einer Tastatur seine Wünsche ein, drückte ein Paar Knöpfe, es rauschte aus dem Projektionstrichter, der rechts bei den Engeln stand und aussah, wie die großen, gebogenen Lüftungsrohre auf Passagierdampfern.

Strahlenbündel kamen aus dem Trichter und bevor man sichs versah stand dort ein kleiner lustiger Mann, der aussah wie Peter Lorre, als er Mr.Moto spielte, mit den großen Stielaugen hinter seiner Brille und dem frechen Ausdruck eines Lausbuben im Gesicht und der immer für einen Japaner gehalten worden war.

Er verbeugte sich sogleich mit einer Rundumverbeugung und sagte den Anwesenden guten Tag und er hoffe, er könne von Nutzen sein.

Alex ergriff nun erneut das Wort, das er an den neuen Teilnehmer dieser Posse richtete:

"Herr Professor Rellek! Wie wir wissen ist Ihre Spezialität auf dem Gebiet der Medizin und der Psychologie angesiedelt.

Auf Ihrem Weg hierher hat man Ihnen sicherlich den bisherigen Hergang des Verfahrens eingegeben und ich möchte nun, dass Sie dem Gericht erklären, warum der hier Beschuldigte an seinen Krankheiten nicht eingegangen ist, wie es von allen erwartet wurde und wieso das mit Wundern wohl kaum was zu tun hat!"

Der Herr Professor Rellek I rückte seine Brille zurecht und begann sogleich mit folgenden Worten:

"Meine Herrschaften! Es ist mir eine Ehre, vor so einem hohen Gremium als Fachkundiger gehört zu werden. Fangen wir also mal bei den Krankheiten an.

Wir hatten da also einen Keuchhusten, eine Blutvergiftung, einen Scharlach und eine Hirnhautentzündung, die nach Meinung des Staatsanwalts alle hätten zum Tode führen können. Das ist zwar im Prinzip richtig, aber in diesem Fall dennoch nicht zwingend notwendig, da der Betroffene aufgrund seiner Abstammung mit den anderen nicht verglichen werden kann. Seine Großmutter, die Mutter seines richtigen Vaters, stammte nämlich aus Südfrankreich, aus einer Gruppe von Menschen, die bis heute dort mehr oder weniger unter sich geblieben sind, aus der Zeit, als die Mongolen dort vorbeikamen und sich damals dort niedergelassen haben, weil sie keine Lust hatten, wieder in die Mongolei zurückzukehren.

Nach neuesten Erkenntnissen hat man mit Erstaunen festgestellt, dass unter diesen Leuten bestimmte Krankheiten, die ansonsten im übrigen Volk auftreten, noch nie aufgetreten sind. Als also unser Beschuldigter ein Kind war, musste er sich zwar immer die Hänselei anhören, er sähe aus wie ein Mongole, aber dafür hat er eben auch alle Krankheiten, an denen andere einzugehen pflegen mehr oder weniger schadlos überstanden. Auch dass er noch den Instinkt hat, sich immer so fallen zu lassen, wie eine Katze, egal ob er vom Fahrrad oder vom Motorrad gefallen ist, ist auf diese Abstammung zurückzuführen.

Schließlich waren die Mongolen ein Reitervolk, die über Generationen hinweg fast die meiste Zeit ihres Lebens auf Pferden

118

zubrachten so dass ihnen das Herabfallen ohne sich was zu tun zur zweiten Natur wurde."

Der Herr Staatsanwalt protestierte: "Und wie erklären Sie sich, dass er nicht mit den Lastwagen abgestürzt ist, obwohl die Erde weggebrochen war und nach ihm keiner mehr die Straße benutzen konnte ?"

"Das ist ganz einfach," erklärte der Professor, "in dem ersten Fall wo er die Serpentine zu kurz genommen hatte, brach die Erde erst weg, als er schon weggefahren war, weil nämlich das Herabrutschen von einer Tonne Erde wegen der Trägheit der Masse, länger dauert, als sie von einem durchstartenden Lastwagen als Straße gebraucht wird. Das können wir übrigens bei unserem Kandidaten oft beobachten, dass Dinge, die er nicht mehr braucht einfach verschwinden."

"Was soll denn dieser Unfug nun wieder ?" ereiferte sich der Herr Satan.

"Nun, ich konstatiere nur die Erfahrungen, dass dieser Bursche die seltsame Angewohnheit hat, Dinge zu benutzen, die hinterher, wenn er sie nicht mehr brauchte, weg waren oder für niemanden mehr zur Verfügung standen.

Also fangen wir bei dem Schiff an, das ihn nach Australien brachte, die Skaubryn, die kurz nachdem er sie benutzt hatte, ausbrannte und versank.

Oder die Brücke über den Murumbidgi, die für fünf Tonnen zugelassen war, die er mit einem 30 Tonner befuhr und die, nachdem er sie benutzt hatte so schief dahing, dass sie gesperrt wurde und eine neue gebaut werden musste.

Oder das Schiff, mit dem er wieder nach Europa zurück kam, die Patris, die wenig später in einem arabischen Hafen ausbrannte und versank.

Oder der Suezkanal, der, nachdem er diesen benutzt hatte und ihn nicht mehr brauchte mit versenkten Schiffen blockiert wurde, dass ihn für viele Jahre niemand mehr benutzen konnte.

Ja sogar sein Finanzamt wurde abgerissen, nachdem er sein Geschäft aufgegeben und es nicht mehr gebraucht hatte. Dort baut man heute das Japan-Center.

Aber das war genauso mit dem schönen Haus, das sein Stiefvater in Sydney gebaut hatte. Als unser Angeklagter es nicht mehr brauchte, verschwand es spurlos; als er das letzte Mal danach suchte, war die ganze Straße verschwunden und niemand erinnerte sich mehr daran. Es gab zwar noch die Fahrbahn und den Namen der Straße, aber sonst nichts, das an damals erinnert hätte.

Passen Sie also gut auf was er benutzt. Es könnte, nachdem er es nicht mehr braucht, verschwinden!"

Nach dieser Posse des Herrn Professor Moto -nein Entschuldigung-Rellek, war es im Raum wieder zu einem ausgelassenen Gelächter gekommen.

Der Staatsanwalt schäumte und der Vorsitzende schwang seinen Hammer so heftig, dass der Stiel abbrach. Ein Umstand, den ich nicht berichtet habe, aber der schon mehrfach vorgekommen war, so dass er immer einen Nachschub an neuen Hämmern in seiner Schublade hatte, um nicht wehrlos den Tumulten im Gerichtssaal ausgeliefert zu sein. Und ich hatte mich jedesmal gefragt, wieso er da nicht längst modernisiert hatte, zum Beispiel mit einer Glocke oder einem Gong oder wenigstens einem Hammer mit Plastikstiel, der nicht gleich bei jeder zweiten Benutzung abbricht. Das schwere Teil des Hammers war wieder dem Gerichtssprecher auf den Kopf gefallen. Dieser hielt sogleich seine Hand auf die entstehende Beule und ich dachte mir, dass ich mir schon längst einen sichereren Platz gesucht hätte.

Der Richter hatte aus seiner Schublade einen neuen Ordnungshammer geholt und verschaffte sich damit endlich wieder die ersehnte Ruhe.

Der Staatsanwalt schäumte erneut: "Herr Professor! Wir wurden gebeten, hier keine Anekdoten zu verbreiten. Und wie erklären Sie sich den Umstand, dass der Angeklagte immer wieder ein Omega auf der Stirn hatte und dass dieses Omega immer wieder verschwand ?"

120

Der Herr Professor lachte verschmitzt, rückte wieder seine Brille zurecht und sagte:

"Sehen Sie. Ich glaube, dass dieses Phänomen eher etwas ist, das auf Ihrer Einbildungskraft beruht. Wahrscheinlich hatte er überhaupt nie eines, aber Sie haben es gesehen, weil Sie eines sehen wollten!"

"Das stimmt nicht! Und außerdem hat der Herr Tod selber gesagt, dass er es bei ihm gesehen habe. Wie wollen Sie uns das erklären?"

Der Professor antwortete keck: "Herr Staatsanwalt. Der Herr Tod hatte von Ihnen den Auftrag, dem Angeklagten so ein Zeichen anzubringen. Aber weil das so in der Schöpfung nicht vorgesehen ist, konnte es auch nicht klappen. Wir haben hier vorher gehört, dass das Zeichen zuerst im Lebensbuch stehen muss.

Und wenn Ihre Leute das Lebensbuch fälschen wollten, konnte Ihnen das niemals dauerhaft gelingen, weil sich Fälschungen darin nicht halten können.

Und außerdem gibt es für alle Menschen diesen Notdienst mit seinen Schutzengeln, den der Herr Jahwe im Auftrage des Herrn Jesus auf der Erde eingerichtet hat und der jedem, der in arger Bedrängnis ist, zu Hilfe kommt und außergewöhnliches leistet, ja manchmal schier Unglaubliches vollbringt.

Da werden zuweilen sogar die Gesetze der Schwerkraft außer Kraft gesetzt und es wird dem Bedrängten die Macht gegeben, für kurze Augenblicke selber zu bestimmen, wohin zum Beispiel sein Auto fliegen soll. In ein Gebüsch, eine Wiese oder gegen einen Betonpfeiler. Er muss es sich nur vorstellen und es geschieht. Nur für kurze Augenblicke. Aber es funktioniert. Sie sehen also, dass es keinen geheimen Pakt mit dem Himmel geben muss, damit einer gerettet wird.

Nur weil Ihr immer mit den Menschen solche Pakte abschließt, müsst Ihr nicht von Euch auf andere schließen!"

Und dem Vorsitzenden zugewandt fragte er:

"Werde ich hier noch gebraucht?"

Der Vorsitzende richtete einen fragenden Blick an Alex.

Dieser schüttelte den Kopf und der Richter sagte dem Professor, dass er nicht mehr gebraucht werde und gehen könnte.

Der Graue am Schaltpult hatte verstanden und schaltete den Professor aus. Das Energiefeld verschwand und der Professor war weg.

Der Vorsitzende richtete sich an Alex: "Herr Verteidiger! Wollen Sie dem Gesagten noch etwas hinzufügen?"

Und Alex erwiderte: "Im Prinzip nicht. Alle Anklagepunkte die der Herr Staatsanwalt mit dem Zeugen Herr Tod zu untermauern versucht hat, sind wie ein Kartenhaus zusammengebrochen. Ich glaube nicht, dass irgend jemand noch Zweifel hat, hier sei es nicht mit rechten Dingen zugegangen. Alles war ganz natürlich, ohne Tricks und doppeltem Boden!"

Darauf der Vorsitzende zum Herrn Satan gewandt:

"Glauben Sie immer noch, dass es Gründe gibt, hinter diesen Ereignissen eine Verschwörung zu vermuten?"

Der Herr Satan schäumte noch mehr als vorher und bei dem, was er jetzt sagte flogen Fetzen von Geifer aus seinem Mund:

"Hohes Gericht. Wir werden hier regelrecht reingelegt"...

der Vorsitzende hatte schon wieder einen Hammerstiel erledigt und der Herr Satan setzte etwas vorsichtiger nach:

"Also sagen wir es so. Uns ist das alles nicht einleuchtend. Wir finden es nicht glaubwürdig und wir fühlen uns unfair behandelt. Zumindest ist es so, dass wir zu diesem Zeitpunkt das Thema nicht vertiefen wollen, sondern uns lieber erst den anderen Anklagepunkten zuwenden sollten, um zu sehen, was dabei herauskommt!"

Der Vorsitzende ließ daraufhin den Gong ertönen, der Saal leerte sich wie immer, wenn der Gong ertönte und ich landete unsanft an meinem Bettpfosten, dass ich dachte, ich hätte diesmal den Hammer des Vorsitzenden abgekriegt.

Und bevor ich noch einmal in einem sanften Schlaf versank, dachte ich, was ein Glück, dass der Professor nicht auch noch gesagt hatte, was wohl mit der Erde passieren würde, wenn ich sie einmal nicht mehr brauchte. Und dass es aus dieser Sicht sicher unklug wäre, mich voreilig abzuschaffen.

Das Spektakel wäre ganz sicher noch größer gewesen.

Aber Gott sei Dank war er nicht soweit gegangen.

◇

11.Kapitel   Die Weißkittel

Am folgenden Abend fand ich mich sogleich im Gerichtssaal wieder.

Die Sitzung wurde eröffnet, der Herr Satan hatte als nächsten Vertreter seiner Sache den Herrn Gomorrah vorgestellt, der auch nicht besser aussah, als die anderen.

Er hatte an einer Seite seines schrumpeligen Mundes einen langen Zahn von oben nach unten herausragen, so dass er eher aussah wie ein Vampir, der sich an einem seiner Opfer den anderen Zahn ausgebissen hat, weil er versehentlich die richtige Stelle verpasst und statt dessen auf den Genickknochen gebissen hat. So sah er aus.

Aber viel wahrscheinlicher war, dass er ihm ganz einfach ausgefallen war in all den Jahrtausenden. Denn auch der verbliebene Zahn schien sehr verrottet zu sein, wie der ganze Kerl und an diesem Zahn lief dauernd Spucke herunter, so dass sein Kleid schon einen richtigen schaumigen Fleck hatte, wo die Spucke meist hintropfte.

Er verschwendete keine Zeit mit Vorreden und begann sogleich mit rasselnder Stimme:

"Meine Herrschaften! Heute geht es darum, die Selbstherrlichkeit des Angeklagten erneut zu beleuchten. Und die Seltsamkeiten, die damit einher gehen. Was ich sagen will," und hier rasselte er besonders,

"der Angeklagte versteigt sich in die Theorie -und dies tut er öffentlich und zu jeder Gelegenheit- dass die modernen Ärzte zum überwiegenden Teil des Teufels seien, dass sie von unüberbietbarer Geldgier befallen seien und die armen Patienten regelrecht auslutschten, im übertragenen Sinne."

Und dabei ging ihm ein unüberhörbares Schlürfen über den verbliebenen Zahn und die Lippen, die sich dabei kräuselten und falteten.

"Und er hat tatsächlich die Frechheit, die Transplantationsmedizin als 'Frankenstein-Medizin' zu bezeichnen, die jeder Art ärztlicher Verbrechen Tür und Tor öffneten, die ein Großteil von ihnen auch schamlos begehen würden, um immer reicher zu werden. Sie würden

124

Patienten, die schon längst tot wären, wie Zombies am Leben erhalten, weil sie an diesen um so mehr verdienen würden.

Sie würden Patienten schmerzhafte Torturen unnötigerweise verordnen, damit die Kasse stimmt und immer so tun, als könnten sie dem Patienten nicht die Wahrheit einschenken, weil dieser sie vielleicht nicht ertragen könnte, womit sie sich als über den Menschen stehend aufspielten, sich wichtig täten und daran besonders gut verdienten, weil der Patient es ja nicht nachprüfen kann.

Und er behauptet, sogar das Recht des Patienten auf Herausgabe seiner Akte, das er neuerdings habe, nütze diesem garnichts, weil der arme Patient das Ärzte-Kukanesisch ohnehin nicht verstünde und ihm der Arzt trotzdem eine lange Nase zeigen könnte, zumal kein Arzt so blöde wäre, in das Krankenblatt nicht auch das reinzuschreiben, was mit seinen Geldforderungen übereinstimmte.

Ja der Angeklagte geht noch weiter! Er behauptet, er habe bei der Einführung der Computer in die Arztpraxen eine Annonce in einer angesehenen Zeitschrift gesehen, in der für einen Computer geworben wurde, der ein extra für Ärzte entwickeltes Programm mit Zufallsgenerator zur Abrechnung mit den Krankenkassen habe, damit den Kassen der Schmuh nicht so auffallen sollte.

Und er geht her und verbreitet, bei den Ärzten gehe es genauso zu, wie bei den Autowerkstätten; ginge man mit einem Defekt in zehn Werkstätten, bekäme man zehn verschiedene Diagnosen, nur dass das beim Auto nur das Ersparte kosten würde, beim Arzt aber unter Umständen das Leben!"

Nach dieser Anstrengung war er erst mal aus der Puste, griff nach einem Glas das aussah, als sei es mit Wasser gefüllt, führte es an den Mund und lutschte an diesem so gierig herum, dass laut knirschend ein Stück davon heraus brach. Es musste wohl an diesem langen Zahn gelegen haben und er hätte vielleicht besser daran getan, einen Stroh zu benutzen oder es in sich von oben hineinzugießen.

Er spuckte das Stück Glas angewidert aus, schüttete dann den Rest in seinen großen, qualmenden Mund, es brodelte und zischte und er fuhr fort:

"Meine Herrschaften! Das ist noch lange nicht alles. Er schimpft, dass die Ärzte Leichenfledderer seien, dass sie schon früher illegal Leichen von niederen Kreaturen hätten ausbuddeln lassen, denen sie Geld dafür gaben um sich nicht selber die Finger schmutzig zu machen, um an diesen herumzuspielen, dass sie Unfallpatienten während sie ohnmächtig sind, mal schnell eine Niere so nebenbei raus schneiden, dass sie an ihren Patienten experimentieren, dass sie sich Terrorregimen zur Verfügung stellten um Regimegegner umzubringen oder an ihnen herumzuspielen, um zu sehen, in welchen Fällen sie schneller eingehen.

Sie würden gegen Geld jedes Gutachten ausstellen, wenn der Preis nur stimme und sie wären im Prinzip nur deshalb gegen die Euthanasie, weil in diesem Fall ein toter Patient kein guter Patient ist. Er bringt nämlich nichts mehr ein.

Das ganze Geschwätz von Ethik sei ein schlechter Witz, wie, wenn Taxifahrer die Zugangsbestimmungen zu ihrem Gewerbe verschärfen wollten, angeblich um dem Fahrgast keine schlechte Leistung zuzumuten obwohl sie nur die Gäste und ihr Geld für sich alleine haben wollen. Stellen Sie sich vor, meine Herrschaften!

Dieser Bursche stellt Ärzte auf die gleiche Stufe wie Taxifahrer!

Es ist wirklich unglaublich

Da haben wir ewige Zeiten für ein ordentliches Gesundheitswesen gesorgt, das wirklich keine Wünsche offen lässt und dieser Bursche geht her und zieht das alles in den Dreck. Und ich will Ihnen auch sagen warum: Weil er selber keine Ärzte braucht! Und warum braucht er keine? Weil er nie von selber krank wird.

Und warum wird er nie von selber krank? Von wegen geistige Kräfte, positives Denken, gesunde Ernährung. Wenn ich Ihnen erzählen würde, was dieser Kerl alles in sich hineinstopft und was für gar schreckliches Kraut er unaufhörlich raucht. Ja er isst am liebsten täglich ein Steak und das seit Jahrzehnten und der Rinderwahnsinn hat ihn dennoch nicht. Er hat Sex getrieben mit zwielichtigen Gestalten und hat kein AIDS. Er trägt die billigsten Kleider und ist noch nicht von ihnen vergiftet. Er lebt in der schmutzigsten, am meisten verpesteten Stadt des Landes und ist immer noch nicht

126

kaputt. Er war in den 50ern in den Snowy Mountains in Australien, direkt rechts von den Atombombentests, wo der Wind immer schön den Fallout zum ihm rüber geblasen hat und da musste er sich, zugegeben, die Schilddrüse behandeln lassen. Aber er lebt immer noch, als wäre er 20! Meine Herrschaften, das geht nicht mit rechten Dingen zu! Hier wird einfach von 'Außen' nachgeholfen.

Jede Wette!"

Damit war er erst mal wieder fix und fertig, nahm ein neues Glas, das er diesmal vorsichtiger zu Munde führte, es rauschte und zischte wie vorher schon und er begann erneut:

"Meine Herrschaften! Das war die Sache mit den Ärzten. Und jetzt komme ich auch gleich zu der Sache mit den Psychologen. Weil er über diese nämlich genauso herzieht und behauptet, dass sie völlig unnütz seien, weil sie in Wirklichkeit nicht wüssten, wovon sie sprächen. Es gäbe unglaublich viele Richtungen, von der jede die andere für Idioten hält und letztlich seien sie eigentlich nur dazu da, ihren armen Opfern das Geld aus der Tasche zu ziehen, Leute in Anstalten zu stecken, sie mit Pillen vollzustopfen, sie zu entmündigen, je nach Bedarf dubiose Gutachten, mal für die eine, mal für die andere Seite auszustellen, je nachdem wer dafür bezahle.

Bei den Russen hätten sie der Staatsräson gedient, um unliebsame Personen aus dem Verkehr zu ziehen, denen man gerade kein Verbrechen unterjubeln konnte.

Bei den Nazis hätten sie es noch schlimmer getrieben und dann hätten sie sich der Wirtschaft angedient, um denen zu verraten, wie man den Einzelnen dazu bringen kann, ohne dass er es will, sein ganzes Geld für Dinge zu verplempern die er nicht braucht, bis er dann einen Psychiater braucht, der ihn dann wieder an seiner beschädigten Psyche flicken soll, so dass also an ihm dreimal verdient wurde, vom Psychologen der ihn verraten hat, vom Verkäufer unnützer Waren, vom reparierenden Psychiater.

Und er sagt auch noch, solche Psychologen, die der Gegenseite die Tricks mit der Seele verraten, seien wie KZ-Ärzte, ja meine Herrschaften, wie KZ-Ärzte!"

Und wieder musste er trinken, um dann fortzufahren:

"Und obwohl er ein Selbstmordprogramm in sich trägt, das seit seiner Zeugung installiert ist, benutzt er keinen Psychiater! Nein, er geht sogar her und stimmt Ron Hubbard zu, der einmal beschrieben habe, dass genauso, wie man fast jede Geisteskrankheit mit einer post-hypnotischen Suggestion erzeugen könne, auch alle diese Krankheiten durch ähnlich geartete Vorfälle zustande gekommen seien und auch nur durch dieses Wissen wieder behoben werden könnten.

Und er steigert diesen Unfug noch, indem er den luziferischen Mächten unterstellt, sie hätten diesen einst genialen Denker vergiftet mit Geldgier und Machtgier, so dass seine einstigen Ideale verschütt gegangen seien, nämlich für eine bessere Welt zu kämpfen, dass heute seine Anhängerschaft weltweit bekämpft würde von Leuten die nichts davon verstünden und dass mittlerweile dieses Wissen den Menschen vorenthalten wird, um weiterhin Macht auf sie ausüben zu können, endlos.

Meine Herrschaften! Dieser Mann ist weder normal, noch gehorcht er normalen Gesetzmäßigkeiten.

Aber er stört mit seinen falschen Anschuldigungen auf jeden Fall unsere mühsam errichtete Weltordnung, die wir nach unserem Bilde, ja meine Herrschaften, nach unserem Bilde, geschaffen haben.

Er muss ganz einfach unerlaubte Hilfe 'von Oben' bekommen. Anders ist dies alles nicht zu erklären. Deshalb wird der Antrag aufrecht erhalten, den Angeklagten endlich zu überführen und aus dem Verkehr zu ziehen und ihn uns zur weiteren Behandlung zu überlassen," und ein "hich hich hich hich hich!" gluckerte voller Stolz und Freude über seine Rede halblaut aus ihm hervor, wobei er den Mund zu einem hämischen Grinsen verzog.

Und ich dachte, Oh Gott, bloß nicht zu denen. Und ich dachte auch, klar, so sieht die Welt heute aus, zu ihrem Ebenbilde haben sie sie gemacht.

Nachdem sich der Herr Gomorrah wieder umständlich hingesetzt hatte, fragte der Vorsitzende meinen Verteidiger Alex, ob er was dazu sagen wolle und dieser sagte:

"Herr Vorsitzender, ich bitte Sie, in dieser Angelegenheit den Herrn Professor Rellek 2 anzuhören, der Sachverständiger auf den behandelten Gebieten ist!"

Es spielte sich das gleiche Schauspiel ab, wie am vorangegangenen Tag. Der 'Graue' erschien, ging zu seinem Pult, gab bestimmte Daten in seine Tastatur, drückte Knöpfe, aus dem Projektionstrichter kam zunächst ein Rauschen und Poltern, am gestrigen Ort erschienen zunächst die Umrisse einer schemenhaften Figur und plötzlich stand er da, der Professor, mit einer großen Papierschneide unter dem Arm und er sah aus wie Peter Lorre in dem Film 'Der unsichtbare Agent', als er gerade jemandem die Finger mit einer Papierschneide abschneiden wollte, um aus diesem das Geheimnis herauszupressen.

Mit demselben diabolischen Lächeln im Gesicht. Es schien ihm wahrhaft Freude zu machen, hier seine Thesen vertreten zu können.

"Hohes Gericht," begann er, "ich freue mich, Ihnen hier heute dienlich sein zu können. Ich wurde auf dem Weg hierher über das Vorgetragene unterrichtet und will versuchen, hier mit ein paar Fakten der Wahrheit auf die Sprünge zu helfen." Und er sah aus, als wolle er gleich jemandem genüsslich die Finger abschneiden.

"Zunächst einmal," begann er erneut, "will ich mich dem letzten Thema widmen, da es alle gerade gut in Erinnerung haben. Da wäre zunächst die Sache mit dem Verrat der Psychologen an ihren Opfern. Ja, so muss man sie nennen. Es gibt keinen Grund, sie als Patienten zu bezeichnen. Sie sind immer die Opfer. Das fängt also damit an, dass ein Psychologiestudium den Steuerzahler etwa 300.000,- Mark kostet. Danach wäre der ausgebildete Psychologe dem Bürger, der ihm diese Karriere finanziert hat, etwas schuldig. Mindestens Loyalität. Aber statt dessen schlägt sich ein Teil von ihnen ins 'feindliche Lager', indem es den Geldsäcken die Tricks und Strukturen ihrer potentiellen Opfer verrät. Nämlich, wie man das Opfer dazu bringen kann, wie wahnsinnig zu arbeiten, Überstunden zu machen, dem Geld hinterherzurennen, damit es die unnötigen, überteuerten Produkte der Geldsäcke kaufen will, um jeden Preis.

Die Tricks sind ganz einfach, weil die Psychologen verstehen, wie man das Unterbewusstsein ansprechen, programmieren und unter Zwang setzen kann.

Da wird ihnen eingeredet, sie seien kein richtiger Mann, wenn sie nicht das richtige Auto führen -auch wenn sie garkeins brauchen- oder sie seien unattraktiv, wenn sie nicht ein bestimmtes Rasiermittel benutzten, die Frauen keine anständigen Hausfrauen, wenn sie nicht ein bestimmtes Waschpulver, einen bestimmten Büstenhalter oder das richtige Haarspray verwendeten und nicht attraktiv, ohne ein stinkiges Parfüm.

Das ist doch sehr spannend. Da hat die Natur den Menschen ausgestattet mit einem Geruch, der sexuell stimuliert. Die Geldsäcke suggerieren nun, der natürliche Geruch sei Gestank und Ausdruck von Schmutz. Also sagen sie ihnen, mit dieser Seife abwaschen. Dann mit einem Deo dafür sorgen, dass er nicht wiederkommt. Und da sie nun sexuell unattraktiv sind, weil sie die Sex-Stimulanzien unterdrückt haben, sagt man ihnen, sie müssten, um sexy zu sein, ein bestimmtes Parfum nehmen, mit den Sexsekreten eines Moschusochsen und weil der aber wirklich stinkt, müsse dies gefälligst mit einem künstlichen Geruch überdeckt werden, den man für sehr viel Geld nur von Geldsack Soundso bekommen könne und kaufen müsse. So haben die Geldsäcke an den Opfern dreimal verdient; abwaschen, unterdrücken, und künstlich schaffen, was vorher natürlich da war.

Man muss leider sagen, dass die Menschen furchtbar blöde sind, weil sie auf solchen Humbug reinfallen. Aber das teuflische daran ist der Verrat der Psychologen an denen, für die sie eigentlich da sein sollten, indem sie den Geldsäcken verraten, wie man ihnen 'unbewußt' suggeriert, sie müssten das tun.

Da dazu noch so subtile Formen kommen, wie Neidgefühle, Gruppenzwang, mangelndes Selbstbewußtsein und Schwäche, die ausgenutzt werden und da diese Menschen auf diese Weise ihrem eigentlichen Leben völlig entfremdet werden, weil sie nur noch mit hängender Zunge dem Geld hinterherhetzen, das sie brauchen, um die ihnen suggerierten Wünsche auch zwanghaft zu erfüllen und

130

dabei geisteskrank werden, psychosomatische Krankheitsbilder entwickeln und irgendwann völlig kaputt und am Boden zerstört sind, hat der Angeklagte völlig Recht, wenn er diese Psychologen mit KZ-Ärzten vergleicht, denn diese dienten ihren Herren genauso, gegen die Opfer, wie jene. Und dann kommen die zum Zuge, die zum Wechseln ins andere Lager nicht clever genug waren, die sich jetzt die Taschen an den Geschädigten der ersten Gruppe auffüllen.

Deshalb musste auch Ron Hubbard scheitern. Wenn man davon ausgeht, dass die Welt von der Brut Luzifers beherrscht wird, dass diese über Kirchen, Ärzte und Psychologen genauso wacht, wie über ihre Geldsäcke, wegen der Weltherrschaft, dann musste ihnen das Prinzip von Ron Hubbard im höchsten Maße ungelegen kommen. Denn dieses Prinzip ist nicht nur in der Lage alle Geisteskrankheiten zu beseitigen, ohne den ganzen Chemiekram und die anderen krankmachenden Methoden, es stand auch für geistige Freiheit, die Nutzung geistiger Kräfte, mit denen man fast alles vollbringen kann und den sorgfältigen Umgang mit unserer Umwelt im Großen und im Kleinen. Das hätte natürlich Probleme für Luzifers Weltherrschaft gegeben. Denn die beruht ja auf Abhängigkeit, Zwang und Zerstörung. Deshalb musste Ron Hubbard und sein Gefolge, genauso wie die Kirchen, unter Luzifers Kontrolle gebracht werden, so dass wir es jetzt mit den geldgierigsten und skrupellosesten Leuten zu tun haben die man sich denken kann, die die geistigen Kräfte dazu missbrauchen, zunächst ihre eigenen Anhänger auszuplündern und zu beherrschen und dann alle anderen, die mit ihnen in Berührung kommen. Das war natürlich ein gefundenes Fressen für die etablierte Psychologie, die auf diese Weise nicht zugeben musste, dass ihr Studium lauter Humbug war und ihr Titel nichts wert sei.

Denn hätten die Erkenntnisse der geistigen Kraft, die jeder in sich hat, ohne es zu wissen, die Runde gemacht, wären alle Psychiater arbeitslos geworden und hätten kein Geld mehr verdient.

Sie hätten dann einen Psychiater gebraucht wegen ihrem verlorenen Selbstwertgefühl, hätten dann Selbsthilfegruppen gründen können und so." Und dabei hatte der Professor ein breites Grinsen auf seinem runden Gesicht.

Er fuhr fort: "Aber natürlich war es leicht, den Nachfolgern Hubbards die Hölle heiß zu machen.

Denn die meisten Dinge, die derart Behandelte lernten, waren, dass sie deshalb soviele Probleme hatten, weil sie von ihren Eltern vor und nach der Geburt so schändlich behandelt worden waren.

Und als diese das ihren Eltern vorhielten, weil sie sich plötzlich 'erinnert' hatten, gab es genausolche Tumulte, wie bei dem Versuch, in Amerika Neger mit Weißen auf eine Schule zu schicken.

So wurde es leicht, sich dieser lästigen Leute einigermaßen wirkungsvoll zu entledigen. Was ich allerdings nicht verstehe, ist die Tatsache, dass es ihnen bisher keiner ausgetrieben hat, sich als Kirche zu bezeichnen, um die Steuern zu sparen. Als Kirche, das setzt erst mal eine Religion voraus. Religion wird im Lexikon definiert als 'das Ergriffenwerden vom Göttlichen'. Es kommt von 'gewissenhaft beobachten und an Gott gebunden sein und äußert sich in Hingabe, Ausgeliefertsein, Gebet und Verehrung' und ich kann nicht verstehen, was davon an denen zutreffen sollte, außer das Wort 'Ausgeliefertsein'!

Und diese Heinis von den Kirchen sind da völlig überfordert, wenn die gefragt werden, weil die auch nicht mehr wissen, was Kirche, was Religion wirklich ist. Dennoch hat Amerika sie jetzt von der Steuer befreit und der Außenminister soll auf die Frage, ob es denn eine Kirche sei, gesagt haben, es sei wohl eine, weil sie ja von der Steuer befreit sei!

Es gab da einen, der hat diese Prinzipien tatsächlich anders gelehrt und zwar sehr erfolgreich und er hat seinen Schülern gesagt, dass man seine dadurch erlangte Macht nie mißbrauchen dürfe, weil es sonst ganz fürchterlich auf einen zurückschlage und er hat ihnen gesagt, er wolle ihnen beibringen sich selbst und anderen zu helfen, frei zu werden. Dieser Mann wurde nun wiederum von den Hubbard Anhängern befehdet, weil er deren Strategie hintertrieben hat und den Leuten Unabhängigkeit statt Abhängigkeit geben wollte.

Das Problem war aber auch hier, dass trotz eindeutiger Warnung, der überwiegende Teil der Schüler die Macht mißbrauchten und zu nutzlosen Geldsäcken wurden.

Die Menschen sind nicht mehr in der Lage, mit solchen Kräften umzugehen, weil die überwältigende Übermacht des Bösen schon fast alles auf der Erde korrumpiert hat!"

Der Professor griff neben sich ins Leere und als seine Hand zurückkam, befand sich darin ein Glas Wasser, das er eilig austrank. Er stellte es wieder neben sich ins Leere und fuhr fort:

"Kommen wir nun zu den übrigen Tatsachen, was die Psychologie anbelangt.

Da wäre zunächst einmal Sigmund Freud, der irgendwann herausgefunden hatte, dass die meisten Probleme dadurch entstanden waren, dass seine Patienten in ihrer Kindheit sexuell mißbraucht worden waren oder auf andere Art von ihren Eltern und deren Umgebung mißbraucht und geschädigt worden waren. Im Grunde waren es gleiche Erkenntnisse, wie sie Ron Hubbard auch gemacht hatte. Aber Freud merkte sehr schnell, dass er sich damit seine gut zahlende Kundschaft vergraulen würde und ließ diese Erkenntnis wieder fallen, weil es einträglicher war, opportunistisch zu sein und den Herrschaften aus den feinen Häusern lieber zu sagen, was diese hören wollten. Dafür zahlte er einen furchtbaren Preis; der Krebs richtete ihn zugrunde. Erst im letzten Jahrzehnt hatte das ein Freud Fan herausgefunden und öffentlich gemacht. Aber keiner wollte es hören. Denn es ist noch heute viel zu unpopulär, um damit angemessenes Geld zu verdienen.

Insofern hat der Angeklagte Recht, wenn er sagt, dass die ganze Psychologenzunft niemals die Wahrheit sagt, dass sie diese auch garnicht kennt und dass ihnen nur eines gemeinsam ist, der herrschaftliche Anspruch, alle Menschen an die sogenannte Wirklichkeit anzupassen oder in eine Anstalt zu stecken, wo ihre Unfähigkeit zu heilen nicht ganz so offensichtlich wird.

Ich will Ihnen erklären, was hier gemeint ist: Wenn einer sich aufregt, dass ihm jeden Tag Hunde vor die Tür scheißen, weil sie asoziale Besitzer haben, die in einer 20qm Sozialwohnung auf Kosten der Steuerzahler einen Riesenköter halten und überall die Straßen vollscheißen und jeden, der es anstößig findet am liebsten gleich mit Prügeln überziehen und weil diese eine Lobby haben, die geeignete Gesetze gegen diese Schweinerei verhindern, die dagegen aber Gesetze durchgesetzt haben, wie groß ein Hundezwinger zu sein habe, obwohl es kein Gesetz gibt, das die Mindestgröße eines Kinderzimmers regelt und dass in den Supermärkten inzwischen für Hunde und Katzen vier bis fünfmal soviel Platz in den Regalen für Futterspezialitäten für degenerierte Viecher ist, als für Kindernahrung und Windeln, oder wenn er sich darüber aufregt, dass jeder Depp das Auto in seiner Einfahrt parkt und sein Recht auf jederzeitigen Zugang zu seinem Eigentum nicht nur mißachtet, sondern auch noch frech wird, dann sagt ihm der Psychiater, da er diese äußeren Umstände nicht ändern könne, das sei also seine Wirklichkeit, solle er gefälligst seine Vorstellung dazu ändern, dann habe er kein Problem mehr.

Er soll es also in Ordnung finden, dass Schweine vor seine Tür scheißen oder Leute seine Einfahrt zuparken. Wenn er es aber dennoch nicht in Ordnung findet und deshalb tobt, steckt man ihn in eine Zwangsjacke und sperrt ihn in einer Anstalt weg.

Er ist nämlich der Querulant, der einen psychischen Defekt habe.

Wenn unser Angeklagter nun sagt, wenn das alles ist, was die Psychologen vermögen, einem seinen Sinn für Recht und Gerechtigkeit auszureden und einen an den großen Brei der Unzulänglichkeiten anzupassen, dann könnten sie ihm gestohlen bleiben, wären lediglich Scharlatane die keinen Charakter hätten, dann hat er damit völlig Recht.

Gehen wir nun also zu der ersten Kategorie, zu der der Ärzte.

Tatsache ist, dass die Ärzte und die Pharmaindustrie in gewisser Weise organisiert sind wie die Mafia.

Ihr Hauptziel ist die Profitmaximierung. Da der überwiegende Teil der mit diesem Geschäft zu verdienenden Mittel von Beitragszahlern und aus Steuergeldern aufgebracht wird, ist es ein genauso praktisches Geschäft, wie das Geschäft mit Kriegswaffen. Dafür ist immer Geld da, warum es auch reichlich geldgierige Individuen anzieht, wie das Stück Torte die Fliegen.

Die Sache ist ganz einfach. Es gibt eine Übereinkunft, dass nur ein lebender Patient ein rentabler Patient ist. Deshalb tut die Geräteindustrie und die Pharamindustrie alles, um den Ärzten die Mittel an die Hand zu geben, mit denen sie halbtote Menschen noch als lebende Kadaver bei Blutdruck halten können, weil sich an ihnen vortrefflich verdienen lässt. Dabei schützen die Ärzte den hippokratischen Eid vor, den man eher als hypokritischen Eid bezeichnen sollte..."

in diesem Moment unterbrach der Engel mit dem blauen Stern den Professor mit der Frage:

"Was ist denn bitte schön der Unterschied zwischen den Beiden?"

Der Professor lachte verwegen und sagte: „Mein lieber Herr Engel! Der hippokratische Eid ist der Eid, der nach Hippokrates benannt wurde und den Arzt verpflichtet, Leben zu retten.

Hypokritisch heißt heuchlerisch, im englischen ist ein Heuchler ein hypocrite. Denn dieser ganze Kram ist gekennzeichnet von Heuchelei. Ich will Ihnen ein paar Beispiele geben.

Bei den Nazis haben Ärzte selektiert -also ausgewählt- wer sterben sollte und wer noch brauchbar war, um Arbeit zu verrichten. Sie haben Experimente an Gefangenen gemacht und sie anschließend getötet und ihre Gehirne und Innereien, wenn sie interessant waren, in Gefäße getan und sie schauen sich diese heute noch mit größtem Interesse an, weil sie finden, dass sie den Toten ja eh nichts mehr nützen.

Sie haben Häftlingen Todesspritzen gegeben, Leute, die eine Macke hatten mit Giftspritzen beseitigt, weil es nicht lohne, sie zu ernähren, weil sie unnütz seien, haben -und das tun sie bis heute- mit starken Mitteln gegnerische Agenten zum Reden gebracht, haben Folterern beigebracht, wie man am wirksamsten Schmerzen auslöst, ohne dass man es den Opfern später ansieht. Haben mit Soldaten experimentiert, die Atomexplosionen ausgesetzt wurden, um festzustellen, inwieweit man sie nach einem Atomangriff noch einsetzen könnte -streng geheim, versteht sich- haben Leute Giftgas ausgesetzt zu gleichen Zwecken und später alles abgestritten.

Sie haben Leuten das falsche Bein abgeschnitten und würden empört wegen Rufschädigung klagen, wenn man sie deshalb der Stümperei bezichtigte, mit dem Argument, das sei zwar das falsche Bein gewesen, aber das sei richtig abgeschnitten worden, professionell sozusagen.

Sie geben Todeskandidaten Spritzen, damit sie nicht schreien und zappeln, wenn sie anschließend aus dem Hubschrauber geworfen werden, lassen sich deshalb eine Sichtblende einbauen in den Hubschrauber, damit sie nicht mitansehen müssen, wie man ihre Opfer aus dem Hubschrauber wirft, weil das dieser hübsche Eid verbieten würde, den ich als hypokritischen, den Heucheleid bezeichne. Zudem schlachten sie laufend Leichen aus oder erlauben es den Totenwäschern, den Leichen allerlei brauchbares abzuschneiden, weil man damit gutes Geld verdient.

Wie gesagt, in afrikanischen Ländern kommt es vor, dass jemand, der nach einem Unfall ins Krankenhaus kommt, später plötzlich eine Niere weniger hat.

In Indien stehen junge Männer, weil sie ihre Miete nicht zahlen können, auf der Warteliste, eine Niere zu spenden, für 50 Dollar, die dann geldgeile Ärzte für 30-50 Tausend an reiche Macker verkaufen, die durch ihre widerwärtige Art zu leben ihre Organe ruiniert haben und partout nicht sterben wollen, obwohl sie völlig überflüssig sind. Da gibt einer seine Niere zum Verkauf in Deutschland, weil er nicht auf seinen Lebensstandard, auf seinen Porsche verzichten will und wird auch noch dem staunenden Publikum im Fernsehen vorgeführt.

In China werden in letzter Zeit immer mehr junge Diebe und Räuber zum Tode verurteilt, weil man sie sogleich als Frischware ausschlachten kann. Das erhält halbverfaulte Bonzen am Leben und bringt Devisen. Da wird einem halbverfaulten Idioten das dritte Herz eingepflanzt -was ein vorzügliches Geschäft- und dem Mütterchen kürzt man die Sozialhilfe und den Familien das Kindergeld. Da wird über das Rauchen geschimpft und immer abgestritten, dass Rauchen eine Sucht ist, obwohl sogar Leute mit Lungenkrebs auch mit einer Lunge weiter rauchen und Leute, die ein Raucherbein verloren haben, dennoch weiter rauchen und die Ärzte sagen heuchlerisch, hört doch auf, genau wissend, dass es so nicht geht und alle verdienen daran. Die Ärzte, der Staat an den Steuern, die egal wie sie sie erhöhen, ganz gewiss eingehen -es ist ja eine Sucht- dann verdienen die Krankenhäuser, die Pharmafritzen und die Gerätehersteller.

Und die Ärzte wollen die Halbtoten nicht rausrücken, bis die Gehirnstromkurve das Ende anzeigt, nicht mal dann, denn dann schlachten sie sie aus wie ein altes Auto.

Und die, die auf solchen Ersatzteildienst warten, schrieben kürzlich in einer deutschen Publikation, die Wartenden seien ganz enttäuscht, dass nun die Motorradfahrer, seit es die Helmpflicht gibt, nicht mehr so hurtig sterben, sie hätten doch zumeist so junge, frische Körper gehabt und man setze nun darauf, dass mehr Reiter vom Pferd stürzen, denn die seien auch zumeist jung und frisch.

Wer vor dieser Medizin, die der Angeklagte zurecht als Frankenstein-Medizin bezeichnet, keinen Ekel und Abscheu empfindet, der ist wahrhaftig entartet. Eine Folge der Vorstellung, mit dem Tode sei alles zuende, danach gäbe es nichts und man habe sich folglich auch niemandem und nichts zu verantworten.

Diese Mafia der Medizinleute ist inzwischen weltweit tätig und mit der Erhaltung von Leben hat das weiß Gott nichts zu tun, bestenfalls mit der Erhaltung von Opfern und lebenden Leichen, an denen bis zur letzten Gehirnstromkurve gutes, ja vorzügliches Geld verdient wird.

Da der Angeklagte so einen feinen Kurs besucht hat, auf dem er gelernt hat, dass sein Körper das macht, was er will, das er macht, ist es ganz natürlich, dass er im Prinzip nie einen Arzt braucht, außer wenn er sich mal verletzt hat und Gott sei Dank gibt es auch noch die guten und netten kleinen Ärzte, die ihre Aufgabe ernst nehmen und ihre Dienste dem einfachen Volk zur Verfügung stellen und nicht dieser Mafia angehören, die mit Patienten verfahren, wie Vampire.

Somit ist also daran garnichts Ungewöhnliches. Auch nicht daran, dass er über diese Dinge so gut Bescheid weiß. Er hat es ganz einfach überall gelesen, in Zeitungen, in Büchern und er hat es in Fernsehsendungen sehen können.

Und jeder, ja jeder andere hätte es auch herausfinden können. Also auch nichts Außergewöhnliches.

Insofern muss also von meiner Seite zum Abschluss gesagt werden, dass die Anklage, der Beschuldigte habe hier mit übernatürlichen Mitteln und besonderer Magie von 'Oben' gegen die Regeln verstoßen, einfach blödsinnig und substanzlos ist und eher auf dem Unvermögen der Anklageseite beruht, selber ihre sogenannte Weltordnung zu durchschauen und unter Kontrolle zu halten.

Sonst wüssten sie nämlich, was, wo, wann veröffentlicht wurde und somit jedermann zugänglich war.

Ich denke, dass ich damit meinem Amt als Gutachter Genüge getan habe und bitte, mich zurückziehen zu dürfen!"

Alex machte ein hochzufriedenes Gesicht. Ich übrigens auch. Denn besser hätte ich das alles auch nicht sagen können.

Der Vorsitzende sah fragend zur Anklägerseite herüber.

Diese schüttelten vehement ihre Köpfe, der Herr Satan trat hervor und schimpfte:

"Auf diese Weise kommen wir hier nicht weiter! Wir werden uns vorbehalten, auf dieses Thema zu geeigneter Zeit nochmal zurückzukommen. Vorerst wäre also mit dem nächsten Anklagepunkt fortzufahren.

Aber wie ich das hier schon mitgekriegt habe, wollen Sie sicher schon wieder vertagen und so haben wir dem heute nichts mehr hinzuzufügen!"

Der Vorsitzende verkniff es sich, die unüberhörbaren Unverschämtheiten zu kommentieren. Er warf nur einen verächtlichen Blick auf die Ankläger und verkündete:

"Die Sitzung ist geschlossen!" haute mit dem Hammer auf die bekannte Stelle, wie immer und verschwand aus der hinteren Tür.

Die Anderen folgten seinem Beispiel und verließen im Gänsemarsch den Raum.

Die Engel diskutierten angeregt, mit den Flügeln rauschend, als wollten sie damit dem Gesagten mehr Gewicht geben und flatterten durch die Tür mit dem goldenen Engel drauf. Komisch. Solange sie auf ihren Plätzen waren hatte ich nie Flügel bemerkt. Es war so, als hätten sie sie bei der Garderobe abgegeben, wie Opernbesucher das mit ihren Mänteln tun und hätten sie gerade vor Verlassen des Gerichtssaales wieder angelegt.

Das Publikum, das keine Sensationen mehr zu erwarten hatte, war auch schon weg und nur Alex und ich waren übrig geblieben.

Die Ankläger waren nämlich zwischendurch auch schon durch ihre Müllschluckerähnliche Tür mit Getöse verschwunden, was kurz einen Pesthauch in den Saal geweht hatte.

Ich fragte Alex sogleich, wieso der Herr Professor Rellek 2 sich aus dem Nichts ein Glas Wasser nehmen konnte, ob er mir darauf eine Antwort hätte.

Alex antwortete: "Schau her mein Freund, der Professor steht in Wirklichkeit ja nicht im Gerichtssaal, sondern an seinem üblichen Ort. Er verfolgt dort , wie alle anderen Zeugen, die ich aufrufe, die Verhandlung wie am Fernsehschirm. Wenn er nun gerufen wird, stellt er sich in eine halbrunde, halboffene Kabine und wird von der Strahlung abgezeichnet und in unseren Trichter projiziert. Wenn er nun zwischendurch Durst kriegt, streckt er seine Hand aus der Kabine, so dass seine Hand aus unserem Blickfeld verschwindet, nimmt das Glas und bringt es mit rein, so dass es hier auf dem Podest genauso erscheint, wie sein übriger Körper. Kapiert?"

"Ach so," entgegnete ich, "das ist natürlich einleuchtend. Sag mir bitte, hast Du eine Ahnung, wie lange das Ganze hier noch weitergeht? Ich meine, ich weiß garnicht mehr, wie ich mich daheim verhalten soll. Alle möglichen Leute haben schon begonnen, Gerüchte über mich zu verbreiten, weil sie meinen, ich würde mich seltsam benehmen. Aber wenn sie dieses Theater jede Nacht mitmachen müssten, würden sie sich wahrscheinlich noch viel seltsamer benehmen!"

Alex lachte belustigt und sagte: „Also Genaues weiß ich auch nicht. Aber eines ist sicher: Sie werden noch Deine abweichende Meinung zu Geld und den Geldsäcken als Beweis anführen wollen, dann die Kirchen, denn das ist ja ihr Steckenpferd und wir, von unserer Seite, wir werden auf jeden Fall den Herrn Jahwe vorladen und er hat schon signalisiert, dass er kommen wird. Das wird ein feiner Spaß werden." Und dabei lachte er zufrieden und voller Vergnügen in sich hinein und fuhr fort:

"Ja, und Du solltest Dich einfach normal verhalten. Es wird noch ein paar Sitzungen geben. Aber sei sicher, wir haben die besten Experten. Da ist noch der Professor Rellek 3, der Experte für Staat und Krieg und Deutschland und Amerika und England ist, dann ist da der Professor Rellek 4, der Experte für das Geldsäcke-Unwesen ist und der Herr Professor Rellek 5, der Kirchen-und Religions- experte ist. Und Du wirst sehen, wir gewinnen diesen Fall!"

Und seine Stimme war so ermutigend, dass ich allmählich begann, auch daran zu glauben. Immerhin hatten wir bis jetzt in allem die besseren Karten gehabt.

Und so sehr mich das Ganze auch ängstigte so hatte es mir zuweilen auch Spaß gemacht, ganz insgeheim.

Weil endlich mal jemand da war, der auf meiner Seite war und verstand, wovon ich sprach und wovon er sprach. Diese Gutachter waren einfach bisher Klasse gewesen.

Und dann war es auch schon soweit. Auf der Tafel über mir erschien eine Aufschrift: 'Arm eingeschlafen- unbedingt Toilette gehen' und bevor ich mich noch von Alex verabschieden konnte, befand ich mich mit eingeschlafenem Arm und dem dringenden Bedürfnis nach einem Gang zur Toilette in meinem heimischen Bett.

Was ein beruhigendes Gefühl. Ich war noch da.

◇

12.Kapitel   Über Staaten, Kriege und Europäer

Es war schon eine Krux mit meinen nächtlichen Schreckensfahrten in dieses seltsame Gericht. Und dennoch hatte ich mich fast schon an sie gewöhnt und mich damit abgefunden, dass ich ihnen nicht ausweichen konnte.

Meine täglichen Verrichtungen hatten darunter gelitten. Mein Selbstvertrauen war ziemlich den Bach runtergegangen und die Frage, ob man mich nun aus dem Verkehr ziehen würde, hatte mich trotz Alex's Beschwichtigungen ziemlich stark mitgenommen.

Umsomehr wunderte es mich, als ich am nächsten Tag in aller Ruhe schlafen konnte, ohne irgendwohin gezerrt zu werden. War der Spuk nun plötzlich vorüber? Oder hatte die lange Sitzung beim letzten Mal die ganze Mannschaft zu sehr in Anspruch genommen, dass sie einer längeren Pause bedurften? Ich wusste es nicht und hoffte im Stillen, das Ganze wäre doch nur eine Sache meiner gesteigerten Einbildungskraft gewesen.

Aber weit gefehlt. An dem darauf folgenden Tag, als ich ganz arglos ins Bett gegangen war und gehofft hatte, ich würde vielleicht mal zur Abwechslung von Sex träumen, schlug das Schicksal erbarmungslos zu und kaum dass ich mich hingelegt hatte, fand ich mich schon im Gerichtssaal wieder. Und dachte, ob das wohl was mit dem Wunsch zu tun gehabt haben könnte, von Sex zu träumen. Dann würde ich, so dachte ich, beim nächsten Mal lieber einen anderen Traumwunsch mit ins Bett nehmen.

Aber es blieb mir keine Zeit, darüber weitere Betrachtungen anzustellen.

Der Herr Gomorrah hatte sich bereits wieder in Positur gestellt. Sein langer, ekeliger Zahn triefte noch mehr, als beim letzten Mal und er begann sogleich mit seinen gehässigen Ausführungen:

"Hohes Gericht! Ich werde nun fortfahren -nach dieser unerträglichen Zwangspause- den Nachweis zu führen, dass der Angeklagte wegen seiner asozialen Haltung gegenüber den bestehenden Regeln und Herrschaftsformen, die er auch noch lauthals propagiert, nicht nur unnormal ist, weil er sich erfolgreich der auf der Erde üblichen 'Konditionierung' ganz offensichtlich entziehen konnte, was im Normalfall fast unmöglich ist, sondern dass er auch andere mit seinen Reden beeinflussen will, damit sie es ihm gleichtun sollen, was wir nicht zulassen können und nur eine Konsequenz zulässt, den Beschuldigten ein-für-allemal aus unserem Machtbereich zu entfernen. Wenn wir solches Verhalten durchgehen lassen würden, könnten wir unsere Herrschaft gleich in den Wind schreiben. Ich bitte aber zu beachten, dass diese uns durch Gesetz 666 zugesprochen wurde. Und zwar unabänderlich, also unwiderruflich!"

Und nach dieser Anstrengung musste er sich den Sabber von seinem Triefzahn wischen, weil der Fleck darunter bereits durchgeweicht war. Mir war sogleich klar, dass ich mir umsonst Hoffnungen auf ein vorzeitiges Ende dieses Theaters gemacht hatte.

Er richtete sich wieder zu seiner vollen Größe auf -was nicht viel war- und fuhr fort:

"Ich will also heute zunächst damit anfangen, dass der Angeklagte propagiert, dass Staaten große Verbrechergebilde seien, deren einziger Zweck es sei, Untertanen für ein paar entartete Selbstsüchtige zu rekrutieren, damit diese Untertanen für sie die Drecksarbeit machten, um von diesen Steuern abzupressen und sie in Kriegen zu verheizen, die nichts anderem dienten, als die Macht dieser Kaste von Selbstsüchtigen zu vermehren und ihren Reichtum zu vergrößern. Dass sie die Untertanen zu ihren Zwecken mißbrauchen und ausplündern und ermorden würden, während sie diesen einredeten, das alles sei zu ihrem Wohl, und sie seien Helden wenn sie mordeten und das sei eine ehrenhafte Sache. Und dass sie genauso lügen würden, wie Mafiabosse und dass sie die gleichen Strukturen hätten wie Mafiabosse, bloß mit weitaus größeren Möglichkeiten, weil sie sich im Gegensatz zum organisierten Verbrechen den Anschein der Legalität gäben, so dass sie ihre Widersacher nicht jedesmal gleich umbringen müssten, weil sie ja den Luxus hätten, sich Gefängnisse zu leisten.

Wir haben Jahrtausende gebraucht, um diese wilden Horden endlich in ordentlicheFormen zu bringen, indem wir die besten Staatsformen, nach endlosenVersuchen und Mißerfolgen, hervorgebracht haben und nun geht dieser Bursche her und verkündet, sie seien nur da, um Verbrechen zu begehen, die den Anschein der Legalität hätten!

Er geht weiterhin her und verkündet, dass die Europäer die größten Verbrecherstaaten der Geschichte betrieben hätten und jetzt ihre kharmischen Auswirkungen zu spüren bekämen, worüber sie furchtbar rumjammern würden. Ja dass es nicht nur individuelles Kharma gäbe, sondern auch solches für ganze Völker! Und er geht her und macht alles nieder, was bei uns Rang und Namen hat.

Da sagt er, für das Dritte Reich der Deutschen sei nicht nur Hitler mit seinen Nazis verantwortlich gewesen, weil dieser das nie geschafft hätte, wenn nicht eine Reihe von Figuren die Vorraussetzungen dafür geschaffen hätten, angefangen bei Friedrich dem Großen, der aus dem deutschen Volk einen Insektenstaat gemacht habe und den er einen kleinen, degenerierten Wicht nennt, den man nun auch noch den jungen Deutschen als Vorbild aufbauen wolle, da ja Hitler nicht viel hergäbe, über Nietzsche, der die Sache mit den Übermenschen ins Spiel gebracht habe und bei dem man ja gesehen habe, wo sowas gottloses hinführe, schließlich sei Nietzsche nicht umsonst an der Syphilis eingegangen und hätte die letzten zehn Jahre seines Lebens als verblödeter Idiot verbracht. Über so einen Schmarotzer wie Wagner, der die Idee mit dem Übermenschen auch toll fand und der es gewagt habe, solchen Wahn unters eingebildete Volk zu bringen, das dann später nichts dabei fand, andere Völker als Untermenschen zu betrachten und entsprechend zu behandeln, ja end-zubehandeln, und er gipfelt in dem Ausspruch, diese letzten zwei hätten von Schopenhauer lieber lernen sollen, statt sich einzubilden, sie könnten sabbernd etwas weiterfabulieren, was sie nie verstanden haben.

Also meine Herrschaften! Alle Welt spricht von Nietzsche, kein Mensch aber von Schopenhauer. Aber dieser freche Patron erdreistet sich, die, von denen man spricht niederzumachen, sie wären zu dumm gewesen, Schopenhauer zu verstehen. Er selber sei vielleicht gar im Vorleben Schopenhauer gewesen und hätte niemals solchen Unsinn von sich gegeben, zumal er wusste, dass es leider den Übermenschen nirgendswo gab und er auch niemals in Sicht war.

Wagners Werk sei hingegen von keinem Wert, weil Wagner ein Hochstapler, Schmarotzer und Betrüger war, der ständig vor seinen Gläubigern durch ganz Europa flüchten musste, einenKönig in den Bankrott trieb und so mitschuldig war, dass Bayern an Preussen verkauft werden konnte, wobei er noch insinuiert, dass man Wagner gar deswegen für die drei folgenden Kriege verantwortlich machen müsste. Und ein Antisemit ersten Ranges sei er auch gewesen. Sein Werk sei hingegen teuflisch gewesen, weil er als erster die verheerende Wirkung von Musik auf Volksgefühle zu aktivieren verstanden habe, womit er die psychologische Masche, das Volk fürs Dritte Reich einzulullen, geschaffen habe, weshalb ja auch Hitler das so toll gefunden habe. Dass alle Welt Wagner ehrfürchtig bewundert kann diesen Patron nicht beeindrucken. Statt dessen geht er noch weiter. Er sagt, auch Goethe sei mitverantwortlich für's Dritte Reich, was ja nun wirklich an den Grundfesten dieses Kulturvolkes rüttelt, schlichtweg eine Unverschämtheit darstellt, von der Anmaßung garnicht zu reden. Was im Prinzip auch absolut unlogisch ist, denn der Goethe lebte ja nun mal etwas zu früh, um am Dritten Reich beteiligt gewesen zu sein. Was auch für die anderen Genannten gilt. Goethe sei ein Staatsfatzke gewesen. Ja meine Herrschaften, ein Staatsfatzke und ein bedauernswerter dazu. Und man hätte ihn nie zusammen mit Schiller auf ein Podest stellen dürfen, wie man es in Frankfurt getan hat, weil Goethe, der Staatsfatzke, von Schiller, dem mutigen, eher revolutionären, inspiriert worden sei und Goethe ihn quasi ausgebeutet habe und man Schiller, der wie wir wissen ja wohl eher ein Querulant war, nun so hinstellt, als sei er Goethes kleiner Ableger gewesen. Ja er geht noch weiter. Die Deutschen seien systematisch zum Insektenstaat dressiert worden. Und da man die Japaner die blauen Ameisen nennt, sei es nur folgerichtig, die Deutschen als die braunen Ameisen zu bezeichnen, die für ihren Führer in jede Scheiße gegangen seien und für diesen jede Scheiße gemacht hätten, die sicher auch Scheiße gefressen hätten, wenn man es ihnen gesagt hätte und die nun, ohne die 'Königin', diesen schwanzlosen Hitler, für andere kaum noch gefährlich wären, da sie nun, jeder für sich, jeder gegen jeden, fast schon im Stadium des beginnenden Kannibalismus angelangt wären, sagt er.

144

Zumindestens, solange keine neue 'Königin', wie der schwanzlose Hitler auftauchen würde. Und außerdem seien die Jungen für ein solches Ameisendasein Gott sei Dank nicht mehr zu gewinnen!

Stellen Sie sich diese Unverschämtheit vor. Schließlich hatten wir nie soviel Ordnung, wie damals, als Hitler für uns gearbeitet hat. Und dieser Bursche geht her und nennt ihn einen Schwanzlosen, der schizophren gewesen sei und pervers und ein Fall für die Drogenbehörde wäre, lebte er heute, vom Kokain paranoid, vom schwanzlos-sein sexuell pervers und von Minderwertig-keitskomplexen zerfressen voll von Rachegelüsten gegenüber solchen, denen er niemals das Wasser hätte reichen können. Er sagt, dieser Kerl hätte nach dem ersten Putsch gleich liquidiert werden sollen, weil in diesem Fall von Wahnsinn, verbunden mit Schwachsinn, Perversion, Paranoia und Sucht, die Beseitigung eines solchen Volksschädlings, von dem eine Gemeingefahr ausging, durchaus gerechtfertigt gewesen wäre. Meine Herrschaften!

Er beschimpft Hitler in übelster Weise, schlägt aber vor, dessen Mittel, die er verachtet, hätten bei diesem konsequent angewandt, größeren Schaden abgewendet. Ist da nicht unser Angeklagter selber schizophren?"

Nach diesem überaus langen Erguss musste der Herr Gomorrah wieder wischen -Sie wissen schon, wegen dem kleckernden Zahn- und was nachfüllen, damit wieder was zum Kleckern da ist und nachdem er das also bewältigt hatte, fuhr er fort:

"Meine Herrschaften! Er geht noch weiter. Er propagiert, der Kommunismus, der immer nur eine Neidideologie gewesen sei, wäre eine Idee von uns -den Engeln Luzifers- gewesen und nur deswegen installiert worden, damit wir danach, wenn alle Menschen von solchen Träumereien kuriert gewesen wären, mit unserem System der gnadenlosen Weltherrschaft des Kapitalismus endlich ungehindert unsere perfiden Gelüste nach Macht und Reichtum befriedigen könnten. Dazu hätten wir -die Engel Luzifers- überall Demokratien errichtet, weil diese am zuverlässigsten jeden Widerstand von Vernunft zu bekämpfen in der Lage seien. Und er fährt fort, das sei deshalb der Fall, weil man in Demokratien die

Einen mit Geld kaufe, die Anderen mit ihren menschlichen Schwächen erpresse, das Ganze sich ständig selbst blockiere, so dass der Eindruck für's einfache Volk entstehe, sie würden selbst etwas entscheiden können, obwohl sie im Prinzip überhaupt nichts mehr zu sagen hätten, weil man ihnen, wenn sie aufmucken, vorhalte, sie seien ja selber schuld, weil sie die Regierenden ja selbst gewählt hätten. Meine Herrschaften! Nun haben wir endlich die beste aller Formen des Regierens in der Geschichte fast überall auf der Erde installiert und dieser Kerl geht her und möchte sie uns madig machen. Aber er geht auch her und sagt, die Amerikaner hätten den Deutschen nur nach dem Krieg geholfen, damit sie sie alsbald wieder als Käufer ihrer Produkte gebrauchen könnten und sie hätten sie nur gepäppelt, weil sie sich gesagt hätten, dass diese frechen Deutschen, wenn sie schon als nichts anderes taugten, wenigstens Kanonenfutter gegen die Russen sein sollten, woraufhin sich die Deutschen eingebildet hätten, sie seien wohl doch nicht so schlimm gewesen, dass man das nur nicht laut sagen dürfe, weshalb sie es an ihren Küchentischen hinter vorgehaltener Hand ihren Kindern stolz erzählt hätten, weshalb es immer noch Nazis in diesem Land gäbe. Ja, meine Herrschaften, die Amerikaner sind schuld, dass es in Deutschland immer noch Nazis gibt.

Sagt der Angeklagte. Und schließlich hätten sie ja selber genügend davon, sei doch ihr Land auf Gewalt und Verbrechen aufgebaut, seien dort die Indianer ausgerottet worden, Sklaven importiert und gehandelt worden, habe man den jeweils anständigen Präsidenten, der etwas Anstand in das Land bringen wollte, entweder ermordet oder davon gejagt.

Da haben wir das fortschrittlichste Land der Erde und der Angeklagte erzählt herum, es würde heute noch viel schlimmer sein, der Golfkrieg sei nichts anderes gewesen, als ein Konjunktur-programm, als man gerade in eine Rezession schlidderte, mit Lügen genauso verbrämt zur Heldentat, wie der Abwurf der Atombomben auf Japan, von diesem, vom Gangstermilieu auf den Präsidenten-stuhl gehobenen Verbrecher Truman, der das Volk angelogen habe, weil er Stalin ein Imponiergehabe habe vorspielen wollen, wie die Affen mit ihrem Trommeln auf die Brust, nur dass diese sich

146

höchstens selber blaue Flecken dabei holen würden, während dieser Verbrecher damit zum Massenmörder geworden sei. Hohes Gericht! Wir können nicht zulassen, dass solcher gehässiger Geifer," und dabei flog eine angesammelte Portion Geifer von Gomorrahs Mund direkt auf seinen Nebenmann, "auch noch weltweit verbreitet wird, wie wir aus der Erkenntnis der Zeitschleife wissen, wo wir nur drei Jahre vorgefahren sind und schon die fünfte Auflage des Buches vorfanden. Also das können wir nicht zulassen. Das würde das Ende unserer Weltherrschaft bedeuten, die uns nach Gesetz 666 zusteht und Anarchie im Gefolge haben, was unabschätzbare Veränderungen mit sich bringen würde. Wir müssten es dann ablehnen, für die Erde weiterhin Verantwortung zu tragen! Deshalb wird der Antrag nach sofortigem Vollzug heute hier erneuert!"

Daraufhin setzte sich der Herr Gomorrah, wischte sich seinen eitrigen Sabber ab und hoffte wohl, dass man seiner Seite diesmal Gehör schenken und mich nun endlich zum Abschuss freigeben würde.

Der Vorsitzende wendete sich an Alex und fragte diesen, ob er zu diesen Anklagepunkten etwas vorzubringen habe und Alex versicherte, ganz klar werde man diesen Unfug ins rechte Licht rücken. Der überwiegende Teil sei entweder lügnerisch verdreht oder einfach nicht verstanden worden, weshalb auch heute ein Sachverständiger einzuberufen sei, nämlich der Herr Professor Rellek-3, der auf diesem Gebiete besonders gut Bescheid wisse, dass es aber zunächst einiger Erklärungen seinerseits bedürfe, um einige ganz einfache Sachen klarzustellen.

Und Alex fuhr fort: "Hohes Gericht! Zunächst einmal will ich ein paar Dinge, die ganz offensichtlich von der Gegenseite einfach nicht verstanden wurden, richtig stellen. Erstens ist der Angeklagte überhaupt kein Anarchist, der jegliche Art von Staat generell ablehnt. Er ist durchaus der Meinung, dass es, wenn viele Menschen zusammenleben, einen Staat braucht. Wie sollten die Leute es sonst bewältigen, die großen Mengen von Fäkalien, die sie hervorbringen, auf elegante Art loszuwerden, was ja sonst fürchterlich stinken würde, wie im alten Rom schon, wo man irgendwann die ganze Stadt abgefackelt hat, weil der Gestank unerträglich geworden war. Auch wäre es keine gute Idee, wenn man als normaler Bürger an jeder Ecke eins übergezogen bekäme, weshalb es auch Polizisten braucht.

Und die müssten von jemandem bezahlt werden. Also müsste jeder was beisteuern, was sich nach Steuern anhört. Ja meine Herrschaften, auch Steuern müsste man haben, damit all das bezahlt werden kann. Schulen für die Kinder, Straßen für jedermann und sogar eine Truppe, die das Volk vor vagabundierenden Barbaren beschützen würde, wie wir sie weltweit leider überall erleben. Das aber meine Herrschaften, unterscheidet sich ganz entschieden von dem, was wir heutzutage auf der Erde überall vorfinden.

Mein Mandant hat auch nichts gegen eine richtige Demokratie, wenn sie richtig ausgeführt wird. Aber er sagt zu recht, dass sie nicht richtig ausgeführt wird. Wenn zum Beispiel jeder Depp mitreden darf -und die Mehrheit der jeweiligen Bevölkerungen sind nun mal meist Deppen- kann das nicht funktionieren, weil die Deppen von Medien, wie der Bald-Zeitung beeinflusst werden, die das Bild der herrschenden Geldsäcke verbreiten, damit deren Auserwählte gewählt werden. Zunächst also müsste nur der wählen dürfen, der auch bereit und in der Lage ist, dem Gemeinwohl von Nutzen zu sein, der in der Lage ist, größere Zusammenhänge zu verstehen und folglich auch zu vernünftigen Entscheidungen fähig wäre.

Dann müssten Politiker nicht nach Zugehörigkeit zu irgendwelchen Gruppen ausgewählt werden, sondern sie müssten wirklich Fachleute sein, die nur die Interessen des Volkes in ihren Entscheidungen berücksichtigen würden. Zu diesem Zweck müsste man vielleicht ein Regierungsgebäude nach dem Vorbild einer Mondstation haben, die völlig unabhängig und selbstversorgt ist, in der die Regierenden genauso für die Zeit ihrer Regentschaft gehalten würden, wie die Geschworenen eines altenglischen Gerichtsverfahrens, die man solange in dem Geschworenenzimmer lässt und mit Essen versorgt, bis sie sich -ohne Einfluss von außen- ein Urteil gebildet haben.

Jedenfalls wie es früher war. Dann müsste man sie außerdem sehr gut bezahlen und sie müssten natürlich gläserne Taschen haben.

Erst wenn sichergestellt ist, dass sie von niemandem in ihren Entscheidungen mit Schmiergeldern beeinflusst werden, wäre nämlich sichergestellt, dass sie richtige Entscheidungen träfen.

Und nun noch etwas, was Schopenhauer betrifft. Der Angeklagte hat nie gesagt, dass er in einem früheren Leben Schopenhauer war. Er hat gesagt, dass man auf ihn genausowenig höre, wie man auf Schopenhauer gehört habe, weil dieser als einziger Philosoph so unbequeme Wahrheiten gesagt habe, wie 'die Ehe sei nichts anderes, als eine legalisierte Form der Prostitution', was bis heute stimmt, wenn man betrachtet, wieviele Millionen die Geschiedenen ihren Männern aus dem Portemonnaie leiern. Wie Schopenhauer verbreite auch er unbequeme Wahrheiten und wie dieser habe er sich mit den gleichen Unbilden in derselben Stadt rumzuärgern, wie zum Beispiel dem Lärm und der Ignoranz.

Und er sagt zu recht, dass all die Ignoranten mal Schopenhauers Ansichten im metaphysichen Teil genau lesen sollten, weil der dort nämlich seine wirkliche Ansicht zum Leben geäußert hätte. Denn wiewohl der Angeklagte die Theorien von Schopenhauers Hauptthese längst widerlegt habe –die wohl eher einer Mode-erscheinung folgend entstanden sei- so habe doch Schopenhauer als Einziger den völligen Unfug aller anderen sogenannten Philosophen als Humbug entlarvt und sein wirkliches Verdienst sei hingegen gewesen, dass er der beste Analytiker seiner Zeit gewesen sei.

Und wäre er tatsächlich jener im Vorleben gewesen, dann wäre es wohl seine Pflicht, darauf hinzuweisen, dass der Spruch 'wer am Ende seines Lebens erwarte, dass ihn da der liebe Gott mit offenen Armen empfange, sicher eine herbe Enttäuschung erfahren würde' nicht heißen sollte, dass es einen solchen Gott nicht gäbe, sondern im Gegenteil doch eher nahelegt, dass es da noch was geben muss, weil man ja wohl sonst kaum würde enttäuscht sein können.

Und dass offenbar niemandem aufgefallen sei, dass er zum Nirwana gerade das Gegenteil vom Nichts erklärt habe, indem er gesagt hätte, man habe es doch nur als 'Nichts' bezeichnet, weil man nichts darüber wisse, was doch aber noch lange nicht hieße, dass da auch Nichts sei. Und er sagt, wäre er es also gewesen, müsste er heute auf diese Sachen aufmerksam machen, gerade weil solche Unholde wie Nietzsche und Wagner bei ihrem Unvermögen und dem Schaden, den sie verursachten, sich auch noch dreist auf Schopenhauer berufen hätten. Und das Ganze sei natürlich ein Spaß und Wahrheit sei, dass er dies als Schopenhauers Anwalt täte, den er immerhin für den größten Denker des 19 Jahrhunderts hält. Auch weil er dessen Meinung teilt, dass die sogenannten Philosophen eine Menge Unfug von sich geben, der dem Volk zwar nichts nütze, sich aber so unverständlich anhöre, dass alle sie für schlau hielten und dass es sich mit dieser hochstaplerischen Unnützlichkeit vortrefflich auf Staatskosten leben lässt. Und dass sie alle Scharlatane seien, weil sie geschwollen daherreden, aber noch nie einen Krieg oder eine Krise hätten verhindern können, mit ihrem Geschwätz. Dass es doch unglaublich sei, dass seit etwa 2000 Jahren sogenannte Philosophen über einen so belanglosen Unfug streiten, wie den, ob der Satz, 'Alle Athener sind Lügner, außer einem', logisch sei oder nicht. Wer kann dafür ein Stück Brot kriegen, um seinen Hunger zu stillen oder wem bliebe ein Krieg erspart, weil sogenannte Philosophen solchen Unsinn auf Kosten der Steuerzahler von sich geben?

In den anderen Sachen will ich, wie angekündigt, den Sachverständigen Professor Rellek 3, aufrufen.!"

Der Vorsitzende war aber der Auffassung, dass die Sitzung schon wieder die Grenze der Erschöpfung der Beteiligten erreicht habe.

Man könne sich solche langen Sitzungen nicht andauernd leisten, weshalb er es jetzt für angemessen halte, die Sitzung zu vertagen.

Die Anklägerseite schäumte, vor allem, weil sie immer die Hälfte vergaß bis zum nächsten Mal, was mir ja nur recht sein konnte.

Und zwei der Engel debattierten etwas, das sie sehr zu interessieren schien und es war ihnen anzusehen, dass sie am liebsten sofort weiter verhandelt hätten, um ihre spannenden Fragen zu stellen.

Jedenfalls leerte sich der Saal wie immer. Die Saalratte hatte wieder mehrmals gequietscht, weil alle mit ihren Pferdefüßen auf ihr herum getrampelt hatten und man sie doch tatsächlich wieder in der seltsamen Tür eingeklemmt hatte, mit der 666 drauf, die aussah, wie das Zwischending zwischen einer Fahrstuhltür und einer

150

Müllschluckerklappe und auch jedesmal so stank, wenn sie sich öffnete.

Der Gerichtssaal hatte sich also geleert. Ich nahm meine Kappe ab.

Alex kratzte sich am Kopf, als er in den Akten blätterte, legte sie dann zusammen und murmelte etwas, das ich nicht recht verstand.

Es hatte was mit einer Zeitschleife zu tun, von der hier schon öfter gesprochen worden war, was mich eher an Sciencefiction erinnerte, als an meine Wirklichkeit.

Und immer wieder war da diese fünfte Auflage vorgekommen. Als spräche man von einer Torte. Oder Schuhsohlen. Oder Teppichen.

Jedenfalls, bevor ich es richtig merkte, war ich wieder in meinem Bett und hatte sehr befremdliche Gefühle.

Zumindest die Hoffnung vom Vortag, dass der Spuk beendet sei, hatte sich nicht erfüllt. Und ich war nur froh, dass da unten -also hier, bei uns- Gott sei Dank niemand davon etwas erfuhr, was da oben jeden Tag erörtert wurde. Mit einer Art Fatalismus, man könne eben nichts daran ändern, ging ich in den neuen Tag, den ich -wie immer- bei der Toilette begann.

(Vielleicht sollte man in der Toilette etwas ganz besonders schönes aufstellen. Zum Beispiel eine schöne Statue von einem griechischen Helden oder von der Göttin Diana, wie sie gerade einen Bogen spannt. Schließlich ist es doch das erste, was man jeden Tag zu sehen bekommt!)

◇

13.Kapitel   Die Aussage des Professor Rellek 3

Natürlich habe ich noch immer keine Statue in meinem Badezimmer stehen.

Aber dafür befand ich mich am nächsten Abend, kaum dass ich mich zu Bett gelegt hatte, wieder in diesem schrecklichen Zwischengericht.

Die Sitzung war eröffnet worden und der Herr Gomorrah hatte noch mal bekräftigt, er wolle sich nicht ständig mit Ausreden und Rechtfertigungen abspeisen lassen und endlich Resultate sehen.

Der Vorsitzende, der sich in letzter Zeit sehr ruhig verhalten und auch keinen Hammerstiel zerbröselt hatte, ordnete an, dass der Graue das Pult betätige. Dieser hatte sogleich an seinen Knöpfen gespielt und siehe da, bevor man es sich versah, stand der neue Professor an der alten Stelle, wo auch schon die anderen gestanden hatten.

Ich dachte mir, wieso man eigentlich immer gleich mit Professoren aufwarten musste, denn es erinnerte mich an moderne Talkshows, in denen auch immer solche Figuren auftauchten die Titel hatten, weil dies das Publikum anscheinend am meisten beeindruckte, obwohl die auch meist nichts zu sagen hatten. Und wenn sie mal was zu sagen gehabt hätten, ließ sie ohnehin keiner ausreden.

Zum Beispiel war da einer, der sagen wollte, dass der Rinder-wahnsinn bei Schweinen nur deshalb noch nicht offenkundig geworden sei, weil die immer vorher geschlachtet würden und so das Alter nie erreichten, damit die Krankheit ausbrechen könne. So dass das Nichtvorhandensein der Krankheit beim Schwein nicht bedeute, dass es der Mensch nun nicht vom Schwein kriegen könnte, weil der doch allemal länger lebe, als ein Schwein. Aber der wurde ständig unterbrochen. Der eitle Moderator quasselte was von wegen man könne also sagen, dass eigentlich keiner was weiß und holte schnell seine nächsten Gäste herbei. Es sind diese Schwachköpfe, die die Jauche des Fernsehens ausmachen, die das Volk ständig verdummt und die sich dazu der Professoren bedienen, die sie nicht zu Wort kommen lassen. Sie schmücken sich nur mit ihnen, weil das soviel Eindruck aufs Publikum macht.

Also der heutige Professor, wie er so dastand und ein hintergründiges Grinsen auf dem Gesicht hatte, erinnerte mich an Edward G. Robinson, als er den Dr.Clitterhouse spielte. Diesen verwegenen Doktor, der es sich in den Kopf gesetzt hatte, die medizinischen Ursachen für das Verbrechen herauszufinden, weil er glaubte, wenn das gelänge könne man das Verbrechen mit einer Pille aus der Welt schaffen, die man dem verbrechenskranken einfach auf Rezept verabreiche.

Bevor er jedoch zu irgendeiner Aussage kam, meldete sich die Engelseite.

Der Engel mit dem grünen Stern beantragte, dass zunächst die Engel, wie es ihnen zustünde, einige Zwischenfragen generellen Charakters an den Sachverständigen stellen könnten, um das weitere Verständnis dieses Verfahrens zu gewährleisten.

Die Engel wurden daraufhin aufgefordert, ihre Fragen zu stellen.

Der Engel mit dem grünen Stern fragte denn auch als Erster:

"Zunächst möchte ich wissen, was so besonderes daran ist, dass Hitler als schwanzlos dargestellt wird. Soviel mir aus unserer Schule bekannt ist, haben die Menschen schon kurz nachdem sie sich der Affenkörper bedient haben, ihre Schwänze abgeschafft, weil sie nicht nur unbequem beim Sitzen auf den damals erfundenen Stühlen waren, sondern auch ein besonderes Problem bei der Herstellung geeigneter Kleider darstellten. Was ist nun das besondere daran, dass ein Mensch im 20.Jahrhundert als schwanzlos bezeichnet wird ?"

Auf der Richterbank war es zu schallendem Gelächter gekommen. Die Richter bogen sich vor lachen. Der Vorsitzende war sichtlich erregt, benutzte seinen Hammer, forderte Ruhe ein, sagte was von der Würde des Gerichts und man konnte sehen, dass es den beisitzenden Richtern nur schwer gelang, ihre Fassung wiederzuerlangen, was die Gesichter der Engel noch verständnisloser erscheinen ließ.

Der Professor hatte offensichtlich auch seine Mühe ernst zu bleiben und erklärte mit tönerner Stimme -kurz vor dem Umkippen derselben: "Meine verehrten Engel! Sie haben völlig Recht mit Ihrer

Theorie über das Verschwinden der Affenschwänze, die ja bekanntlich hinten angebracht waren, wenngleich der Zeitpunkt wohl auch noch etwas weiter zurückgelegen hat. Aber hier geht es um etwas ganz anderes; um solche, die vorne angebracht sind!"

Ein neues Gelächter tobte los, in das diesmal auch das Publikum einstimmte. Stühle wackelten, Füße scharrten und es war fast eine hysterische Stimmung im Saal. Der Hammer erschallte, ging zu Bruch, es wurde wieder ruhiger, wenngleich hier und da Geschnaufe und Geschniefe zu vernehmen war. Hinter vorgehaltener Hand, wie gesagt.

Der Professor fuhr sehr professionell fort und sagte:

"Also meine Herren, es handelt sich hier um das volkssprachliche Synonym für den männlichen Penis!"

Das Gekicher wurde sogleich wieder stärker und die Spannung im Saal fast unerträglich. Schließlich sollte doch hier nicht gelacht werden. Das sei doch hier kein Kabarett, hatte der Richter irgendwann gesagt.

Jetzt kicherten die Engel auch noch und der gleiche Engel setzte mit der Frage nach: "Herr Professor, wir haben hier solche Probleme Gott sei Dank nicht. Aber soviel ich mitbekommen habe, müsste es sich ja dann um eine Frau gehandelt haben. Warum wird dann immer von dem Hitler, von ihm gesprochen, als sei es ein Mann gewesen?"

Die Stimmung konnte garnicht mehr schlimmer werden, als der Professor vergnügt sagte:

"Nein Herr Engel, eine Frau war das auch nicht, denn da fehlte die entsprechende Öffnung zum reinstecken des Penis, wenn man nicht den Po dazu zweckentfremden wollte. Es fehlten auch die Brüste und es fehlte vor allem jegliche Anmut!"

Die Anwesenden brauchten mittlerweile zwei Hände, um sie vor den Mund zu halten. Sogar die Ankläger verfielen in schreckliche Verrenkungen und Grimassen. Der Herr Gomorrah hatte sich vor Aufregung sogar selber mit seinem langen Zahn gebissen und die Mundwinkel des Vorsitzenden zuckten unschlüssig hin und her, als wollte er auch gleich los prusten.

154

Der Engel ließ nicht locker, zumal er noch nicht ahnte, warum alle so belustigt waren, was er garnicht verstand.

Er setzte nach: "Wenn das also kein Mann war und auch keine Frau, was hat das 'schwanzlos' dann bitte schön zu bedeuten ?"

Der Professor, der auch seine Mühe hatte, bei dem Thema ernsthaft zu bleiben, der aber auch an seinen Ruf denken musste, sagte einigermaßen beherrscht:

"Sehen Sie Herr Engel! Er hätte schon ursprünglich ein Mann werden sollen. Aber er hatte sich als Junge den üblen Scherz erlaubt, 'Ziegenbock in den Mund pinkeln' zu spielen. Und dabei hatte der Ziegenbock gerade ihm, dem kleinen Hitler, den Schwanz abgebissen, so dass er kein richtiger Mann mehr werden konnte.

Er hatte aber noch seine Eier, was die Sache so schlimm machte. Denn diese waren nun immer dick, aber er hatte nichts, das er wo hätte reinstecken können. Nun hatte er nicht nur Komplexe wegen seinem mangelnden Talent, weshalb man ihn zweimal bei der Kunstakademie abgewiesen hatte oder weil er wie ein Penner auf der Straße lebte und bei Caritas die Suppenküche auf den Straßen besuchte, er hatte auch noch Komplexe wegen seiner fehlenden Männlichkeit. Deshalb wurde er auch schizophren. Sehen sie, da er laufend Lust auf Sex hatte, hätte er eigentlich schwul sein müssen, damit wenigstens ihn einer besteigt. Aber dazu war er viel zu häßlich. Die Schwulen sind meistens scharf auf knackige Knaben, nicht auf hässliche Schwanzlose, bei denen vorne nichts mehr herumhängt, außer einem Reststumpf mit etwas Haut daran. So ließ er an seiner Stelle später seine SS-Männer den BDM-Mädchen 'Kinder für den Führer' machen, machte Jagd auf alle Schwulen, weil sie ihn nicht besteigen wollten, schickte alle gesunden jungen Männer in den Tod und trieb es ansonsten mit seinen Schäferhunden, die er sehr liebte. Haben die Deutschen gut von ihm nachgeäfft.

Sie sagen auch, wenn ihr Hund ein Kind tot beißt, dass das Kind schuld war, weil es den armen Hund geärgert hat. Ihrem Hund einen Maulkorb zu verpassen und ihn an der Leine zu führen, lehnen sie bis heute als Zumutung ab. Ja, sie haben von diesem Führer einiges gelernt. Und weil ihm das nicht ausreichte, ließ er auch gleich noch Juden und Zigeuner vergasen und geilte sich an den Filmaufnahmen der Erhängung seiner Gegner auf, die er wieder und wieder genussvoll ansah. Weil die da so schön zappeln.

Wenn er schon kein Mann war, musste er sich wenigstens am Tod anderer Männer aufgeilen. Ja, er war wahrhaftig ein hochgradig Geisteskranker. Aber offensichtlich machen solche Geisteskranken auf das Volk besonderen Eindruck. Er hatte ja auch noch den Göbbels, den mit dem Klumpfuß. Und obwohl es in der Bibel heißt, nehmt Euch in acht vor den Gezeichneten und jeder wusste, dass der Teufel so aufzutreten pflegt, haben sie diesem Pärchen alldiweil zugejubelt, landauf-landab. War irgendwie klar. Aber da gab es ja noch mehr Perverse.

Da war dieser feine Herr, der die größten Kanonen der Welt baute. Einmal baute er eine, die so groß war, dass man am Eingangstor die Giebelwand wegreißen musste, wie in Troja, als die Sache mit dem Holzpferd passierte. Bloß dass es diesmal von innen nach außen ging, wie bei einer Geburt. Man nannte sie denn auch 'die dicke Emma'.

Er sah anscheinend in der Kanone eine riesige Vulva und in der Kanaonengranate einen Riesenpenis, den man dem Feind mitten rein rammen konnte. Er wollte den Deutschen Ordnung, Disziplin und Sauberkeit, Pünktlichkeit und Anstand beibringen. Und wenn ihm sein Erziehungswerk an den deutschen Arbeitern zu Zucht und Ordnung zu langweilig wurde, fuhr er in südliche Gefilde, zu seinem Harem von Knaben und zu seinen Ziegen. Die Deutschen sind schon ein seltsames Volk, die so gründlich sauber machen, dass es Millionen das Leben kosten kann."

Es war inzwischen wieder ruhig geworden. Nur unter dem Pöbel im Zuschauerraum kamen Missfallenskundgebungen auf. Waren wohl viele betroffen. Der Richter benutzte seinen Hammer und der Engel mit dem blauen Stern fragte: "Herr Professor! Die nächste Frage lautet: Was sind eigentlich Staaten und wozu taugen sie?"

Der Professor zog genüsslich eine Augenbraue hoch und den dazugehörigen Mundwinkel herunter, wie nur er es kann und sagte:

156

"Das, mein Herr, ist eine ausgesprochen wichtige Frage! Das Ganze hat einmal ganz einfach angefangen. Die Menschen haben sich das, was dazu geführt hat von den Affen herübergerettet, und wollen es heute damit rechtfertigen, dass es die Affen auch tun. Sie sind ja sehr weit gekommen, diese Menschen, die ihre Verhaltensweisen mit denen der Affen zu rechtfertigen wissen! Also, sie haben entdeckt, dass bestimmte Affenweibchen ihr rotes Hinterteil nicht einfach so hinhalten, zur jederzeitigen Benutzung für die Männchen, die immer geil sind. Sondern dass sie einfach solange darauf sitzen bleiben, bis die Affenmännchen genügend Bananen und andere Kostbarkeiten angeschleppt haben, bevor sie es gnädigerweise anheben und zur Benutzung freigeben. So hat alles angefangen. Die Männchen mussten also etwas tun, um Sex zu haben. Das war aber lästig und wurde später allgemein als Arbeit bekannt. Schon sehr frühzeitig entwickelten daher diese Männchen Methoden, wie man durch falsche Versprechungen, Täuschung und Betrug, Andere dazu bringt, die Arbeit für einen zu verrichten, so dass man, ohne selbst was lästiges zu tun, dennoch die besten Weibchen haben konnte.

Das mündete in Prügel, dass die Stärkeren die Schwächeren dazu prügelten, die Arbeit für sie zu tun und in Sklaverei, wo man die Sklaven in Ketten legte und peitschte, damit sie die Arbeit verrichteten. Das ging weiter, dass man anderen die Weibchen weg raubte und deren Besitzer erschlug und das System hat sich bis heute fortgesetzt, indem ganz ausgeklügelte Methoden entwickelt wurden, wie man die einen dazu bringen konnte, den anderen die lästigen Arbeiten zu verrichten und dabei immer im Recht war.

Also der Sex war der Antrieb zum Machtstreben, das Machtstreben wurde zur Gewohnheit und zum Selbstzweck, was auch erklärt, warum sogar alte Knacker, obwohl sie zum Sex garnicht mehr fähig sind, an Macht so gerne festhalten. Sie ist Sex-Ersatz geworden, wie man ja auch an dem Schwanzlosen gut sehen konnte. Aber zurück zu den Anfängen. Wir wollen nicht soweit zurück gehen, sondern mal am Beispiel von Staaten in der neueren Zeit diese Vorgänge erörtern, die jeder, der heute lebt, nachvollziehen kann. Nehmen wir zum Beispiel die Türkei, oder deren Vorgänger, das Osmanische Reich.

Es vergrößerte seinen Machtbereich immer mehr, weil Mitglieder einer Gruppe, die man als Staat bezeichnet, Steuern an den Herrscher abliefern mussten. So konnte der sich alle Genüsse des Lebens, vor allem junge hübsche Weibchen erlauben, ohne selbst etwas dazu zu tun. Den Türken war es deshalb auch egal, ob die Leute, die zu ihrem Reich gehörten, diesen oder jenen Glauben hatten, denn sie wollten ja schließlich Steuerzahler, die ihren Reichtum mehrten. Deshalb haben sie auch ungeniert den Griechen die Akropolis zerschossen, denn alle diese Horden hatten im Prinzip keine Kultur, weshalb ihnen die Kultur anderer eher ein Dorn im Auge war.

Es ist hochinteressant, in diesem Zusammenhang die Kurden zu erwähnen. Denn sie waren offensichtlich ein Volk, das lange Zeit glaubte, ohne so eine Absurdität, genannt Staat, auskommen zu können. Bis die anderen kamen und sie einfach annektierten, nach dem bewährtem Muster, dass Große die Kleinen schlucken und verspeisen. Und als um 1923 rum die Weltgemeinschaft beschloss, dass alle Staaten, die sich Kurdistan aufgeteilt hatten, den Kurden ihren eigenen Staat zuzubilligen und deren Territorium freizugeben hätten, unterschrieben zwar alle, aber da die Türkei garnicht daran dachte, sich an den Vertrag zu halten, taten es die anderen natürlich auch nicht und die Kurden, die nie jemanden belästigt hatten, weil sie glaubten, sie kämen ohne ein Monstrum, genannt Staat aus, hatten bis heute das Nachsehen. Die Türkei terrorisiert sie, will ihnen einreden, es gäbe sie garnicht, verbietet ihnen ihre Sprache, bombt ihre Dörfer, schlachtet ihre Menschen ab und findet das völlig in Ordnung, weil Staaten nämlich ihre eigenen Gesetze machen, so dass jedes Verbrechen das Staaten ausüben, auch legal ist.

Dass die aufmuckenden Kurden inzwischen im Ausland Aufstände und Anschläge inszenieren, ihre ordentlich dort lebenden Landsleute um Kriegssteuern erpressen und mit dem Rauschgifthandel ihre Waffenkäufe finanzieren, zeigt die wüsten Auswüchse, die Gebilde, die sich Staaten nennen, nach sich ziehen. Gehen wir also noch mal etwas zurück. Da gab es also Griechenland, das ein geordnetes Staatswesen hatte, das bereits demokratisch war und in dem man so feine Sachen wie Olympische Spiele abhielt, ein friedliches Kräftemessen auf sportlicher Basis, wo Philosophen sehr viel

158

Vernunft verbreiteten und die Wissenschaft ihre Blüte hatte. Nur, dann kamen Barbaren wie die Türken oder die Römer und versuchten jeweils, das vernünftige Land, das eine Kultur hatte, zu zerstören und zu plündern. Die Demokratie war's eben doch nicht; bis man sich per Palaver entschieden hatte, was zu tun sei, war man seinen Staat los und hatte den Feind drin. Wie die Frau, die mit sich diskutiert, ob sie den neuen Rock lieber ausziehen soll, damit er bei der Vergewaltigung keinen Schaden nimmt, statt zuzutreten und wegzulaufen.

Im alten Griechenland hatte man die Knabenliebe, die eher einem Kult entsprach, der die Knaben Gottähnlich verehrte. Im barbarischen Römischen Reich mißbrauchte man die Knaben, benutzte Sklaven, was im Griechenland streng verboten war und man kastrierte sie sogar, was sie länger gebrauchsfähig hielt. Im alten Rom war man dekadent, hatte ein Weltreich, das man ausplündern konnte und veranstaltete zur Gaudi des Volkes und zur Befriedigung ihrer sexuellen Entartung, Gladiatorenkämpfe, wo sich die einzelnen Kämpfer in der Arena zur Gaudi des Volkes die Schädel einschlugen und die Bäuche aufschlitzten und wenn einer noch nicht verreckt, aber besiegt war, konnte das Volk mit dem Daumen nach oben oder nach unten, signalisieren, ob sie noch mehr Blut fließen sehen wollten und dann hatte der Sieger den Besiegten auf Wunsch abzuschlachten. Das geilte das perverse Volk dieser Barbaren auf. Auch Christen in die Arena zu treiben und dann die Löwen hereinzulassen, dass sie die armen Menschen bei lebendigem Leibe auffressen, war ein besonders beliebtes Spektakel für die Römer. Das ist es also, was Staaten ausmacht: Macht zu haben, um faul sein zu können, Untertanen zu haben, die man ausplündern kann, die Steuern zahlen, damit der Staat das Geld hat, den Schergen zu bezahlen, der ihnen das Geld rausprügeln soll. Die Römer waren ganz besonders faschistische Barbaren. Beim Spartacus Aufstand zum Beispiel kreuzigten sie 7000 Menschen und die Kreuze pflanzten sie auf der Via Appia zwischen Rom und Capica auf. Solche Exzesse gab es erst wieder bei den Nazis. Und das hat auch was mit Staaten zu tun, nämlich was der Staat anordnet, was einer in der Schule lernen soll.

Bis 1890 waren an Deutschen Gymnasien Latein und Griechisch Pflichtfächer, wobei beim Latein das rein sprachliche für die Wissenschaft und beim Griechisch die Philosophen gelehrt wurden.

Dann beschloss man nach zwei Reichsschulkonferenzen, Griechisch aufzugeben.

Die Deutschen, die bis dahin eine vom alten Griechenland geliehene Kultur gehabt hatten, die nicht die ihre war, verloren diese wieder. Fortan lernten Generationen von jungen Leuten nur noch, was die Barbaren getan hatten, wie Brutus zum Meuchelmörder wurde, wie ein Cäsar meinte, man könne mit Scheiße Geld verdienen, und seither sagen alle Deutschen, wenn sie auf unanständige Weise Geld verdienen, 'Geld stinkt nicht' und finden es toll, dass sie von den barbarische Römern geprägt wurden, die ja ein so tolles Justiz und Staatswesen hatten.

Die Nazis hatten davon gut gelernt. Für jeden toten deutschen Soldaten erschossen sie 10 bis 30 Einwohner des besetzten Landes. In Russland rotteten sie ganze Landstriche aus. Alleine in Weißrußland wurden 628 Dörfer entvölkert, indem man den Bewohnern sagte, sie sollen schnell ein Stück Seife und eine Zahnbürste einstecken, weil man sie evakuieren müsse. Sie sollten sich in der Kirche versammeln. Die ahnungslosen Russen taten es

Schließlich hatten sie es ja mit einem 'Kulturvolk' zu tun. Und als alle drin waren, verschloss man die Türen und zündete die Kirchen an und verbrannte sie bei lebendigem Leibe im Haus Gottes, einem heiligen Ort. Das Gleiche taten sie einmal sogar in Frankreich, in einer Stadt, die so ähnlich heißt, wie ein Käse -Romadour- oder so. Immerhin war sie so groß, dass darin eine Straßenbahn fuhr. Sie taten es überall. Sie benahmen sich wie Barbaren, nachdem man ihren Söhnen nur noch Latein beigebracht hatte. Sie hatten die geliehene Kultur endgültig wieder abgestreift und wenn sie heute Kultur sagen, dann zelebrieren sie etwas, das darüber hinweg-täuschen soll, dass sie keine Kultur mehr haben, außer einer Fresskultur, die geldgierig alles frisst, was vor ihren Mund kommt. Sie erscheinen dann einem, der sie aus höherer Sicht betrachtet, wie

160

ein ägyptischer Kameltreiber, der glaubt, er hätte Kultur, nur weil er einem Touristen fürGeld die Pyramiden zeigt!"

Im Saal war es ganz still geworden, bei dieser interessanten Rede.Der Engel mit dem Roten Stern meldete sich gerade mit seiner Frage zu Wort, als der Vorsitzende intervenierte, meinte dass es schon wieder Zeit für eine Unterbrechung sei und man sich auf den nächsten Tag zu vertagen gedenke. Er schien es diesmal ziemlich eilig zu haben, denn er betätigte den Gong, bei dessen Ertönen sich der Saal immer schlagartig geleert hatte und kaum dass auch nur ein Moment vergangen war, flog ich in mein Bett. Jedenfalls fühlte es sich so an. Na ja, war ja auch sehr anstrengend gewesen!

◇

14.Kapitel   Fortsetzung Professor Rellek 3

Am nächsten Abend fand ich mich sogleich wieder im Gerichtssaal. Alles hatte wie immer seinen Lauf genommen. Die Anklageseite hatte wieder herumgemosert, dass diese ganze Fragerei ohnehin zu nichts führe. Der Vorsitzende hatte -ja er hatte es wieder getan- seinen Hammer benutzt und der Professor stand bereits an seinem Ort.

Der Engel mit dem Roten Stern fragte: "Herr Professor! Hier wird immer wieder von Kriegen gesprochen. Uns ist dieser Begriff hier nicht geläufig. Bitte erklären Sie uns, was Kriege sind ?"

Der Professor zog ein schlaues Gesicht und begann genüsslich:

„Meine verehrten Herrschaften! Kriege kommt von dem Wort kriegen! Wenn einer das Weibchen eines anderen kriegen will und den anderen deshalb erschlagen muss, bekriegt er das konkurrierende Männchen um das Weibchen zu kriegen.

Das ist die Urform des Krieges. Man wollte sein Haus kriegen, sein Land kriegen, sein Gold oder sein Geld oder sein Erz oder sein Öl kriegen, also bekriegte man ihn und kriegte, was vorher ihm gehörte.

Da er sich das nicht einfach gefallen ließ, musste man ihn 'leider' dabei umbringen und wurde zwangsläufig zum Raub-Mörder.

Da sich das nicht schön anhört, erklärte man, wer einen Feind umbringt, um ihn zum Wohl des eigenen Nutzens auszuplündern, sei ein Held. Und um das glaubwürdig zu machen, erklärte man das eigene Land zum Vaterland oder zum Mutterland, die eigenen Raubmörder zu Landeskindern, die ihre Pflicht tun, wenn sie um Muttern oder Vatern zu beschützen zu Mördern werden und um das Ganze noch glaubwürdiger zu machen, erklärte man die Gegner zu Menschenfressern, Barbaren, Unmenschen, Monstern und Untermenschen! Sogenannte Christen, wie die Katholiken, gaben alle zu Vergewaltigung, Raub, Mord und Plünderung frei, die keine Katholiken waren, nannten sie Heiden und damit waren diese keine Menschen mehr, folglich konnte man sie abschlachten.

Die Motive waren immer Habgier!

162

Aber bleiben wir zunächst dabei, was Kriege sind. Also es sind Spiele mit tödlichem Ausgang für die Spielfiguren, während die Spieler fast immer entweder davon profitieren oder, wenn sie das Spiel verloren haben, ein ordentliches Ruhegeld mit allem Komfort und Weibchen beziehen. Ganz früher war das noch anders, als man sich noch mit Schwertern bekämpfte. Da zog der Anführer mit seinen Kriegern an der Spitze ins Schlachtengetümmel und starb dabei eben auch und dann ging seine Truppe nach Hause, das Spektakel war zuende.

Das fanden aber die Kriegsherren irgendwann nicht mehr so gut, weil sie ja profitieren und nicht selber sterben wollten. Sie ließen also nur noch ihre Soldaten sterben. Und das sah dann zunächst so aus, als es schon Gewehre gab: Sie stellten ihre Soldaten in langen Reihen gegeneinander in Schussweite auf, gaben den Befehl zu feuern, dann feuerten die ersten Reihen aufeinander und schossen sich gegenseitig tot. Dann befahl man die zweite Reihe, in die erste nachzurücken und zu schießen und wieder fielen sie hin und waren tot. So befahl man der dritten Reihe, in die erste vorzurücken und zu schießen und so fort. Das machte man solange, bis eine Seite keine Soldaten zum Nachschieben mehr hatte und die andere Seite über die Leichen der Verlierer weitermarschieren konnte. Man sagt deshalb auch, sie würden über Leichen gehen. Das heißt ganz praktisch ausgedrückt, dass die ersten Reihen einer Truppe niemals tatsächlich eine Chance hatten, einen Krieg zu gewinnen und davon etwas zu haben. Denn sie wurden verfeuert, wie die Kohlen in einer Lokomotive, von denen vorher feststeht, dass sie bei Erreichen des nächsten Bahnhofs fast völlig alle sein würden und wieder aufgefüllt werden müssen. Durch neue, andere, die dann auch verfeuert werden. Die Menschen, die man als Soldaten rekrutierte, wussten das natürlich nicht, sonst hätte nie ein einziger Krieg stattgefunden.

Sie mussten belogen werden. Man musste ihnen das Märchen vom Sieg ausmalen und wie gut es dann allen ginge, wie böse die anderen seien und dass, wenn die anderen kämen, alle Menschen aufs barbarischste abgeschlachtet werden würden.

Wo das nicht ausreichte, benutzte man Zwang und Dressur.

Marschieren und Befehle befolgen wurde als Dressurmethode benutzt. Musik als Begleitdressur. Wenn die Schotten ihren Dudelsackpfeifer hörten, marschierten sie ins schlimmste Feuer.

Die Deutschen nach Wagner und mit Marschmusik. Die Dressur wurde auf unmenschlichste Weise vollzogen.

Dressur ist ja Belobigung und Schmerz. So machten es alle Soldatenführer auch. Die gut dressierten bekamen Orden und die nicht dressierbaren wurden erschossen. Im Hitlerreich hat man 30.000 Männer, die dieses Verbrechen nicht mitmachen wollten zum Tode verurteilt und 22.000 davon erhängt oder erschossen. Und der Staat, obwohl er Hitler als Verbrecher und seinen Staat als Verbrecherstaat anerkennt, hat sie, die ihr Leben gelassen haben, weil sie nicht an dem Verbrechen teilnehmen wollten, bis heute nicht rehabilitiert, weil es nicht dem Einzelnen überlassen werden kann, zu beurteilen, was Recht und Unrecht ist; wo käme der Staat sonst hin, wenn jeder für sich selbst entscheiden wollte.

Aber das geben sie natürlich nicht zu. Dass sie noch genauso denken, dass man Soldaten als Dressurstücke zur jederzeitigen Verfügung zum Verheizen haben will. Man rechtfertigt deshalb fadenscheinig, man würde die Helden damit entwerten, die ihre vermeintliche Pflicht getan hätten. Also die Erbärmlichen, die statt ihre Offiziere zu erschießen, Frauen und Kinder ermordet haben, müssen geschützt werden, gegen die, die sich dem Verbrechen entzogen haben.

Das ist die 'ehrenwerte' Erklärung der heutigen Schwarzen in Deutschland.

Hier sind wir wieder bei Staaten. Der Angeklagte sagt deshalb, dass Staaten, abgesehen von der Organisation von Kanalisation, Straßen und Schulen, ein paar Polizisten und der Sicherung der Grenzen, keine Daseinsberechtigung haben. Der Staat hat kein Recht, einem Bürger vorzuschreiben, wo er lebt, indem er ihm gnädigerweise einen Pass gibt oder ihm diesen verweigert.

Staaten haben kein Recht, Menschen zwangsweise zu Soldaten zu rekrutieren und sie, wenn sie das nicht wollen mit dem Tod oder mit Gefängnis zu bedrohen. Und es sei die unverschämteste Anmaßung, eine Wehrpflicht zu unterhalten, wo alle Männer eines bestimmten

164

Alters zum Soldatsein gezwungen würden. Das sei ein Verbrechen gegen das göttliche Gesetz, dass jeder frei geboren wird, um sich, wie in der Natur auch, entscheiden zu können, wo er hingehen will und mit wem.

Wenn Ameisen ihrem Stamm Kadavergehorsam leisteten, sich in den Fluss werfen, damit die anderen sie als Brücke benützen könnten, sei das eine Sache. Menschen seien aber keine Ameisen! Sie haben einen Geist -sofern sie ihn nicht versoffen oder verkifft haben- und da sie sich später verantworten und die Konsequenzen ihres vergangenen Lebens ausbaden müssen, müssen sie auch frei sein zu entscheiden wie sie leben wollen; menschlich oder entartet.

Staaten würden sie aber zwingen, entartet zu leben. So entarteten ganze Völker, wo die Väter den Söhnen schon als Kleinkinder Zinnsoldaten schenken, ihnen Schwerter und Pistolen kaufen, damit sie, wenn sie groß sind, nichts dabei finden, andere Menschen umzubringen. Sie haben es ja spielerisch gelernt. Sie sind gut konditioniert; der Gedanke zu töten ist ihre zweite Natur geworden.

Ja viele von ihnen reizt es dermaßen, dass sie aus Spaß Neger aufhängen oder Ausländer den Schädel einschlagen. In Amerika macht das der Ku-Klux-Clan und in Deutschland die Neonazi-Skinheads, deren einzige Substanz die Bierflasche und der Knüppel ist. Das Bier haben sie gekauft oder geklaut, den Baseballschläger auch. Sie sind so blöde, dass sie nicht mal ihre einzige Substanz selber herstellen könnten. Weder das Bier, noch den Knüppel.

Da waren die Steinzeitmenschen viel weiter. Die konnten das noch! Also es entstehen durch die dreiste Anmaßung sogenannter Staaten, Menschen zum Soldatsein zu zwingen, entartete Gesellschaften.

Da man allen in jüngstem Alter das Handwerk des Mordens beibringt -ja, meine Herren, des Mordens- verdirbt man ihren Charakter und macht manche sogar mordlüstern.

Und sage keiner, man bringe ihnen nicht das Morden bei! Mord ist definiert als das Töten mit Heimtücke und aus niederen Motiven. Wenn der Soldat lernt, dass er sich an den gegnerischen Wachtposten ganz leise von hinten ranschleichen muss, ihm, damit er nicht schreit, mit der linken Hand unter dem Kinn den Mund zuhalten und ihm mit der Rechten den Dolch von hinten ins Herz stoßen soll, so dass keiner was merkt, damit er dann die schlafende Mannschaft mit einer Handgranate zu Hackfleisch machen kann, dann ist das Heimtücke in höchster Form. Und er tut es, weil er einen Orden bekommt oder weil er Angst hat, dass man ihn wegen Befehlsverweigerung vor ein Kriegsgericht stellen wird oder dass er, wenn er versagt, lächerlich gemacht und ausgelacht wird. Und wenn das nicht niederste Motive sind, dann soll mir einer bessere sagen. Ich habe absichtlich die versprochene Vergewaltigung und Plünderung nach einem Sieg weggelassen, um den Schaumschlägern von heute nicht das Argument zu liefern, wegen so primitiver Gelüste gehe heute kein zivilisierter Mensch mehr in den Krieg. Nein, wirklich nicht?

Vor einigen Jahren sollte in Amerika ein Massenmörder per Erschießungskommando hingerichtet werden. Da man auf sowas nicht eingerichtet war, gab man eine Annonce auf, dass man Freiwillige für das Erschießungskommando suche. Innerhalb einer Woche hatten sich 4000 Leute gemeldet und man gab die Idee auf, machte aber unter den Freiwilligen eine Umfrage, um herauszufinden, warum sie sich gemeldet hatten. Sie sagten Dinge wie, sie wollten mal straflos jemanden töten, um zu sehen, was für ein Gefühl das ist und sie wollten mal einen Untermenschen umbringen, wahrscheinlich weil sie sich dann daran aufgeilen, dass sie glauben, sie selbst seien keine Untermenschen.

In Vietnam, wo auch Freiwillige dabei waren, haben nette junge Männer von nebenan, die vorher noch brav ihren Rasen für Muttern gemäht hatten, gezeigt, was in so entarteten Zivilisationen drinsteckt.

Sie haben Erdbunkerdeckel angehoben und Handgranaten reingeworfen und ganze Familien mitsamt ihren Kleinkindern zu Hackfleisch gemacht, obwohl sie sie eigentlich beschützen sollten, weil man ja nie wissen kann und die ohnehin ja alle Untermenschen für sie waren. 20 junge Burschen schnappten sich zwei hübsche junge vietnamesische Krankenschwestern, rissen ihnen die Kleider vom Leib, warfen sie brutal zu Boden, grabschten sie an ihren Brüsten, um sie wieder hochzuzerren, warfen sie erneut zu Boden, bis sie fast besinningslos waren, vergewaltigten sie mehrfach und als das keinen Spaß mehr machte, steckten sie ihnen Leuchtraketen in den Unterleib, um zu sehen, wie das aussieht, wenn sie platzten.

Aber das hat keinen aufgeregt. Dass sie aber einen Büffel auf der Weide mit einer Bazooka zum Platzen gebracht haben, das hat diese entarteten Menschen, die sich Tierschützer nennen, aufgeregt!

In Maylay haben diese properen Burschen ein ganzes Dorf ausgerottet. Sie haben Kinder in Stücke gehackt, ihre Bäuche aufgeschlitzt, die Gedärme heraus gerissen, die Köpfe abgeschnitten oder in Zwei gespalten.

Und der Anführer wurde nicht einmal bestraft. Er wurde später Fabrikant, fuhr einen dicken Importwagen und beklagte sich eines Tages, dass sein zehjähriger Sohn vor seinem Haus zu Brei gefahren worden war.

Nein, meine Herrschaften! Staaten sind Verbrecherorganisationen, weil sie solche entarteten Gesellschaften heranziehen! Weil sie Menschen gegen das Göttliche Naturgesetz, dass jeder frei sei und selbst entscheide, zu Bürgern erklären und sie frechdreist dazu zwingen, an ihren Verbrechen teilzunehmen.

Und gerade die Deutschen beschweren sich schon wieder, wenn einer sagt 'Soldaten sind Mörder' . Man müsse die Ehre schützen. Man will ein Gesetz erlassen, das diesen Ausspruch verbietet. Soweit sind sie schon wieder. Im zweiten Weltkrieg haben deutsche Soldaten alleine in Weißrussland 628 Dörfer ausgerottet, indem sie die Leute in ihre Kirchen gesperrt haben und diese anzündeten. Das habe ich schon mal gesagt. Ich weiß. Aber es kann garnicht oft genug gesagt werden. Nein, ich gebe dem Angeklagten recht wenn er sagt dass Sodatsein etwas freiwilliges sein muss und dass es nur dazu dienen darf, das eigene Land vor Eindringlingen zu schützen.

Und dass ein Verteidiger –genauso wie im sonstigen Leben- kein Mörder ist, wenn er einen Angreifer tötet ist doch klar. Insofern ist das Zitat, dass Soldaten Mörder sind, sicher nicht ganz richtig. Aber dass Soldaten potentielle Mörder sind, ist auf jeden Fall richtig, weil sie es nämlich dann sind, wenn sie andere angreifen. Und da jeder Beides kann, ist auch in jedem das Potential zum Mörder.

Vielleicht muss der Spruch abgewandelt werden: Angreifer sind Mörder und Verteidiger sind brave Helden. Bravo!

Aber zurück zur Frage, was Kriege sind. Wir haben also gehört, man schlachtet sich gegenseitig ab, mit dem Ziel, des anderen Hab und Gut zu rauben und dessen Land und dessen Weibchen.

Aber inzwischen ist das alles noch viel mehr verfeinert worden. Die Deutschen halten sich zum Beispiel immer viel darauf zu gute, dass bei ihnen schon vor langer Zeit die Kinderarbeit abgeschafft wurde. Und was für Barbaren doch jene Länder seien, in denen Kinder Fronarbeit leisten müssten. Die Kinderarbeit wurde aber nicht etwa deshalb abgeschafft, weil man was für die Kinder tun wollte. Im Gegenteil. Als man das Land nach geeigneten Soldaten durchkämmte, stellte man fest, dass 70% der jungen Männer so krumm und verbogen, kaputt und verschlissen waren von der Kinderarbeit, dass sie nicht einmal in der Lage waren, einen Tornister zu tragen, geschweige denn auch noch ein Gewehr oder gar damit zu marschieren, ganz zu schweigen von kämpfen. Weil man aber ohne genügend Soldaten zum Verheizen, keine hübschen Kriege führen konnte, wurde die Kinderarbeit fortan von staatswegen verboten und die Familie unter den besonderen Schutz des Staates gestellt, als kostenlose Brutanstalten für frische Soldaten. Da diese nun in großer Menge produziert wurden, um Kriege führen zu können, ergab sich daraus auch geradezu der Zwang, dann auch Kriege zu führen.

Weil man sie sonst kaum hätte ernähren können. Oder man musste sie in Kolonien jagen, wo sie wiederum Jagd auf 'Untermenschen' machten, womit sie versöhnt waren und neue Verbrechen geboren wurden. Sie benahmen sich wie Wildsäue!

Inzwischen ist das Kriegführen etwas aus der Mode gekommen. In den Ländern, in denen nicht mehr Könige das Sagen haben, wo es nicht mehr um Familienfehden geht und um Erbschaften, wo inzwischen die Geldsäcke die Politik bestimmen, werden Kriege weitgehemd vermieden, weil es billiger ist, Land zu kaufen, als Land zu besetzen und besetzt zu halten. So kaufen inzwischen die Japaner allmählich Amerika und Australien auf und die Polen fürchten, dass konsequenterweise die Deutschen Polen aufkaufen könnten, ganz legal, ohne Krieg, mit ihrem Geld. Was noch ein bißchen zögerlich geht, weil die Ostler soviele Milliarden verschlingen, dass man nicht auch gleich noch ganz Polen dazukaufen kann.

Aber wenn das alleine nicht ausreicht und wenn zum Beispiel eine Rezession ins Haus steht, man überschüssige Soldaten, aber kein überschüssiges Geld hat, wird ein Krieg auch mal als ein Konjunkturprogramm eingestezt und als Befreiungsaktion deklariert, damit auch alle zufrieden sind und man nicht als Mörder dasteht.

Ich will Ihnen das anhand des Golfkriegs erläutern. Amerika schlidderte gerade in eine Wirtschaftskrise. Es gab überall Arbeitslose, die nichts mehr kaufen wollten, weil sie nichts mehr kaufen konnten. Der Kalte Krieg war beendet, so dass man eigentlich nicht mehr soviele Waffen brauchte, die besten Geschäfte also zum Erliegen kamen und man fragte sich, wie es denn nun weitergehen sollte. Als dann der Herr Saddam meinte, Kuwait würde unterirdisch von seinen Ölquellen lutschen und sei ohnehin ein Schmarotzerpack, das sich auf Kosten des übrigen Landes ungerechtfertigt bereichere, weil es ohnehin eigentlich eine Provinz des Irak sei und nun andeutete, er würde es sich gerne einverleiben, gingen die Amerikaner erst mal ins Wochenende, was der Herr Saddam so verstand, dass er freie Hand haben würde und Kuwait kurzerhand besetzte.

Nun gingen die Amerikaner flugs her und deklarierten dies als völkerrechtswidrigen Akt und warben nun in aller Welt, man müsse die Kuwaitis befreien. Außerdem hinge alle Welt am Öl und wenn Saddam das schöne Öl bekäme, würden überall die Lichter ausgehen.

Und weil sie wussten, das alleine würde nicht ziehen, behaupteten sie, Irak baue eine Atombombe und man müsse den Anfängen wehren; Hitler wäre auch nie soweit gekommen, hätte man ihn von Anfang an ausgeschaltet. Und außerdem habe der Herr Saddam etwas gegen Israel und sei also das Böse schlechthin.

Die Welt glaubte diesen Schwindel. Wer auf die Straße ging und protestierte 'Kein Blut für Öl', wurde überall von der Polizei mit Knüppeln traktiert. Die Länder, die selber nicht mitmachen wollten oder meinten, sie könnten nicht, zahlten Milliarden in die amerikanische Kriegskasse und das Spiel konnte losgehen.

Da die stinkreichen Kuwaitis ihr Geld überall im Ausland deponiert hatten, trat man also an sie heran und handelte mit ihnen einen Deal aus, dass man ihr Land befreien würde, wenn man anschließend den Wiederaufbau ausführen dürfe, was Millionenverträge einbrachte und dass man die brennenden Ölquellen löschen wollte, wenn die Iraker sie, wie angedroht, anzünden würden, was wieder Millionen einbringen würde. Man stellte also eine über 300.000 Mann starke Truppe in den saudischen Wüstensand, während die feinen Kuwaitis sich im Ausland einen guten Tag machten, sich zum Vergnügen in Ägypten hübsche, brave Mädchen als angebliche Ehefrauen einkauften, um sie wie Huren eine zeitlang zu entehren, während die amerikanischen Soldaten die Drecksarbeit für sie machten.

Das war doch ein tolles Geschäft. Man hatte Beschäftigung für seine Soldaten und wurde rundum fürstlich dafür belohnt, durfte seine, seit dem Zweiten Weltkrieg eingemotteten Kriegsschiffe wieder auspacken und endlich die alten Granaten der Iowa-Klasse verschießen und bekam dafür auch noch Geld.

Als nun der Herr Saddam die Israelis als Geiseln benutzte, indem er Raketen auf Israel abschoss, wurde das Geschäft noch besser. Man konnte die Israelis davon überzeugen, dass sie Patriot Anti-Raketen-Raketen brauchten, die nämlich sehr teuer sind und von denen man nun endlich schön viele verkaufen konnte. Das Geld floss in Strömen. Dann war es irgendwann soweit, dass man angriff.

Da saßen nun ausgemergelte, hungrige irakische Soldaten in ihren Schützengräben, umgeben von Ölgräben, die man anzünden wollte, wenn die Amerikaner kämen. Hinter sich die Republikanischen Garden des Herrn Saddam, die sie sofort erschossen hätten, wenn die sich den Amerikanern ergeben hätten. Vor sich die Amerikaner, die sie mit ihrem schweren Gerät einfach mit Sand zuschütteten.

Über diese armen zugeschütteten, die etwa 150.000 gewesen sein sollen, hat keiner berichtet. Unter der Vortäuschung einer aktuellen Berichterstattung hatte man diesen Krieg wie ein Fernsehspiel dem Publikum dargeboten und sein Dutzend eigene Gefallene bejammert,

170

die sich auch noch teilweise gegenseitig erschossen hatten, weil sie zu blöd waren, richtig zu zielen, und damit sichergestellt, dass die Welt von den anderen nichts erfuhr. Die Welt war's zufrieden und zahlte. Aber nun wäre es doch konsequent gewesen, den Herrn Saddam auszuschalten, wie man meinte, dass man es mit Hitler besser auch gemacht hätte. Man forderte Kurden und Schiiten auf, gegen Saddam aufzumucken. Aber als die Amerikaner die Republikanischen Garden auf dem Rückzug im Irak schon in der Zange hatten und zur Aufgabe zwingen konnten, pfiff man General Schwarzkopf zurück, er solle die Republikanischen Garden abziehen lassen, ließ Herrn Saddam im Amt und diktierte ihm Bedingungen.

Dass er seine Massenvernichtungswaffen vernichte und Öl nur verkaufen darf, um Essen und Medizin für sein Volk zu kaufen und die Hälfte der Öleinnahmen als Kriegsschuld abzuliefern habe, worauf der kein Öl verkaufen wollte, aber den Schiiten und den Kurden jetzt zur Strafe auf die Mütze gab.

Die Amerikaner hatten sie aufgewiegelt und anschließend im Stich gelassen. Meine Herrschaften! Das ist ganz logisch. Schließlich ging es hier nur um Geld, um sonst nichts! Hätte Amerika den Herrn Saddam aus dem Amt entfernt, hätten dessen Opfer von überallher humanitäre Hilfe verlangt. Man hätte ihnen Hilfe gewähren müssen, hätte ihnen eine Verwaltung aufbauen müssen und das alles hätte viel Geld gekostet.

Der Sinn der Sache war aber, damit Geld zu verdienen.

Also musste man den Missetäter im Amt lassen, um das Land nun auspressen zu können. Man hätte doch die Opfer nicht auspressen können, oder?

Und nun hatten also die Iraker alle kuwaitischen Ölquellen angezündet und sie brannten an die zwei Jahre lang. Das heißt, die Anlagen waren kaputt und Kuwait konnte jahrelang kein Öl exportieren. Saddam aber auch nicht. Und hier wird die freche Lüge der Amerikaner ganz offensichtlich: Obwohl nun Irak und Kuwait für Jahre kein Öl mehr verkaufen konnten, gab es zu keiner Zeit einen Tropfen Öl weniger. Keine Lichter sind ausgegangen, keine Autos sind stehengeblieben. Nein, die Ölpreise stiegen etwas und daran verdienten die Amerikaner und die Engländer, die auch mit von der Partie gewesen waren, prächtig, weil sie nun ihr eigenes Öl besser verkaufen konnten. Und eine Atombombe hat man natürlich beim Saddam auch nicht gefunden. Das wusste man zwar schon vorher, genauso, wie man vor Hiroshima und Nagasaki wusste, dass die Japaner kapitulieren wollten, wenn man ihnen nur ihren Kaiser ließe. Aber es wurde gelogen, weil es opportun war zu lügen.

Natürlich haben die Amerikaner in Kuwait ganze Arbeit geleistet und alles zerbombt, was gut und teuer war, weil sie es ja hinterher wieder aufbauen durften, ohne Rücksicht auf das Volk, das es sich nicht leisten konnte, das Land zu verlassen und sich woanders feine Weibchen zu kaufen, um die Zeit inzwischen totzuschlagen.

So wurde der Golfkrieg ein hervorragendes Konjunkturprogramm, das noch heute seine Nachwirkungen hat und aller Welt Bewunderung abnötigt, wie toll die Amerikaner ihre Karre wieder aus dem Dreck gezogen haben.

Und natürlich florierten die Waffengeschäfte nun wieder, da man ja den bösen Saddam im Amt gelassen hatte. Saudi Arabien kaufte zum Beispiel allein 1995 Waffen für 6,3 Milliarden Dollar von Amerika. Damit wäre erst mal die Frage, 'Was ist Krieg?', glaube ich, erschöpfend abgehandelt!"

Der Vorsitzende war der Meinung, dass es wieder höchste Zeit sei, die Sitzung zu unterbrechen. Die Anklägerseite tobte und schäumte, man käme so garnicht weiter, aber der Richter machte kein langes Federlesen, ließ den Gong erklingen und löste so schlagartig die Verhandlung auf.

Es war ja auch eine anstrengende Lektion gewesen und sogar ich hatte sie als anstrengend empfunden und war froh, dass ich noch etwas weiterschlafen konnte, bevor ich wieder aufstehen musste, um mich mit den täglichen Verrichtungen zu befassen, was ja auch anstrengend war; Toilette gehen, Essen in sich hineinstopfen, Kleider anziehen, Treppe runter gehen und Sie wissen schon, was so alles an einem normalen Tag auf einen zukommt.

◇

15.Kapitel Gutachten des Professor Rellek 3

So schnell, wie das Verfahren das letzte Mal unterbrochen worden war, war es beim nächsten Mal auch wieder voll im Gange.

Der Herr Satan begehrte, dass man nun endlich zu den Vorwürfen des Herrn Gomorrah Stellung beziehen solle oder aber einen Schuldspruch fällen, nicht aber das Ganze bis zum Sankt Nimmerleinstag ausdehnen.

Der Vorsitzende bat darum, bitte keine Legenden zu erzählen und die Engel mögen sich doch bitte mit ihren komplizierten Fragen etwas zurückhalten, alldieweil sie solche Sachen ja auch in den einschlägigen Geschichtsbüchern nachlesen könnten, auch wenn das mehr Mühe machen mag.

Der Herr Professor gelobte, jetzt endlich mit seinem Gutachten zu beginnen und nicht gar so ausschweifend zu berichten.

Und so begann er also:

"Meine Herrschaften! Der Herr Gomorrah hatte dem Angeklagten vorgeworfen, er habe Staaten, das Soldatentum und das Deutschtum angegriffen, womit er die Weltordnung in Gefahr brächte. Und dass er über außerirdische Hilfe verfügen müsse, weil er das sonst alles garnicht wüsste, schließlich seien alle Menschen von klein auf indoktriniert worden, das 'Richtige' zu glauben, also könne es garnicht anders sein.

Dem muss ich zunächst einmal heftig widersprechen. Jeder, der in der Lage ist, sich aus den Fakten seiner Zeit und der Geschichte ein eigenes Bild zu machen und nicht blöde einfach das Welt-Bild der Bald-Zeitung und ähnlicher Medien, die der Verblödung der Massen dienen, übernimmt, muss zwangsläufig zu den gleichen Ergebnissen kommen. Hier handelt es sich nicht etwa um Geheimwissen, sondern um Tatsachen, die man mitkriegen und nachlesen kann, wenn man sich einer Vielzahl von Quellen bedient und die richtigen Schlüsse zieht. Dazu bedarf es allerdings einer gewissen Intelligenz, Erfahrung und gesundem Menschenverstand! Und da die meisten Leute in der Regel nicht über diese verfügen, glauben sie dann bei anderen immer gleich, das sei etwas mystisches, das nicht normal zu erklären sei, weshalb es paranormal sein müsse. Ein völlig falscher Schluss!

Und nun will ich zu dem Zusammenhang kommen, wo der Angeklagte eine Kette aufbaut von Friedrich dem Großen über Goethe zu Hitler."

Er kratzte sich kurz am Kopf, legte Papiere vor sich auf das mitgebrachte Podest, wenn man das so nennen kann, nahm einen Schluck Wasser aus einem Glas, das auf dem Podest stand -auch mitgebracht sozusagen- stellte es wieder hin, zog die Augenbrauen nach bekannter Art hoch, während er den Mundwinkel unnachahmlich herunterzog und begann erneut:

"Also, meine sehr verehrten Herrschaften! Ich habe diese Gedankenkette überprüft und herausgefunden, dass seine Thesen durchaus glaubwürdig sind.

Da war also zuerst in der Reihe Friedrich der Große, der eher ein ganz kleiner Wicht war, der ganz kleine Hündchen hatte und gerne Flöte spielte.

Dessen Seele war zerbrochen worden als er ein junger Bursche war und den Terror seines Vaters nicht mehr ertrug und deshalb mit seinem besten Freund von Zuhause abhaute. Der Vater war nämlich auf ähnliche Art pervers, wie der Kanonenkönig, von dem wir hier schon gehört haben. Er hatte seine Macht auf Soldaten aufgebaut, weshalb er auch als Soldatenkönig bezeichnet wurde.

Aber das reichte ihm nicht. Sie mussten groß sein. Ab zwei Meter waren sie ihm gerade recht, seine langen Kerls, wie sie genannt wurden. Und keiner im Lande war vor ihm sicher, der ein bestimmtes Körpermaß überschritt, wurde er doch sogleich für den Soldatenkönig eingefangen und rekrutiert.

Diesem wahnsinnigen Regime seines Vaters war also der junge Friedrich, der später der Große genannt wurde, entflohen. Aber die Häscher des Königs fingen ihn mitsamt seinem liebsten Freund ein und der Vater ließ den Freund des Sohnes vor dessen Augen hinrichten, damit dem Sohn das eine Warnung sei. Dass diesem dabei seine Seele zerbrochen wurde, dürfte jedem klar sein.

Nun sagt man, wenigstens bei den sogenannten Psychologen, hä,hä, dass Psychopathen Leute seien, bei denen das Gefühl keine Bewertungskontrolle mehr für den Verstand sei. Anders herum: Wenn man normalen Leuten Bilder von Massakern zeigt, sehen sie die Massaker und reagieren entsetzt.

Das Gefühl sagt, das ist ekelhaft und schlecht. Bei einem Psychopathen würden die gleichen Bilder aber nur bedeuten, dass sie sehen, dass da ein Massaker gezeigt wird, ohne emotional schockiert zu sein. Wir hier oben sehen das etwas anders. Der normale Mensch, der einen Geist hat, der seinen Körper unter Kontrolle hat und seinen Verstand als Werkzeug benutzt, sieht diesen Akt des Massakers als unappetitlichen Verstoß gegen die Göttliche Ordnung.

Der andere, dessen Geist zerstört wurde, überlässt sich dem Verstand, der nur ein simpler Rechner ist und ausrechnet, was jetzt und künftig nützlich ist, ohne Moral oder Dankbarkeit oder Loyalität.

Von dieser Warte aus muss man sagen, dass Friedrich der Große, nachdem ihm der Vater sein Herz gebrochen hatte, also nach unserer Lesart den Geist, ein echter Psychopath war, genauso wie Hitler, Stalin, Napoleon und all die anderen Massenmörder.

Das ist ganz leicht nachzuweisen. Als einer seiner treuesten Offiziere gerade eine Schlacht gewonnen hatte, die eigentlich schon verloren war, die er aber heldenhaft gemeistert hatte und die vielleicht für Friedrich kriegsentscheidend war und kurz mal zu seiner Frau nachhause fahren wollte und sein Vorgesetzter zu ihm sagte, das lohne doch ohnehin nicht, weil dessen Frau ohnehin nur eine billige Hure sei und dieser brave Offizier kurz seinen Säbel gegen den Vorgesetzten zog, ihn aber gleich wieder wegsteckte und der Vorgesetzte ihn verpetzte, ließ Friedrich ihn trotz seiner treuen Dienste und seiner großen Verdienste hinrichten, mit der Begründung, es gehe um die Disziplin in der Truppe, die gewahrt werden müsse, ein Soldat müsse sich vor einem Offizier mehr fürchten als vor dem Feind und deshalb sei der Offizier, der den Säbel gegen seinen Vorgesetzten gezogen habe, hinzurichten.

Ein Mann, der Loyalität wegen einer Fiktion wie die der vermeintlichen Disziplin, auf so erbärmliche Weise verrät und genau wie eine Rechenmaschine ausrechnet, dass der Offizier ohnehin wahrscheinlich nicht unbedingt ein zweites Mal ein so verdienstvolles Abenteuer bestehen würde, also künftig nicht unbedingt von Nutzen sei, dass aber die Disziplin von sehr viel höherem Wert sei, weil sie garantieren soll, dass die Kerle sich ohne zu mucken abknallen lassen, wenn es ihm gefällt, sie zu verheizen, dass er folglich ausrechnet, der Mann sei zu erschießen, weil das Vorteile bringt, weil die Vergangenheit in dieser Rechnung nicht vorkommt, dann ist dieser Mann genau das, was einen Psychopathen ausmacht. Ein Mann ohne lebendigen Geist!

Der nicht etwa tolerant war, wie das Beispiel ja gezeigt hat, sondern nur deshalb sagte, die Leute sollen nach ihrer Facon glücklich werden, weil er zum einen kein richtiges Deutsch sprach und ihm zum anderen Religion völlig wurscht war.

Wie könnte sich ein Rechner für Religion -etwas Geistiges- interessieren? Und weil er geistlos war, holte er sich Leute wie Voltaire an seinen Hof, um ihm vorzujammern, wie einsam er sei und wenigstens etwas Kultur in sein Schloss zu holen. Weil er selber garkeine hatte. Ohne Leute wie Voltaire wäre es den Deutschen wohl noch erbärmlicher ergangen. Jedenfalls regierte er 40 Jahre lang und verbrachte fast die ganze Zeit damit, Kriege zu führen.

In dieser Periode perfektionierte er das Soldatenwesen und machte aus Deutschland einen Insektenstaat, in der jedes Einzelwesen in Kadavergehorsam der Obrigkeit gehorchte. Die Dressur war perfekt. Alles was fortan von oben kam wurde als etwas fast Göttliches vom Untertanen geschluckt. Dem hatten Staatsphilosophen, die ihren Herrschern zu Munde schrieben, die passende Staatsphilosophie zugeliefert, die da sagte, der Staat sei Alles, der Einzelne aber Nichts. Bis alle daran glaubten. Der Insektenstaat war perfekt.

Und dann kam Goethe. Und der erzählte den Deutschen diese furchtbare Lüge in seinem Faust. Goethe war ein Staatsfatzke, wie der Angeklagte zu Recht sagt und als Dichter und Denker anerkannt!

Anerkannt. Das ist für Deutsche das Zauberwort! Wenn einer anerkannt ist, wird sein Wort als Offenbarung konsumiert. Er muss nur einen Titel haben und von Oben anerkannt sein. Dann glaubt man ihm jede Lüge und jede Dummheit.

Natürlich wusste Goethe nicht, was er den Deutschen damit antat. Wie sollte er auch.

Bis zu Hitler war es ja noch eine Weile hin. Er machte zwei Dinge, von denen eines damals, wegen der Zensur, ganz normal war. Nämlich alles Aufmüpfige, das gegen den Staat oder die Kirche gerichtet war, entweder vom Teufel sagen zu lassen, um sich dann schön ausreden zu können, man habe doch aufzeigen wollen, wie ekelhaft diese Anschauung sei oder man verlegte sie in andere Länder, erzählte, was in Deutschland geschah, als geschehe es im Orient und sagte dann, das würde natürlich in Deutschland nie geschehen.

Das hat Wilhelm Hauff so gemacht. In seinen Memoiren des Satans, wo er immer wieder versicherte, er habe das nicht geschrieben, ein Fremder habe ihn beauftragt, diese Papiere zu übersetzen und öffentlich zu machen und wo dann in der Hölle der Teufel erstaunt war, soviele Kardinäle und Bischöfe zu sehen. Aber komischer Weise haben sie bei Hauff immer verstanden, warum er das so geschrieben hatte, seinen satirischen Charakter auch erkannt.

Während Goethe sich offensichtlich nicht verständlich machen konnte. Wieso hätten sich sonst so viele Leute nach der Lektüre des Werther umgebracht, dass das Buch im Ausland verboten werden musste? Oder wollte er, dass sie sich alle umbringen? Also im Faust lässt er den Mephisto, den Teufel also, als Einzigen vernünftige Dinge sagen. Alle anderen reden Unfug daher. Der Teufel sagt als Einziger Vernünftiges. Bei Goethe glauben das nun alle. Also ist der Teufel die reine Vernunft.

Das Volk schluckt auch das. In Verbindung mit Nihilisten wie dem Wahnsinnigen Nietzsche, glauben bald alle, dass der Teufel der einzig Vernünftige ist. Nun sind die Deutschen also ein Insektenvolk, ihr Säulenheiliger, von amtswegen verordnet sozusagen, hat ihnen beigebracht, dass der Teufel der einzig Vernünftige ist, Nietzsche bestätigt es, Wagner mystifiziert den Gedanken vom Übermenschen, Dollbregen wie Hitler stimmen dem zu und machen den Rest der

Welt sogleich zu Untermenschen, die man ausrotten und deren Land man sich aneignen darf, weil es viel zu schade für diese ist.

Aber Goethe hat noch etwas viel schlimmeres getan.

Etwas fast schon schizophrenes, ja etwas wirklich Krankes. Obwohl er das mit dem Teufel sicher nur zur Tarnung gemacht hat, ist das zweite eigentlich schon ein Verbrechen. Er hat nämlich den Faust mit dem Teufel einen Pakt schließen lassen, in dem sich der Teufel verpflichtete, dem Faust alle Begierden auf Erden zu erfüllen -der alte Bock wollte es nämlich mit dem jungen Gretchen treiben und hat sie letztlich durch sein schmutziges Benehmen bis zum Scheiterhaufen befördert- und dafür sollte der Teufel seine Seele nach dem Tod bekommen. Der Faust, der auch nur an Sex dachte, sagte, was geht mich die Sache nach dem Tod an, ich lebe jetzt, her mit dem Vertrag. Der Teufel lässt ihn mit seinem Blut unterschreiben.

Dann zeigt er ihm alle hübschen Genüsse des Lebens und lässt ihn sich richtig besudeln und austoben. Als nun der Tod einzutreten im Begriff ist, baute der Teufel um den Faust herum seine Helfer auf, um aufzupassen, dass ihnen die vertraglich zustehende Seele des Faustus nicht entwischt, wenn sie aus dem Körper gefahren kommt. Ganz gierig standen sie herum, die Seele einzufangen.

Nun wäre es an der Zeit gewesen, hätte der Goethe wirklich eine Moral gehabt, den Teufel mit der Seele des Faust direkt ins Höllenfeuer fahren zu lassen. Aber Goethe hatte offensichtlich keinerlei Moral mehr. Er ließ Engel auftauchen, die die teuflischen Aufpasser einlullten mit feinem Gesang, so dass diese nicht aufpassten. Dann stahlen diese Engel dem Teufel die Seele des Faustus weg und entschwebten damit gen Himmel

Erlösung auf verfälschtem Christlich! So, wie es alle Heuchler christlicher Kirchen predigen, damit man ungeniert ihre Drecksarbeit verrichtet. Das Schlimme an Goethes Faust ist aber vielmehr die verheerende Wirkung auf die Deutschen, die ihrem Säulenheiligen alles auf's Wort glaubten, als käme es direkt vom Himmel

Denn als nun der Herr Hitler auftauchte, sagten die Deutschen, der Kerl ist zwar ein Schurke und vielleicht gar der Teufel daselbst. Aber lasst ihn doch mal für eine kurze Zeit für uns die Drecksarbeit machen, dann schieben wir ihn einfach wieder ab. Goethe hatte sie ja gelehrt, dass man sich ruhig ungestraft mit dem Teufel einlassen könne und ihn nach Gebrauch einfach betrügen kann.

Nur dass die Wirklichkeit eben nicht so ist, wie Goethes Lügengeschichte. Der Hitler blieb und machte ihnen alles kaputt.

Bis zum bitteren Ende. Denn die Wirklichkeit ist, dass man für alles einen Preis zu zahlen hat. Deutschland zahlte seinen Preis dafür, dass es ein Insektenstaat geworden war und Goethe die Lügen mit dem Teufel, den man ruhig mal eine Weile in Anspruch nehmen kann, geglaubt hatte, dass es Nietzsche geglaubt hatte, ohne Gott sei alles klar und Wagner den Schwulst mit Nietzsches Übermenschentum abgekauft hatte. Das war ein sehr hoher Preis.

Aber das Erschreckende an den Deutschen ist, dass sie immer noch an ihre Säulenheiligen glauben. Sie glauben an Goethe, an Nietzsche, an Wagner, an Hitler, denn der habe ja die Autobahn gebaut -was auch eine Lüge ist- weil er nur durchgeführt hat, was sich intelligente Leute ausgedacht hatten, wozu dieser Cretin nie fähig gewesen wäre.

Aber sie glauben, er hätte die Arbeitslosigkeit abgeschafft, obwohl er nichts anderes getan hat, als die Arbeitslosen per Zwangsarbeit Autobahn bauen zu lassen, um alsbald Waffen und Soldaten zum Kriegführen schneller durchs Land zu kriegen. Und bezahlt hat er mit gedrucktem Geld und dem, was er den Juden weggenommen hat. Nun sagen die Deutschen, das mit den Juden sei ja schade gewesen, aber Hitler habe ihnen doch Arbeit und Brot gegeben.

Wie schizophren kann ein Volk eigentlich sein? Es erinnert einen an die Geschichte der Abderiten von Wieland. Nur haben die Deutschen auch bei Wieland nie gemerkt, dass er genau sie gemeint hatte. Damit können wir wohl diesen Teil als erledigt ansehen."

Der Herr Professor hielt inne, nahm einen neuen Schluck aus dem Glas, das sich auf wundersame Weise immer wieder aufzufüllen schien und noch einen Schluck, stellte das Glas wieder hin, nahm einen anderen Ordner, klappte ihn auf und sagte in die Stille:

"Meine Herrschaften! Kommen wir zu der Behauptung der Ankläger, der Angeklagte hätte die idiotische These aufgestellt, dass auch Völker dem kharmischen Gesetz unterworfen sind, wonach jeder für das auf die Mütze kriegt, was er einmal anderen angetan hat, bis seine Schuld bezahlt ist. Und dass er damit das Volk zu verunsichern gedenke und man, wenn das bekannt würde, nicht einmal mehr ein paar lukrative Kriege würde führen können, weil dann keiner mehr mitmachen wollte.

Und für den Sex-Tourismus kämen dann zu AIDS auch noch die Schuldgefühle und der Angeklagte würde damit nicht nur den Leuten den Spaß verderben, sondern auf kriminelle Weise auf die Portemonnaies derjenigen losgehen, die damit gutes Geld verdienen.

Diese Thesen, meine Herrschaften, sind typisch für die Lügen und die Dreistigkeit der schwarzen Brut!"

"Einspruch! Einspruch! Einspruch!" kam lautstark eifernd von der Anklägerseite. "Es steht dem Gutachter nicht zu, Wertungen über uns abzugeben!"

Der Vorsitzende benutzte seinen Hammer und sagte zum Professor:

"Bitte halten Sie sich an die Regeln, die Anklägerseite hier nicht zu bewerten, auch wenn Ihnen das schwerfallen mag!"

Der Herr Satan brüllte schon wieder: "Einspruch! Auch diese Erklärung ist faktisch eine verkappte Wertung. Das müssen wir uns nicht gefallen lassen!"

Aber der Vorsitzende sagte nur: "Fahren Sie fort, Herr Professor!"

Der Professor musste gleich noch mal von seinem Getränk naschen, weil ihn das wohl erregt hatte und begann erneut:

"Meine Herrschaften! Die Europäer -und dazu zähle ich alle, die aus Europa in andere Kontinente und Länder eingefallen sind, also egal ob Engländer, Deutsche, Franzosen, Spanier, Holländer, in Folge Amerikaner und ähnliche- die sich dort wie Wildsäue aufgeführt haben unter der Wahnvorstellung, sie würden ihre so tolle Zivilisation verbreiten und allen anderen Völkern geschadet haben, ja sie teilweise völlig ausgelöscht haben, müssen nun allmählich den

Preis für ihre Verbrechen bezahlen. Ich will Ihnen das an einem sehr einfachen Beispiel veranschaulichen.

Die Engländer, die sich in Indien als Kolonialmacht aufgespielt haben, haben den Leuten dort verboten, ihre eigenen Produkte herzustellen; ja sogar sich ihr eigenes Salz herzustellen, war verboten. Sie haben dort Monokulturen eingeführt, so dass die armen Einwohner letztlich alles von den Engländern kaufen mussten, zu den von diesen diktierten Preisen, so dass die Engländer sie quasi zu Sklaven gemacht hatten, die für sie zum Nulltarif Tee anbauen mussten.

Bei den Chinesen nun war ihnen das nicht gelungen und da die Chinesen nicht den englischen Kram haben wollten, die Engländer aber deren Tee, sollten die Engländer in Gold zahlen.

Aber das gefiel ihnen nicht und so importierten sie Opium aus anderen asiatischen Ländern und verwandelten das damalige China in eine große Opiumhöhle. Dieses Geschäft mit dem Rauschgift war deshalb so lukrativ, weil die Chinesen alsbald opiumsüchtig waren und man ihnen jeden Preis für Opium abverlangen konnte.

Da kamen nun ein paar brave junge Chinesen und verbrannten das Opium der Engländer in deren Lagerhäusern, um dem Spuk ein Ende zu bereiten. Natürlich geschah das mit Wissen und Billigung des Chinesischen Kaisers.

Als die Engländer sahen, dass man ihre Lagerhäuser mit all dem schönen Rauschgift angezündet hatte, fuhren sie mit ihren Kanonenbooten den Fluss nach Peking herauf, riefen auch gleich alle anderen Europäer zu Hilfe, gegen das aufmüpfige China, holten die Deutschen, die Franzosen, die Amerikaner, die alle von China Land gepachtet hatten und in Peking Gesandtschaften unterhielten und kämpften gemeinsam den nach diesen jungen Leuten 'Boxeraufstand' genannten Widerstand gegen die Fremdherrschaft brutal nieder und erpressten Peking, entweder das Rauschgift in Gold zu bezahlen andernfalls sie Peking mit ihren Kanonen in Schutt und Asche legen würden. Daher stammen auch die Aussprüche: Germans to the front! Und Kanonenbootpolitik! Ja, meine Herrschaften, die Deutschen waren dabei, den Kaufpreis für das Rauschgift zu erpressen!

Der Kaiser zahlte und ließ als Demutsgeste etwa 200 junge Boxer in einer Massenexekution enthaupten, wobei vor jedem Boxer ein Mann stand der dessen Zopf fest nach vorne zog, die Opfer hatten verbeugt dazustehen und die Henker trennten mit ihren Schwertern auf einen Befehl 200 Köpfe ab. Der Kaiser war feige, die Europäer widerliche Verbrecher. Wie in all ihren Kriegen und Landnahmen.

Und nun wundern sie sich, dass sie sich des in ihre Länder eindringenden Rauschgifts nicht erwehren können, dass sie mitansehen müssen, wie ein Teil ihrer Jugend verkommt und ihr letztes Stückchen Kultur auch noch schwindet.

Das sind aber erst die Auswirkungen von dem Boxeraufstand von 1901, die vor etwa 30 Jahren begannen, also etwa 60 Jahre danach.

Wenn die Europäer mal alle ihre Schandtaten nachrechnen, können sie sich ausrechnen, was kharmisch noch alles auf sie zukommt.

Ihr Sextourismus, der dazu geführt hat, dass das gute Mädchen in jenen Ländern jetzt das ist, das seinen Eltern einen Fernseher kaufen kann, weil es ihren Leib für Europäer hinhält und dass das anständige Mädchen nichts taugt, weil es ihren Leib nicht Europäern hinhält.

Die Umkehrung aller Werte. Ist es das, was ihnen ihr lieber Herr Nietzsche hat erzählen wollen? Wir wissen, dass AIDS bereits als eine Plage auf die Opfer und Täter zurückfällt. Die Opfer, weil sie sich entweiht haben, die Täter, weil sie so menschenverachtend waren. Aber das mit dem AIDS dauert noch eine Weile.

Die Engländer, die den Indern sogar die Salzherstellung verboten, erst Ghandi forderte die Inder auf, wieder ihr eigenes Salz herzustellen, diese Engländer haben jetzt den Rinderwahn im Hause und wahrscheinlich eine feine Epidemie von Wahnsinnigen noch für eine gute Weile, weil hier auch noch die Geldgier zuschlägt, Kadaver zu verfüttern. Eine wahrhaft ekelhafte Art der Geldgier.

Und sie bekamen schon die ganzen Leute, die Idi Amin aus dem Land gejagt hat und all die Moslems, die ihnen schon jetzt ihre Straßen anzünden.

Aber was erwartet die Deutschen mit ihren zwei Weltkriegen und den ermordeten Juden? Es fängt jetzt schon an, dass ihnen ihr Liebstes, ihr Geld knapp wird. Auch ihr Land wird überflutet von Menschen von überall, die Lebensformen mitbringen, die ihnen ein Dorn im Auge sind. Und alsbald werden sie sich mit dem 50-Dollar Mann aus Indien messen müssen und zu Fuß gehen dürfen. Und dann schneiden irgendwann die Armen den Reichen die Hälse durch.

Das Gleiche gilt für Amerika, wo es schon begonnen hat. Sie sind alle im Laufe der letzten Jahrhunderte zu elenden, gierigen Verbrechern geworden und jetzt schlägt es allmählich auf sie zurück!

Das ist die Wahrheit. Folglich sind die Schlussfolgerungen des Angeklagten nichts Übernatürliches, sondern nur die mit Vernunft in die Zukunft gerechneten Resultate gesunden Menschenverstandes!"

Ich war in der Verhandlung eingeschlafen und erst in meinem Bett wieder erwacht. Eine ganz neue Erfahrung!

Aber in meinem Traum, den ich dann hatte, schien es weiterzugehen. Man beschuldigte mich, ich hätte auch völlig von der Norm abweichende Ansichten, wenn ich zum Beispiel meinen würde, dass man erst bei den Siebzigjährigen sehen könnte, wes Geistes Kind sie in einem Volk seien.

Die Europäer würden alle mit 70 aussehen, als hätte man sie aus einer Mülltonne gezogen. Fahle und flache, bösartige Gesichter hätten sie, von Besserwisserei und Gier gezeichnet.

Und es gäbe spannenderweise zur Zeit nur sieben interessante Gesichter in unserer Welt, die mit 70 noch spannend und voller Leben seien. Zwei in Deutschland, zwei in Amerika, die schon tot sind, zwei in Afrika, eines in Russland.

Da wären in Amerika Edward.G.Robinson, der seinen Namen ändern musste, weil man in Amerika keine jüdischen Namen auf Filmplakaten dulden wollte, da sonst keiner ins Kino ginge und der daher nur das G. von seinem ursprünglichen Namen behalten durfte.

Da war das Gesicht von dem großen Satchmo, der so wunderbar gesagt hatte, auf die Frage, was gute Musik sei, das sei die Musik, bei der beim Zuhörer der Fuß mitgeht. Womit sich ja wohl die Neutöner ausschließen.

Da waren die beiden spannenden Gesichter in Deutschland, das von dem Literaturpapst Marcel Reich-Ranicki, der so herrlich lachen kann, die Beine in die Luft hebt und sich auf die Schenkel klatscht vor Freude und der so schöne Dinge sage wie, dass alles erst durch die Literatur seine Bedeutung bekäme, denn was wäre wohl der Loreley-Felsen sonst anderes, als ein weiterer Stein, von dem keiner Notiz nähme, hätte nicht ein großer Dichter darüber diese herrliche Geschichte geschrieben.

Und da sei dieser herrliche Fernseh-Soziologe -was ein Begriff- der Herr Silbermann, mit seinem wunderbar-bübischen Lachen, der auf die Frage, was denn Heino in Deutschland so populär mache, gesagt habe, das habe unter anderem mit der Provinzialität seines Publikums zu tun und als ein Entertainer fragte, was denn das eigentlich sei, erwidert habe, wenn er ihm das erklären könnte, sei jener es nicht mehr.

Und da ist dieser Nelson Mandela, der trotz 30 Jahren Knast eine Jugend ausstrahlt und eine Zuversicht verbreitet, wie es in Europa nicht mal 20 jährige schaffen und der hergeht und Frieden und Versöhnung verkündet, wie ein großer, starker Engel.

Und da sei Bischof Tutu, dieser Methodist, der immer offen und ehrlich für Frieden und Vernunft eingetreten ist und sich furchtlos mit allen widerlichen weltlichen Apartheid Politikern rumgeschlagen hat -im Gegensatz zu diesen feigen Päpsten.

Und da sei Gorbatschow, der zuerst seine Partei und dann seinen Staat und dann sich selbst abgeschafft hat und das Zeichen von Atlantis auf seiner Stirn trägt.

Und es sei doch widerlich, dass ich, der Angeklagte, sieben tolle alte Gesichter nenne, die ausgerechnet drei Juden, drei Neger und ein Russe seien.

Aber ich bin sicher, dass ich das nur geträumt habe.

◇

16.Kapitel Über die Geldsäcke und die Weltherrschaft

Den ganzen nächsten Tag ging mir durch den Kopf, wie gut es war, dass von alledem hier unten keiner was erfuhr. Sie hätten sonst gedacht, ich könnte keine Deutschen leiden und keine Engländer und keine Amerikaner und vielleicht hätten sie dann das Bedürfnis gehabt, mich auch noch zu kreuzigen. Dabei hatte doch die teuflische Seite nur so fürchterlich übertrieben, um mich in die Pfanne zu hauen und die Verteidigerseite wiederum nur, um mich da rauszupauken. Dabei liebe ich sie doch. Jedenfalls einige von ihnen.

Nehmen wir die Amerikaner. Da gab es doch einige ganz gute Präsidenten. Das Problem ist nur, dass gute amerikanische Präsidenten entweder ermordet werden, zu früh sterben oder fortgejagt werden. Zum Beispiel Lincoln, der gegen die Sklaverei war; ermordet. Kennedy, der sich nicht vom Herrn Crutschow einschüchtern lassen wollte, der seinen Atomknüppel schwang wie seinen Schuh in der Uno, mit dem er das Rednerpult traktierte.

Und der sich nicht von der Mafia einschüchtern lassen wollte; Peng.

Oder nehmen wir Roosevelt, der mit dem New Deal für soziale Gerechtigkeit eintrat und der es verstand, diese Verhinderungs-demokratie richtig zu benutzen, die ihm verbieten wollte, Russland Kriegsmaterial auf Pump zu verkaufen, weil die Russen keine Kohle hatten und der ihnen das Kriegszeug einfach 'ausgeliehen' hat, damit sie gegen Hitler ordentlich mit antreten konnten, weil er wusste, dass er zum 'Ausleihen' von niemandem die Zustimmung erbetteln musste. Ein wahrhaft professioneller Teilnehmer am großen Spiel.

Der leider zu früh gestorben ist, sonst wären keine Atombomben auf Hiroshima und Nagasaki gefallen. Denn dieser Mann musste nicht 'wie ein Affe mit den Fäusten auf seine Brust trommeln'; er hatte genug Format aus sich heraus, um Autorität zu sein.

Und dann der liebe Herr Carter, den man mit diesen miesen Ayatollahs auflaufen ließ, weil ein guter Präsident von keinem gewünscht wurde.

Und dann sehen wir uns Clinton an. Nachdem er den Waffennarren ihre Maschinenpistolen und andere Kriegswaffen weggenommen hat, möchte ihn am liebsten das neue Flintenweib, das jetzt der National Rifles Association vorsteht, abschießen. Nicht nur dass man ihm im Wahlkampf vorhielt, er habe sich nicht an dem Vietnamverbrechen beteiligen wollen, man hat auch Angst, er könnte soziale Elemente in der Politik einführen. Also will man ihn, weil nichts bisher geklappt hat ihn loszuwerden, mit dem alt bekannten Mittel hinweg fegen, indem man der verklemmten Öffentlichkeit grelle Sexgeschichten erzählt. Wobei die garnicht begreifen, dass ein impotenter Pantoffelheld auch niemals zum Präsidenten taugen würde.

Aber nur, weil dort in einer Stadt in einem Jahr mehr Leute ermordet werden, als in ganz Deutschland, nur weil unter Kindern und Jugendlichen die Todesursache Nr.1 der Tod durch Ermorden ist, muss man ja nicht unbedingt gegen alle was haben, oder ?

Da gab es doch zum Beispiel Martin Luther King. Das peinliche ist nur, wenn man die aufzählt, die man mag, dass sie fast alle erschossen wurden.

Oder da gab es Louis Armstrong. Ich kann auch nichts dafür, dass er auch wieder ein Neger ist. Und da gab es Charly Chaplin, der so herrliche Filme gemacht hat, wie die Hitlerverarschung 'der Große Diktator' oder die McCarthy Verarschung 'Ein König in New York'. Nur schade, dass er sie beide nicht in Amerika drehen durfte. Den ersten nicht, weil man Hitler nicht verärgern wollte. Den zweiten nicht, weil man den Kommunistenfresser nicht verärgern wollte. Also musste er sie in England drehen. Ich kann doch auch nichts dafür, dass er Engländer war und auch noch ein Jude.

Es ist halt schwer, liebenswürdige Amerikaner zu finden, die keine Neger und auch keine Juden sind.

Oder nehmen wir Woody Allen oder Steven Spielberg. Sind doch auch Amerikaner. Ja, ich weiß, schon wieder Juden.

Aber Michael Jackson -nein, ist ja auch ein Neger und steht auf Knaben. Man kann machen was man will, man wird seine Schwierigkeiten mit den Amerikanern haben.

Außer man steht auf Dollars und auf's Tellerwaschen. Aber Amerika hat auch einen Bob Dylan, diesen herrlichen Jungen, der gemerkt hat

186

was gespielt und gelogen wird und wie es um die Zukunft tatsächlich bestellt ist und der es hinaus geschrien hat und Fragen gestellt hat, alles infrage stellte, wie ich, und damit die Herzen der Jungen öffnete und sie Fragen stellen ließ!

Und dann kommen wir zu den Engländern. Die hatten doch einen sehr tollen König. Dieser Heinrich VIII war wirklich ein toller Kerl. Weil es ihm zu unappetitlich war, immer seine Frauen, nachdem sie ihm lästig geworden waren, abzuschlachten, schaffte er kurzerhand die Katholische Kirche ab und gründete eine Neue. In der alten war es nämlich verboten, sich scheiden zu lassen. Das hatte riesige Vorteile. Er konnte ungehindert seine Frauen austauschen -und die können einem ja auch mit ihrem Geschwätz und ihren ständigen Wünschen und Nörgeleien sehr schnell auf die Nerven gehen- und das Kirchengeld floss nicht mehr zu dieser Krake, die alles aussaugt, nach Rom, sondern blieb im Lande. Und wer würde nicht die Beatles lieben. Oder Queen; ja ich weiß, sind ja schon wieder Schwule dabei. Oder das hübsche Monster von Loch Ness ? Oder das traditions-reiche Läuten von Big Ben. Oder Sherlock Holmes und Dr.Watson. Spielt doch garkeine Rolle, dass es sie in Wirklichkeit garnicht gab. Alle lieben sie doch trotzdem. Oder nehmen wir die Deutschen. Wenn ich die Jungen aus 'Live aus dem Alabama' sehe, wie schön sie sich ausdrücken können und wie selbstbewusst sie ihre Meinung vertreten, ohne wenn und aber, dann weiß ich, die haben nicht die Blockwartmentalität, die sind keine Spießbürger mehr. Die rennen nicht zum Polizisten oder Richter, weil sie eine Ersatzmami brauchen. Die würden nicht den Nachbarn verklagen, weil in seinem Garten ein Gartenzwerg mit erigiertem Penis steht. Ich glaube sowieso, dass so ein Kläger nur deshalb klagt, weil er es nicht ertragen kann, dass seine Frau täglich sehen muss, dass der Zwergenschwanz immer noch größer ist, als sein eigener.

Nein, diese Jungen aus dem Alabama, die so ziemlich die Jugend darstellen, die sind anders. Von ihnen verweigern mittlerweile 38% das Kriegsspiel. Da weht kein Untertanengeist mehr und für Kadavergehorsam ist da keine Antenne. Wenn sie nun noch lernen, nicht Sklaven der Geldsäcke zu sein, dann lohnt es sich für sie zu kämpfen und sie zu lieben.

Diese Gedanken umtrieben mich den ganzen Tag bis zum einschlafen, so dass ich es zunächst garnicht merkte, dass ich bei dem Stichwort 'Geldsäcke' plötzlich im Gerichtssaal aus meinen Träumen gerissen wurde und feststellen musste, dass der Herr Satan, der immer Staatsanwalt genannt werden wollte, schon dabei war, mir die schrecklichsten Vorwürfe zu machen, weil ich über die Geldsäcke angeblich eine so schlechte Meinung gehabt hätte und schlecht über sie redete und Lügen über sie verbreitete.

Der Herr Satan hatte gerade verlangt, dass man in meinem Lebensbuch unter dem Stichwort 'Akis und die Weltverschwörung der Geldsäcke' aufschlagen sollte, um daraus vorzulesen.

Der Vorleser fand auch die Stelle und begann daraus vorzulesen:

"Eines Tages fuhr ich diesen jungen Griechen durch unsere Stadt der Geldsäcke," begann er zu zitieren. "Er sah aus, als stamme er direkt von einem Königsgeschlecht ab. Er hatte ein wunderschönes Gesicht, klare leuchtende Augen und Haare, die sich pechschwarz wallend über seine Schultern legten. Und er erzählte, dass er von einer Insel stamme, wo man seit der Zeit der Antike so ziemlich unter sich geblieben sei und heute noch Altgriechisch sprechen und lesen könne.

Und so seien sie weitgehend von der Barbarei, die inzwischen den Rest des Landes überflutet habe, verschont geblieben und man pflege dort deswegen auch noch heute das Denken, das andernorts längst dem Geschwätz gewichen sei.

Und er erzählte, dass sein Großvater ihm erzählt habe, dass es eine Weltverschwörung der Geldsäcke tatsächlich gäbe. Aber anders, als man sich das immer vorstellen würde. Gäbe es eine richtig organisierte Weltverschwörung, würde das ja längst ausgeplaudert und bekannt geworden sein. Nein, es funktioniere anders.

Die Mächtigen, die Geldsäcke, hätten eine stillschweigende Übereinkunft, alles zu tun, das ihnen allgemein nützt und sich dabei zu fördern und zu unterstützen, weil jede Errungenschaft die einer hervorbringe auch allen anderen nützt und dass sie sich alle gegenseitig respektieren, Achtung voreinander hätten solange sie gleich stark seien. Werde einer schwach, würde er auch gleich von den anderen verspeist, weil ein Schwacher unter ihnen nicht bestehen könne, auch nicht respektiert wird. Die Weltverschwörung erscheine deshalb wie eine verabredete Sache, sei aber im Grunde nur die Übereinkunft, dass alle das gleiche Ziel verfolgten, nämlich auf Kosten des Volkes möglichst fett zu werden. Nur in Ausnahmefällen gäbe es tatsächlich Verabredungen und Übereinkünfte, wenn zum Beispiel die einen einen Politiker abschießen wollten und dann ein Mediengeldsack mit Schmutzveröffentlichungen in die Bresche springt, weil ihm das selber auch sehr gelegen kommt. So erklärt es sich, dass es bis heute nicht gelungen ist, eine direkte Weltverschwörung aufzudecken. Sie fressen sich viel zu gerne gegenseitig, als dass sie sich in einer solchen organisieren würden und zudem das Risiko eingingen, dass es bekannt werden könnte. Nur der gegenseitige Respekt und die Achtung voreinander, solange sie stark sind, macht das Geheimnis aus, warum es funktioniert. Es ist wie bei den verschieden Mafia Familien. Genauso ist es bei den Geldsäcken auch. Mir erschien diese Darstellung als die der Wahrheit am nächsten kommende Variante zu diesem Thema zu sein ... ."

"Halt", schrie der Herr Satan, "das reicht schon!"

Der Sprecher klappte das Buch wieder zu und der Herr Satan holte erneut aus:

"Meine Herrschaften! In dieser Denkweise kann man ja alles schon klar erkennen. Der Angeklagte lässt sich von einem hübschen jungen Burschen eine phantastische Geschichte erzählen, die er glaubt, weil ihm der Bursche gefällt. Und so geht er her und spinnt weiter seine zersetzerischen Ideen. Der Angeklagte beschuldigt also die Geldsäcke –und ich würde gerne mal wissen, wen er denn damit eigentlich meint- dass sie in unverantwortlicher Weise ein Wirtschaftssystem betrieben, das verbrecherisch, wie ein Schneeballsystem betrieben würde, wo immer die Betreiber abgreifen würden, während die Mitspieler die Dummen wären. Dass ihre Schneeball-Systeme so schädlich seien wie ein Krebsgeschwür, das sich hemmungslos ausbreitet und den umliegenden Körper zerstört. Dass sich dieGeldsäcke, wer immer das sein mag, dazu des Staates und der Kirchen bedienten, mit denen sie eine Symbiose eingegangen seien, wobei der Geldsäckestamm den Baum darstellt, der sich den schmarotzenden Pilz an seinem Stamm leistet, um den Boden, auf dem er steht auszusaugen. Staat und Kirche seien also die Schmarotzer, mit deren Hilfe die Geldsäcke den Boden, das Volk auslaugen würden. Die Geldsäcke bedienten sich des Staates, um Gesetze nach ihrem Belieben zu etablieren, mit deren Hilfe sie die Ausbeutung auch wirkungsvoll durchsetzen könnten. Die dabei entstehenden Schuldner würden von der Schmarotzerschicht Justiz und Polizei für die auftraggebenden Geldsäcke verfolgt, die nun das Geld aus den armen Schuldnern heraus prügele und sich von denen auch noch dafür bezahlen lasse, weil für diese Dienste ja der Steuerzahler, also der Drangsalierte selbst, aufkommen darf. Dafür erlaubten die Geldsäcke dieser Schmarotzerschicht sich festzusetzen und sich mit guten Pensionen auszustatten, solange sie deren Arbeit auch artgemäß verrichteten. Das Verbrechen würde geradezu gefördert, weil das wieder neues Geld in die Kassen brächte, weshalb auch keine wirkungsvollen Gesetze dagegen zugelassen würden. Familienpolitik sei bestimmt von der Idee, neue Opfer hervorzubringen, weshalb Bevölkerungspolitik überhaupt nirgendwo stattfände. Um den Schneeball zu vergrößern, wenn er nicht mehr im eigenen Lande anwachsen kann, wird er in Nachbarländer gerollt und durch Waffenschieberei und kleine hübsche Kriege am Wachsen gehalten. Durch die endlich erreichte Globalisierung der Märkte habe man endlich den Status erreicht, der Weltherrschaft ausmacht. Man könne nun ungeniert Arbeit da einkaufen, wo sie am billigsten ist und deren Produkte dann da verkaufen, wo sie am teuersten verkauft werden könnten und gleichzeitig könne man das erwirtschaftete Geld solange hin und her schieben, bis davon für die Steuer nichts mehr sichtbar wäre. So könne man das Volk in aller Welt wirkungsvoll aussaugen, während die Kosten dafür der Ausgesaugte auch noch selbst tragen müsse.

Meine Herrschaften! Wir alle wissen natürlich, dass das ein Hirngespinst ist, dass es Unfug ist, dass wer so denkt paranoid ist, also unter Wahnvorstellungen und Verfolgungswahn leidet, aber leider ist es so, dass solche zersetzerischen Gedanken beim Volk, besonders in schlechten Zeiten, zu sehr üblen Auswirkungen führen

190

können und das können wir nicht zulassen. Wir müssen deshalb auch in diesem Punkt darauf bestehen, dass der Angeklagte keine Gelegenheit mehr bekommt, diesen Unfug auch noch zu verbreiten. Wir können daher nur wiederholen, dass der Angeklagte aus dem Verkehr zu ziehen ist!"

Und damit ließ er sich erschöpft in seinen schwarzen Stuhl fallen, dass er kaum noch zu sehen war in seiner Schwärze, ließ ein Getränk zischend in sich hinein laufen, so dass Dämpfe aufstiegen und wartete, was das Gericht jetzt tun würde.

Der Vorsitzende richtete wieder das Wort an Alex und Alex sagte:

"Hohes Gericht! Wir haben es wieder, wie im Vorangegangenen, mit Verdrehungen und Halbwahrheiten zu tun. Ich habe hier heute einen Gutachter mitgebracht, beziehungsweise bitte um dessen Vorführung, der Ihnen schlüssig beweisen wird, dass alles was der Angeklagte zu diesem Thema sagt der Wahrheit entspricht, sich tatsächlich so abspielt und dass er dies aus ganz natürlichen Quellen heraus gefischt hat, wie Zeitungen, Magazinen, Büchern, Fernsehmagazinen, die sich kritisch mit der Welt auseinandersetzen, aus Statistiken und glaubwürdigen Zeugenberichten, nicht zuletzt den eigenen Erfahrungen, so dass auch diesmal nichts Übernatürliches dabei ist, sondern ganz einfach logischer Menschenverstand, der sich allerdings die Freiheit nimmt, aus den gängigen Klischees auszubrechen und andere Rechnungen daraus aufzumachen.

Ich will ihnen ein Beispiel geben: Wenn ein Autohändler einen Gebrauchtwagen kauft, wird er dem Verkäufer sagen, dass es sich um eine minderwertige Schüssel handelt, für die er keineswegs einen anständigen Preis zahlen könne. Der deprimierte Verkäufer wird froh sein, wenn der Händler ihm seinen Wagen nun für ein Butterbrot abnimmt. Wenn der Händler nun -nachdem er den Wagen etwas herausgeputzt hat- einem Käufer gegenübersteht, wird er den Wagen als hervorragendes Modell, das in bestem Zustand ist, zu teuerstem Preis verkaufen und diesem einreden, er hätte gerade das Schnäppchen seines Lebens gemacht. Wenn dieser Händler nun in großem Stile lebt, wird ihn jeder bewundern und ihn für erfolgreich halten. So läuft das da unten. Der Angeklagte unterscheidet sich nur dahingehend und zwar auf ganz natürliche Weise, dass er diesen Händler einen Lügner nennt und sagt, dass er eigentlich ein Drecksack ist, der lieber arbeiten gehen sollte. Mir erscheint deshalb seine Denkweise sehr natürlich, sehr ehrenwert und er hat lediglich das Pech, dass alle ihn deswegen für einen Idioten halten, weil er selber nicht so sein will und das auch sagt! Ich rufe deshalb auf, den Gutachter Professor Rellek 4!"

Das bekannte Spiel lief ab. Der Elektromann drehte an seinen Knöpfen und nach allerlei seltsamen Geräuschen erschien am gleichen Ort, an gleicher Stelle, auf gleicher Welle hätte man fast sagen können, der neue Professor. Ich fand es seltsam, dass hier immer so bekannte Gesichter erschienen. Diesmal erschien ein Professor der aussah, wie sein eigener Assistent. Nämlich wie der Assistent des Professors auf der Nautilis, der damals von Peter Lorre gespielt wurde als er schon in die Breite gegangen war, seine Glubschaugen einen eher schreckhaften Ausdruck hatten, wohingegen aber sein Scharfsinn nichts zu wünschen übrig ließ, als er es vorzog, lieber auf die Kokosnüsse zu verzichten, als von den Menschenfressern selber gefressen zu werden. Also so sah der neueste Professor aus. Er hatte sich einen recht hohen Stuhl mitgebracht, damit er nicht die ganze Zeit stehen müsste, was bei dem Gewicht die Füße sehr belastet haben würde, auf dem man aber gleichsam so aussah, als stünde man, wie sich das vor einem Gericht gehört. Und er hatte sich einen Ständer mitgebracht, auf dem reichlich zu trinken aufgetischt war, damit er nicht verdursten sollte. Er hub sogleich an:

"Meine Herrschaften! Hohes Gericht! Ich will mich nicht lange mit der Vorrede aufhalten. Das strengt nur unnötig an. Ich will also gleich bei dem Schneeballsystem anfangen, das der Angeklagte hier den Geldsäcken unterstellt, das die Geldsäcke, wie er sie nennt, zur Anwendung bringen!

Es ist tatsächlich so, dass alle Wirtschaften der Erde, die bereits im Griff der Geldsäcke sind, nach diesem Prinzip arbeiten. Und das mit Hilfe der von ihnen gehaltenen, schmarotzenden Staatsinstitutionen.

192

Wobei die Kirchen nicht vergessen werden dürfen, die der ganzen Sache die Legitimation geben!"

Ein Engel, der mit dem blauen Stern, erhob die Hand um eine Frage zu stellen.

Der Vorsitzende sagte: "Ja bitte ?" und der Engel sagte:

"Herr Vorsitzender, ich möchte dem Professor eine wichtige Frage stellen!"

Der Vorsitzende antwortete: "Bitte schön, Herr Engel, aber beschränken Sie sich bitte auf das Notwendigste!"

Der Engel richtete sich nun an den Professor und sagte:

"Herr Professor! Erklären Sie uns bitte, was wir unter einem Schneeballsystem zu verstehen haben. Erstens haben wir hier oben keinen Schnee und in unseren Schulbüchern war auch nur die Rede davon, dass auf der Erde zuweilen Kinder Schneebälle benutzen, um Erwachsene damit zu bewerfen oder aber dass sie seltsamer Weise Schneemänner damit bauen, die nicht sehr lange halten, wegen der Sonne. Was aber, bitte schön, sind Schneeballsysteme ?"

Dem Professor schien diese Frage zu gefallen und vor allem, dass er etwas wusste, das die Engel anscheinend nicht wussten, was ihn sehr ehrte und so antwortete er genüsslich mit sehr schlauem Gesicht:

"Verehrte Engel! Ein Schneeball ist Ihnen also bekannt. Wenn man einen Schneemann bauen will nimmt man einen Schneeball, rollt ihn im Schnee hin und her, wobei er immer größer wird, weil immer neuer Schnee an ihm kleben bleibt, bis er so groß ist, dass man zum Beispiel einen Schneemann damit bauen kann. Und dieses immer größer werden ist das Geschäftsprinzip, das man so nennt, weil es darauf beruht, dass es immer größer wird. Und im praktischen könnte das zum Beispiel so aussehen: Ein Mann, der Taschen herstellt und verkauft, die eigentlich keiner haben will und keiner unbedingt braucht, geht her und sagt zum ersten den er antrifft:

'Pass auf, ich verkaufe Dir eine Tasche für den Spottpreis von 20.Mark' -obwohl die Tasche nicht mal 15.-Mark wert ist- 'aber der Clou ist, Du bekommst die Tasche umsonst, wenn Du drei weitere Taschen zu den gleichen Bedingungen verkaufst, was ja nicht schwer sein dürfte, denn wer wollte nicht so eine schöne Tasche gerne umsonst haben?!'

Der Angesprochene, der eigentlich garkeine Tasche haben wollte und sie auch garnicht braucht, wittert, wie ein Jagdtier, dass er hier was umsonst kriegen kann, wittert also Beute. Denn so hat man ihn ja zu diesem Zwecke von kleinauf erzogen.

Er kauft die Tasche also und beginnt sogleich, all seinen Freunden auch solche Taschen zu verkaufen. Obwohl kein logischer Mensch glauben würde, dass hier ein Wohltäter herumläuft, der etwas zu verschenken habe, denn darauf würde es ja hinauslaufen, wenn jeder seine Tasche tatsächlich umsonst kriegte.

Nun gehen alle nachfolgenden Leute her und kaufen diese Tasche und verkaufen drei weitere, um ihre umsonst zu kriegen. Sehen sie, alle sind gierig und alle wollen was umsonst haben. Woher das Geld kommt, das sie nach dem Verkauf von drei Taschen zurück bekommen und wie das wohl funktioniert, danach fragt keiner.

Also klar. Der Verkäufer hat ja immer vom ersten Käufer sein Geld bekommen. Und von den drei folgenden auch. Davon nun gibt er dem ersten sein Geld zurück.

Er hat nämlich die Tasche vorher so teuer gemacht, dass bei drei verkauften Taschen, wenn er eine davon -also die vierte, nämlich die erste- zurückzahlt, immer noch dicken Profit gemacht hat. Und zwar ohne ein Geschäft zu unterhalten und ohne Verkaufskosten, denn sie haben sich ja quasi von selbst verkauft. Nur, irgendwann hat jeder so eine Tasche, so dass sich keine mehr an den Mann bringen lassen. Die letzten, die jetzt ihre Gier nicht mehr befriedigen können, weil sie das Versprechen nicht einfordern können, ihre Tasche umsonst zu bekommen, sind jetzt die Dummen, die überteuerte Taschen gekauft haben. Deswegen sagt man -aus der Jägersprache, wo man mit Hunden Hasen zu jagen pflegte- den letzten beißen die Hunde. Die letzten sind angeschmiert. Der Verkäufer nimmt einen neuen Artikel und einen neuen Namen und das Spiel kann wieder losgehen. Solche Spiele wurden früher bestraft, man konnte dafür ins Gefängnis kommen und sie galten als kriminell. Die meisten Wirtschaften aber arbeiten nach dem gleichen Prinzip. Wenn sie im eigenen Land

194

nichts mehr von ihrem meist überflüssigen Kram verkaufen können, gehen sie ins Ausland, wie ein wucherndes Krebsgeschwür, das seine umliegenden Organe durch ungebremstes Wachstum zerstört.

Das Zauberwort bei den Wirtschaften heißt daher immer Wachstum, weil sonst irgendwelche Idioten auf der Strecke bleiben. Und zwar immer die kleinen Leute (die als letzte die Tasche gekauft haben).

Manchmal helfen sich dann die Geldsäcke damit, dass sie den Käufern, nachdem sie ihnen durch Konsumterror klargemacht haben, dass sie kein richtiger Mensch seien, wenn sie das nun nicht kauften, die Sachen auf Pump verkaufen.

Dadurch funktioniert das Scheeballsystem im Innern noch eine Weile weiter, wobei es sich so verhält, wie bei einem Luftballon, der, je weiter man ihn aufbläst, immer dünnwandiger wird, so dass schon ein kleiner Nadelstich ausreicht, ihn zum Platzen zu bringen, wonach er erschlafft in sich zusammensinkt. Was dann als Wirtschaftskrise bejammert wird und vornehm ausgedrückt Rezession heißt, damit alle glauben, es handele sich hier um eine unabwendbare Krankheit, an der niemand schuld sei, wie Malaria oder Fleckfieber. Und bevor es aber soweit kommt, machen die Geldsäcke nun folgendes:

Sie vereinbaren, dass die Käufer, wenn sie nicht schleunigst das geborgte Geld zurückzahlen, an die 20% Zinsen auf die Schuld zu zahlen hätten. Und weil die Käufer durch solche großzügige Kreditpraxis schnell den Überblick verlieren, zumal sie ja keine Buchführung machen, müssen sie nun regelmäßig ein fünftel ihres Einkommens an die Geldsäcke abliefern, ohne dass diese dafür auch nur einen Finger krumm zu machen hätten. So vergibt man großzügig Kreditkarten an jedermann, macht alle zu seinen Sklaven und schöpft irgendwann ein Fünftel des Erwirtschafteten vom Volk ab, ohne jegliche Gegenleistung, immer entsprechend dem Geschuldeten, versteht sich.

Wenn der Angeklagte das Betrug nennt und zwar vorsätzlichen Betrug, hat er vollkommen Recht. Wenn wie gesagt die Mittel im Innern ausgeschöpft sind, keiner mehr die ominöse Tasche kaufen kann, weil er ein Fünftel seines Einkommens bereits abliefern muss, für die alte Tasche, die er eigentlich garnicht brauchte, der Ballon geplatzt ist, weil man auch nach außen nichts verkaufen konnte, dann muss zum Flicken des Ballons ein kleiner Krieg angezettelt werden. Am Besten auswärts, wo man dann an beide Seiten die Waffen liefert. Und wenn alles nichts fruchtet, weil die Kleinen nicht mal mehr Geld für Waffen haben, man ihnen also nichts verkaufen kann, dann muss man selber einen kleinen, überschaubaren Krieg lostreten, damit wieder Geld in die Kassen kommt. Das macht man, indem man glaubwürdige Lügen in die Welt setzt und dann die Verbündeten auffordert, sich gefälligst daran zu beteiligen, weil es ihnen sonst auch schlecht ergehen würde.

Die zahlen dann Unsummen, was wiederum der Boden -sprich der Steuerzahler- auszuspucken hat, damit es dem Baum und den daran schmarotzenden Gehilfen -staatliche und kirchliche Organisationen- wieder gut geht. Die Kirchen können jetzt Spenden einsammeln für die Hungernden und Verkrüppelten, wobei auch für sie wieder reichlich hängenbleibt -der Kram gehört doch verwaltet oder sollte ich sagen schmarotzt- und der Staat, weil er wieder einen Grund hat, höhere Steuern zu erheben, die auch später, wenn alles längst vorbei ist, beibehalten bleiben. Jüngstes Beispiel wurde hier im Prozess bereits erwähnt, der kleine Golfkrieg als Konjunkturprogramm für Amerika, an dem alle so fein verdient haben!"

Der Professor hatte eine Pause eingelegt, trank etwas von seinem mitgebrachten Getränk, was immer das sein mochte und machte erst mal einen erschöpften Eindruck. Er griff in die Tasche, als wollte er sich eine Zigarre herausholen, ließ es dann aber wieder, weil Zigarre rauchen hier als unangemessen empfunden worden wäre und fuhr fort:

"Ein weiteres Feld der Bereicherung ist die Herstellung von Waffen im eigenen Land. Erstens, weil das Geld dafür immer da ist, weil es ja der 'Boden', also der Steuerzahler zahlen muss, ob er will oder nicht. Zweitens, weil die Inlandsproduktion so gut wie nichts kostet. Denn 58 des Preises kommen durch Steuereinnahmen wieder herein. Damit sie möglichst noch billiger werden, müssen möglichst viele hergestellt werden, weil erst über große Stückzahlen der Einzelpreis günstig wird. Folglich muss man sie also nach außen verkaufen.

196

Nichts leichter als das. Man geht her und verkauft dem Gegner seines letzten Kunden eine Waffe, die dessen Waffe unbrauchbar macht. Somit kann man diese jetzt auch an diesen erneut verkaufen, weil der ja sonst nackt dasteht. Bisher waren sie dabei in ihrer unermesslichen Gier sogar so dumm, dass sie ihnen Waffen verkauften, die dann gegen ihre eigenen Leute verwendet werden konnten. England verlor auf diese Weise ein Paar Schiffe im Falklandkrieg, weil sie von Raketen versenkt wurden, die die Franzosen den Argentiniern zuvor verkauft hatten. Das war zwar auch ein Gewinn, weil ja England nun neue Schiffe kaufen musste und auf die Soldaten kommt es ja, wenn es ums Geld geht, nicht an. Aber nun sind sie doch schlauer geworden. Wenn sie jetzt solchen Habenichtsen derartige Waffen verkaufen, bauen sie ihnen ein Programm ein, mit dem sie diese per Funksignal zum Abschießer zurückkehren lassen können, wenn sie selbst damit angegriffen werden. Denn schließlich mussten auch die Geldsäcke einsehen, dass es auch für das Profitmachen Grenzen gibt, nämlich wenn es unangenehm auffallen könnte. Schließlich will man ja, wie die Mafia auch, als ehrenwerte Gesellschaft dastehen. Denn ein schlechter Ruf schadet ja auch dem Geschäft. Das also sind zunächst einmal die Prinzipien des Schneeballsystems und was es für die Menschen bedeutet und wie es von den Geldsäcken weltweit angewendet wird. Getarnt mit dem harmlosen Begriff, der wie eine Zauberformel benutzt wird und Wachstum genannt wird!"

Wieder war eine Pause notwendig, die der Vorsitzende dazu benutzte, die Verhandlung auf den nächsten Tag zu vertagen und seinen geheimnisvollen Gong zu benutzen, bei dessen Ertönen sich immer der Saal schlagartig leerte und ich ziemlich unsanft in mein Bett knallte.

◇

17.Kapitel Fortsetzung Professor Rellek 4

Nachdem der Vorsitzende in der letzten Zeit immer häufiger von der Methode mit dem Gong Gebrauch gemacht hatte, hatte ich das Gefühl, dass ich am ganzen Körper schon blaue Flecken hatte. Man konnte zwar nichts davon an meinem Körper sehen, wie man ja auch das Armband nicht sehen konnte. Aber dafür konnte ich sie umso besser fühlen, was umso schlechter war. Und ich hoffte, neben dem Wunsch, der Spuk möge alsbald vorbei sein, der Richter möge doch bitte wieder die Sitzungen auf traditionelle Weise schließen

Aber es ist müßig, über meine Gefühle und Ängste zu reden. Ich konnte es ja nicht einmal jemandem erzählen. Hätte ich doch damit rechnen müssen, dass man mich für verrückt hält und vielleicht noch einer Anstalt empfiehlt. Es war doch nicht ein Monopol der Russen, Leute, die das System durchschaut hatten in Anstalten verschwinden zu lassen. Klar, in westlichen Ländern ließ man sie lieber tödliche Unfälle erleiden, weil das wirtschaftlicher war.

Wie dem auch sei, am nächsten Abend fand ich mich sogleich wieder am bekannten Ort vor. Die Verhandlung hatte begonnen und der Professor mit dem hohen Stuhl, der aussah wie Peter Lorre in 20.000 Meilen unter dem Meer, hatte das Wort. Er begann auch sogleich:

"Meine Herrschaften! Ich will nun heute fortfahren, über die Praktiken der Geldsäcke zu berichten.

Also als erstes will ich nochmal darauf hinweisen, dass diese Geldsäcke mit ihrem Geld die Politik beherrschen und dort diktieren, wie die Gesetze zu gestalten sind, damit sie sich optimal für deren Schutz und zum unverminderten Profitmachen auch eignen. Dazu bedienen sie sich ganz einfacher Mittel. Das eine ist die Zahlung von Schmiergeldern. Sie kaufen also Politiker und Parteien. Das zweite Mittel, das zur Anwendung kommt, wenn das erste nicht geholfen hat, weil ein Politiker halsstarrig ist, ist das Anlegen von Dossiers, in denen alle Fehlverhalten der Politiker festgehalten werden und zwar schon lange, bevor sie in Amt und Würden kommen. Da werden Praktiken zum Geldverdienen, Steuern hinterziehen, Zugehörigkeit zu kommunistischen oder faschistischen Organisationen genauso

198

erfasst, wie unnatürliche Sexualpraktiken. Die Anwendung dieser Dossiers erfolgt dann in zwei Stufen:

Erstens, man konfrontiert den Betroffenen mit seinen ‚geheimen Skeletten, die er im Schrank hat' und droht mit Veröffentlichung und Vernichtung der Karriere, was meist ausreicht und zweitens, man gibt es seinen Medienkomplizen, die es dann bekannt machen.

Das nützt Beiden. Dem ersten, weil der Politiker wegfliegt vom Fenster und dem zweiten, weil er damit die Auflage für sein sensationsgeiles Publikum steigert und als Nebeneffekt natürlich auch von der gewünschten Politik profitiert. So ist es daher auch nicht verwunderlich, dass es bis heute keine wirkungsvollen Gesetze zur Bekämpfung der Verbrechen gibt und keine sinnvolle Drogenpolitik.

Das ist sehr einleuchtend, wenn man sich folgende Zahlen vor Augen hält. Ein Junkie verbraucht pro Tag für etwa 300.-Mark Drogen. Wenn er nun einbricht oder Autos aufknackt, muss er für etwa 1000.- Mark Autoradios und anderes klauen, um die gewünschte Summe zu bekommen, weil er nur in etwa 30% des Wertes vom Hehler bekommt, den Kram sonst nicht los wird. Also verursacht er Schaden für etwa 1000 Mark pro Tag. Das macht im Jahr über 365 Tausend Mark nur für die zu ersetzende Ware, die ja wiederbeschafft werden muss.

Das ist ein tolles Geschäft für die Industrie, die diese Waren ja nun noch einmal verkaufen kann und für die Steuerbehörde, die nun nochmal die Steuern darauf kassieren kann und die Politik, die sich auch noch brüsten kann, wieviele Arbeitsplätze es noch gibt. Denn das spart andererseits auch noch Arbeitslosengeld und Sozialhilfe. Auf diese Weise kommen Industrie und Staat zu Einnahmen, die sie nie per Gesetz durchbekämen, die so unvermeidlich sind, wie sonst nur Kriegssteuern und vom einfachen Mann bezahlt werden über die Erhöhung seiner Versicherungsprämien und so weiter.

Und wem das nicht passt, dem kann man nun für teures Geld Sicherungsanlagen verkaufen, was ohne das Verbrechen garnicht möglich wäre. Da nun die Drogenkartelle, die inzwischen schon mehr als 23 Staatsregierungen beherrschen sollen, mit ihrem Geld nichts in ihren eigenen Ländern anfangen könnten, weil Inflation und schlechte Profite das nicht rentabel erscheinen lassen, investieren sie das so erworbene schmutzige Geld auch gleich hier, in den reichen Ländern, um es sauber zu machen -Geld stinkt ja nicht- und tragen so auch nochmal zur Geldvermehrung bei.

Wenn man das alles genau ausrechnete, würde man zu dem Ergebnis kommen, dass der Junkie dem Geldsäckesystem und ihren schmarotzenden Staatsorganen durch Steuern und Einsparungen jährlich Milliarden in die Kassen spült.

Würde man nun das Zeug wie Aspirin in der Apotheke für Pfennige verkaufen, wäre das ganze schöne Geschäft für alle Beteiligten dahin.

Andererseits, würde irgendein Schädling den Geldsäcken jährlich 365 Tausend Mark wegnehmen, hätte man für diesen längst wieder die Todesstrafe eingeführt!"

Der Professor machte eine Pause, goss sich ein Getränk ein, schlürfte bedächtig daran, bevor er fortfuhr:

"Also, was auf das Rauschgift zutrifft, gilt genauso für alle anderen Verbrechen, die absichtlich nicht bekämpft werden. Das geht ganz einfach. Man streicht die Mittel der Justiz zusammen, kann deshalb nicht rechtzeitig verurteilen, muss wieder laufen lassen und lässt alle Verbrecher wieder raus, so dass sie Zeugen mundtot machen können, lässt Winkeladvokaten die Akten einsehen, ohne die Adressen der Zeugen zu streichen, so dass die Zeugen bedroht oder gar aus dem Verkehr gezogen werden können oder garnicht aussagen und der Verbrecher wieder weitermachen kann. Denn das Verbrechen ist genauso konjunktur- und geschäftsfördernd, wie die Sache mit den Junkies. Jeder, der ins Krankenhaus eingeliefert werden muss, weil ihn ein Gewalttäter halbtot geschlagen hat, bringt den Geldsäcken Geld. Verbandsmaterial, Spritzen, Geräte, Medizin und die Weißkittel verdienen auch prächtig daran, wie wir schon vorher hier in dem Prozess gehört haben. Würde man die Gewalttäter einsperren, müssten ganze Industriezweige die Pleite anmelden. Dass dabei Menschen verkrüppelt werden und nie mehr ohne Angst leben werden, interessiert genauso wenig, wie die verheizten Soldaten in der ersten Reihe, die man zum Abschuss freigegeben hat.

Sie bekommen eine Erinnrungstafel, wenn es hochkommt, man tut so als ob, protestiert, dass es alle zufrieden sind und fährt fort, das gute Geschäft weiterzutreiben, indem man alles unterbindet, was das Geschäft stören könnte. Denn Leute im Knast kosten Geld. Verbrecher draußen sind herrlich für das Geschäft der Geldsäcke.

Und bei 23 Millionen Arbeitslosen in den sieben wichtigsten EG Ländern braucht es viele Junkies und Verbrecher, damit die Geschäfte trotzdem gut laufen. Ja, die hemmungslose Vermehrung, zu Kriegszwecken propagiert, wirkt sich eben ohne Krieg ganz verheerend aus.

Man hätte die Globalisierung der Märkte nie zulassen dürfen, solange die Länder nicht auch gleiche Bedingungen haben. Aber die Politiker haben die Menschen ihrer Länder verkauft und sie der Profitgier der Geldsäcke geopfert! Jetzt sollen sie sich bitte alle selbstständig machen, sagte so ein Politiker im Fernsehen; sie müssten ja nicht gleich alle Schuhputzer werden. Aber einige wenigstens, damit die Geldsäcke ihr Geld auch genießen können. Das letzte hat er natürlich nicht gesagt!"

Der Professor schnaufte, nahm wieder bedächtig einen Schluck und fuhr fort:

"In England kann man das anhand von BSE sehr schön sehen. Zuerst haben sie Müll, stinkende, verwesende Kadaver zu Tiermehl gemacht und daran riesig verdient. Die Bauern haben es verfüttert und auch daran verdient. Jetzt sollen die Rinder geschlachtet werden und nicht etwa die dafür zahlen, die den Dreck verursacht haben, sondern die Deppen der EG, die kleinen Leute, die Steuern zahlen. Aber da nun viele Leute krank werden, verdienen die Geldsäcke wieder an ihnen, weil ja Heilung so ein gutes Geschäft ist. Nebenbei werden wahrscheinlich furchtbar viele Menschen sterben, für die man dann die Renten und das Arbeitslosengeld und die Sozialhilfe einspart.

Statt dessen werden deren alte Häuschen frei, die man nun abreißen und durch profitablere ersetzen kann, an denen man wieder gut verdient. Was in der Natur als natürliche Auslese bezeichnet wird, wird bei den Menschen von der Schicht der Geldsäcke mit Hilfe ihrer schmarotzenden Helfer von Staat und Kirche vollbracht. Nur dass dabei die Guten die Opfer sind und die Verbrecher die Sieger.

Deshalb eignet sich auch die Demokratie so gut dafür. Weil man es mit so vielen zu tun hat, dass man die wenigen Anständigen mit den anderen immer überstimmen oder blockieren kann. Das ist deshalb auch das hervorragendste System für freie Hand den Drecksäcken - äh- ich meinte Geldsäcken."

Wieder machte er eine Pause und nahm einen Schluck von seinem sonderbaren Getränk, atmete tief durch und begann erneut:

"Um derartige Zustände auf die Dauer aufrecht erhalten zu können, muss man das Volk natürlich auf geeignete Art ablenken. Nach dem Motto der Römer, Brot und Spiele für's Volk, trimmt man das Volk darauf, ihre Aufmerksamkeit auf anderes zu richten, wo sie keinen Schaden anrichten kann. Auf so banale Unwichtigkeiten wie das Wetter, den Sport und die verschiedenen Biersorten und die Sexersatzpraktiken, wie Sexshops, Gummipuppen und Pornofilme.

Denn zuallererst muss Kommunikation unterbunden werden, damit sie nicht auf die Idee kommen, nachzudenken und darüber zu reden.

Da werden dann Fußballspieler für Millionen verschachert, Fernsehrechte verkauft, Reklamen in Stadien vermarktet -alles ein Riesengeschäft- und wenn einer gegen den Menschenhandel, der ja eigentlich verboten ist, klagt, wird er vom Spielen ausgeschlossen und vernichtet.

Da wird ein Typ, der absolut zu nichts nutze ist, zum Helden hochgejubelt, weil alle daran vortrefflich verdienen. Einer, der nichts anderes kann, als einen Ball mit einem bratpfannen-ähnlichen Schläger von hier nach da zu schmeißen, der als Junge von seinem Trainer liebevoll aufgebaut wurde, der, als er Millionen verdiente diesen Trainer wie einen Kellner eines drittklassigen Lokals behandelte, nämlich als Lackei und als der sich darüber beschwerte, ihn wegwarf, wie ein benutztes Papiertaschentuch, der den

202

Wehrdienst und das Steuerzahlen umging, indem er sich den Luxus leistete, sich in einem Nachbarland anzusiedeln, zum Schein versteht sich, wird dem Volk, das er ja verraten hat, wie seinen Trainer auch, nun als Held der Jugend vorgestellt. Wen wundert es da, wenn die Jugend, mit solchen Vorbildern gefüttert, irgendwann genauso wird? Und wenn die Fußballfans einen Haufen Polizisten verschleißen, zahlt wieder der Dumme, der Steuerzahler. Ja, die Geldsäcke stiften die Jugend zu kriminellem Verhalten an. Und das machen sie ganz geschickt. Gab man um die Jahrhundertwende den Kindern, damit sie endlich Ruhe geben, heroinhaltige Hustensäfte und ähnliches -ja, meine Herrschaften, Heroin und Kokain waren damals eingetragene Markenzeichen von Firmen wie Merck und Bayer- und damit wurden sie groß, weil das Zeug, das sie in Pillen und Säften verabreichten so schön süchtig machte, so haben sie inzwischen ein viel wirkungsvolleres Mittel, das Ruhe schafft und süchtig macht:

Das Fernsehen! Der Angeklagte sagte schon in den fünfziger Jahren, dass es zwei Dinge gibt, die Kommunikation zerstören: Auto und Fernsehen! Früher fuhren sie mit der Straßenbahn zur Arbeit oder mit dem Fahrrad oder sie gingen zu Fuß.

Dabei trafen sie auf Menschen mit denen sie sprachen. Als das Auto kam, fuhren sie nun weiß Gott wohin zur Arbeit, verbrachten morgens und abends in ihren Glaskästen je eine Stunde um zur Arbeit und nachhause zu kommen, sprachen mit niemandem mehr, beschimpften sich vielmehr, weil jeder jedem im Wege war und gingen auch abends nicht mehr mit den Kumpels in die Kneipe sondern landeten erschöpft auf dem Sofa vor der Glotze.

Da sprachen sie dann auch mit niemandem mehr.

Die Familie hatte zu schweigen, weil man diese oder jene Serie sehen 'musste'. Damit war die Kommunikation dahin und in den Kneipen konnte man sich auch nicht mehr unterhalten, weil da nur noch die notorischen Säufer saßen, die ohnehin nur Blödsinn reden.

In Kanada hat man, zwei Jahre bevor in einer Gegend das Fernsehen eingerichtet werden sollte, eine Studie an Kindern durchgeführt, die Aufschlüsse über den Aggressivitätsgrad geben sollte. Ein Jahr nach Einführung des Fernsehens hat man dann die Studie wiederholt und festgestellt, dass die Aggressivität der Kinder um 160% gestiegen war. Aber alle leugnen es permanent.

Das ist doch ganz klar. Wer selber nicht mehr lebt, weil er anderen beim leben zuschaut, dem fehlt doch etwas, der wird aggressiv.

Aber man hat noch mehr gemacht. Man hat Konservierungsstoffe bei populären Getränken und Esswaren eingesetzt, die Kinder ausgesprochen aggressiv machen. Und obwohl es bekannt wurde, hat man sie weiter verwendet. Denn aggressive Kinder bekämpfen andere Kinder.

Sie werden keine Freunde. Und isolierte Kinder, ohne Freunde, werden abhängige Konsumenten von teuren Spielen und wollen teure Kleider, um ihre Mitschüler zu ärgern. Man muss es sich einmal vorstellen, dass in Deutschland davon gesprochen wird, in Talkshows sogar, ganz offen, dass die Werbefritzen ihre Werbung auf die Kinder abstellen, die dem ja völlig hilflos ausgesetzt sind, weil sie noch kein kritisches Bewusstsein erlangt haben und diese Kinder in ihrem Jargon als 'die Entscheider' und deren Eltern als 'die Beschaffer'' bezeichnen, weil sie wissen, die Kinder werden ihre Eltern solange nerven, bis diese diesen Kram endlich kaufen.

Das Fernsehen ist ein Verbrechen der Geldsäcke an der Gesellschaft. Um dieses Verbrechen noch wirksamer begehen zu können, wurde der Staat veranlasst, das ganze Land zu verkabeln, damit ja auch keiner sich dem Konsumzwang entziehen könnte. Die Kosten für das Verkabeln musste natürlich der Steuerzahler selbst tragen. So, wie er auch den Polizeiknüppel selber bezahlen muss, der ihn schlägt, wenn er aufmuckt. Der zuständige Minister hatte, als er das Gesetz machte, sogar sinnigerweise Beteiligungen an den Kabelherstellern. Als das raus kam behauptete er frech, er habe sich von diesen Beteiligungen getrennt. Sie gehörten fortan seiner Frau.''

Wieder musste der Professor pausieren, um zu trinken und gut durchzuatmen, bevor er fortfuhr:

"Wenn man also den Kindern einredet, dass sie nur ein Mensch sind, wenn sie eine bestimmte Jacke tragen, eine bestimmte Hose, eine bestimmte Schuhmarke, so dass Sozialhilfeempfänger einen halben Monat hungern, damit sie ihrem Kind den Kram kaufen können,

204

damit es nicht von den anderen gehänselt, ausgelacht und ausgestoßen wird, dann ist das ein Verbrechen! Wenn nun deswegen Eltern ihre Kinder mit 2.700.-Mark Jacken in die Schule schicken, dann ist das nicht nur schwachsinniger Ausdruck von Eitelkeit und Geltungsbedürfnis -das Kind ist mein 'Rolls Royce'- dann ist das auch ein Verbrechen. Denn andere Kinder werden jetzt aus Wut zu Verbrechern und rauben den einen diese Jacken, um sie selber zu tragen, weil ihre Familien arm sind. Das freut die Geldsäcke, weil sie auf diese Weise mehr Jacken verkaufen können. Damit das gut funktioniert, werden im Fernsehen immer mehr brutale Filme gezeigt Hat man in den Fünfzigern John Wayne Filme gezeigt, prügelte man sich, haute sich in die Fresse. Wenn einer zu Boden ging, ließ man ihn entweder in Ruhe oder stellte ihn wieder auf, um ihm noch eins auf die Fresse zu hauen. Die Jungens, die das sahen, erlernten so den Kodex, man traktiert keinen, der am Boden liegt. Weil alle Kinder ihre Vorbilder kopieren.

Heute sehen die Kinder im Fernsehen, dass die dort einen am Boden liegenden noch in den Bauch und in die Fresse treten, bis er sich nicht mehr rührt und so werden heute schon auf Schulhöfen Kinder am Boden liegend ins Gesicht getreten, in den Bauch und in die Weichteile, bis sie halbtot sind. Und die Drecksäcke der TV-Sender, die solchen Schund zeigen, weil sie wissen, dass sich Blut gut verkauft und das Werbegelder in die Kassen bringt, behaupten, das sei überhaupt nicht erwiesen, dass es da einen Zusammenhang gäbe.

Denn sie machen es wie die Römer, die Gladiatorenkämpfe zur Volksbelustigung gezeigt haben, wo Menschen abgeschlachtet wurden und das hat dem Publikum gut gefallen, sie bemerkten ihre Ausbeutung nicht mehr und Geld stinkt schließlich nicht!"

Wieder musste sich der Professor verschnaufen und sich das Gesicht mit einem Taschentuch abwischen, bevor er fortfuhr:

"Nein, meine Herrschaften, diese Geldsäcke wollen diese Aggressivität, dass jeder eines jeden Feind wird, weil so ein jeder für sich alleine steht und garkeine andere Wahl hat, als den ganzen Wahn mitzumachen, wenn er nicht von der Gesellschaft ausgeschlossen sein will. Nun will man sogar beschließen, die

Sirenen in Deutschland wieder abzuschaffen. Wissen Sie, bis jetzt war es so, dass man, wenn die Sirenen heulten, das Radio einschalten sollte, um zu hören, was jetzt auf einen zukäme. Ein hübscher kleiner Krieg vielleicht oder nur eine kleine Chemievergiftung, weil den Geldsäcken wieder ein Rohr geplatzt ist. Nun aber soll man, wenn man ängstlich ist, das Radio gefälligst 24 Stunden am Tag eingeschaltet haben und hinhören, damit man seinen eventuellen Tod nicht verpasst.

Und das Radio ist genauso manipuliert, wie das Fernsehen. Mit wenigen Ausnahmen besteht es nur noch aus dem Abspielen von Tonbändern mit Gedudel, unterbrochen von der Aufforderung, sich gefälligst dieses oder jenes zu kaufen. Und Nachrichten werden auch schon mit Gedudel unterlegt, weil man weiß, dass der Hörer dann dem Gedudel seine Aufmerksamkeit gibt und die Nachrichten überhört. So bildet er sich ein, er sei informiert, obwohl er in Wirklichkeit keine Ahnung hat.

Das Gleiche gilt auch für's Fernsehen. Nachrichtensendungen gelten als Alibi dafür, behaupten zu können, man habe das Publikum ja unterrichtet. Obwohl man es natürlich dumm halten will.

Eine Studie hat gezeigt, dass bei einer Fernseh-Reportage über den irischen Freiheitskampf, bei dem laufend allerlei Panzer durchs Bild rollten, die Leute hinterher nur etwa 15 der Information wiedergeben konnten. Als man die gleiche Information aber mit Schrift auf dem Bildschirm begleitete, konnten die Leute immerhin nachher etwa 75 der Information richtig wiedergeben. Das heißt, man will garnicht informieren, sondern den Eindruck erwecken, man informiere.

Weil nur ein dummes Volk auch gut gesteuert werden kann.

Im Hessischen Rundfunk gab es vor etwa 20 Jahren eine Jugendsendung, die sehr beliebt war, weil sie die jungen Menschen mit ihren Problemen zu Wort kommen ließ und deswegen wirklich viele Leute sie gerne hörten. Sie lief Freitags abends um 8, als also auch viele Junge zuhause waren und zuhören konnten. Aber die Sendung passte den Politikern nicht, die ans Ruder gekommen waren.

Der Hessische Rundfunk war bei ihnen als 'Rotfunk' verpönt und sie schafften Abhilfe. Da es offiziell ja keine Zensur gibt, wusste man sich anders zu helfen. Ganz einfach sogar. Man ordnete an, dass in der Sendung nur noch eine halbe Minute gesprochen werden durfte, dann mussten acht Minuten Gedudel folgen und dann wieder eine halbe Minute sprechen und man verschob die Sendung auf Samstag Nacht um 11, wo die Jungen alle in der Disco sind. Es wundert mich eigentlich, dass Dieter Hildebrand es noch garnicht gemerkt hat, warum man ihn von Freitag auf Samstag umgebucht hat, mit seinem Scheibenwischer.!"

Der Professor musste wieder eine Pause machen und sagte dann:

"Sehen Sie, meine Herrschaften. Die Geldsäcke steuern die gesamte Gesellschaft und schrecken vor keinem Verbrechen zurück. Sie kennen keine Moral und keinen Anstand. Deswegen machen sie auch Geschäfte mit Iran und China und man muss davon ausgehen, dass sie verabredet haben, in ihren jeweiligen Ländern zu behaupten, dass wenn sie die Geschäfte nicht selber machten, dann würden es die anderen tun, weshalb es besser sei, sie selber zu machen, die Millionengschäfte."

In diesem Moment meldete sich der Engel mit dem grünen Stern und fragte: "Gibt es denn garkeine Ausnahmen bei den Industriellen?"

"Oh doch!" antwortete der Professor. "Es gab sie. Zum Beispiel Robert Bosch, der damals der Auffassung war, man müsse seine Arbeiter ordentlich entlohnen und sie auch in angemessenen Verhältnissen wohnen lassen und zudem würden sie dann auch bessere Arbeit leisten, weniger krank sein und sich wohl fühlen. Dafür wurde er in Deutschland aus dem Arbeitgeberverband geworfen.

Es gab auch den Herrn Junkers, der sich weigerte, für Hitler Bombenflugzeuge zu bauen. Dafür wurde er von den Nazis enteignet.

Und es gab in Amerika den Thomas Edison, der immer loyal zu seinen Leuten hielt, so dass diese sogar, als er mal pleite war, monatelang ohne Lohn für ihn arbeiteten und ihn nicht verließen

"Ja, es gab sie. Aber sie waren in der Minderzahl und konnten sich deshalb auch nicht durchsetzen."

Jetzt meldete sich, schäumend vor Wut, der Herr Satan zu Wort:

"Herr Professor. Ist das alles, was Sie hier vorbringen, nicht etwas schizophren? Wie Sie aus dem Prozessverlauf wissen, wie ich hoffe, hat der Angeklagte Deutschland und die Nazis, Hitler und die braunen Horden beschimpft, die den Juden so übel mitgespielt hätten und jetzt scheint es so, als ginge er auf die Juden los. Wie, bitte schön, lässt sich das miteinander vereinbaren? Er hat doch auch mal gesagt, dass eigentlich ein Großteil der Menschen ausgerottet gehörte. Da ist er doch selber ein richtiger Faschist? Hä, hä, hä?"

kicherte er hämisch, während Sabber aus seinem schäumenden Maul lief.

Der Professor schien auf sowas gewartet zu haben, jedenfalls erwiderte er ohne nachdenken zu müssen:

"Meine sehr verehrten Herrschaften! Hier sehen wir wieder ein typisches Beispiel für die Verlogenheit und die Verdrehungen der Ankläger!"

"Protest, Protest, Einspruch," tönte es kreischend von der Anklägerseite.

Der Vorsitzende benutzte wieder sehr eindrucksvoll seinen Hammer und sagte zum Professor:

"Mein Herr, bitte lassen Sie diese unnötigen Wertungen!"

Der Professor hub erneut an:

"Herr Vorsitzender, gelogen und verdreht ist gelogen und verdreht! Ich werde Ihnen das beweisen. Es ist richtig, dass der Angeklagte gesagt hat, der überwiegende Teil der Menschheit gehörte eigentlich ausgerottet, weil sie sich wie Tiere aufführten und noch viel schlimmer. Aber er hat auch gesagt, das sei Sache Gottes und seines Gerichts und dass es kein Volk auf der Erde für sich in Anspruch nehmen kann, über andere zu richten, weil sie dazu auf einer viel zu niedrigen Stufe seien. Wer das also versuchte, sei verbrecherisch und gehört selber weg. Außerdem hat er klargestellt, dass es nicht eine Frage der Juden ist, wenn über Geldsäcke und ihre Verbrechen

208

gesprochen werde. Weil es überall auf der Welt Geldsäcke gäbe, die sich wie Drecksäcke aufführten und es insofern primitiv wäre, Völker, Nationen oder Rassen deshalb zu beschimpfen. Denn so, wie es von der Entwicklung einer Kultur, eines Volkes oder einer Nation abhinge, wie hoch sie entwickelt wären, verhält es sich auch mit ihren Verbrechern. Je höher sich ein Volk entwickelt habe, sagt er, je größer ihre Bildung, Wissenschaft, Kunst und Kultur entwickelt sei, desto höher seien auch ihre Verbrecher entwickelt.

Zwangsläufig. Das sei überall so. Egal ob in Europa, in Arabien, in Griechenland oder in China. Die am höchsten entwickelten Kulturen, haben auch die am höchsten entwickelten Verbrecher hervorgebracht. Wie sich ein Flugzeug auch als Bombenflugzeug verwenden lässt, ist es auch mit dem Geist. Weil es in Hongkong Taicoons gibt, die sich wie Verbrecher aufführen und alles aussaugen, wird doch kein Mensch sagen, die Chinesen, die die herrlichsten Malereien auf Vasen oder auf Seide herstellen oder ihre Peking Oper vorführen, seien ein Verbrechervolk.

Weil es in Deutschland Nazis gab, die große Verbrechen begangen haben, sagte man aber, die Deutschen seien ein Verbrechervolk. Und weil es Geldjuden gibt, die sich überall alles unter den Nagel reißen, sagt man, die Juden seien ein Volk von Halsabschneidern.

Das eine sei so idiotisch wie das andere. Aber dafür gäbe es eine Ursache. Alle Völker schimpfen auf ihre eigenen Drecksäcke, womit sie sich von denen distanzieren und somit frei werden davon. Nur die Juden hätten sich nie von ihren Drecksäcken distanziert, weshalb es an allen kleben bliebe. Wenn ein mieser kleiner Zuhälter irgendwann lauter Puffs und Glücksspielhöllen besitzt und alle Widersacher in der Unterwelt in Angst und Schrecken versetzt und die Stadt um Millionen bescheißt und dann nach Israel abhaut, wird er dort mit seinem schönen Geld liebevoll aufgenommen und keiner wagt zu mucken, denn wie könnte ein Deutscher, nach dem Holocaust, diese Machenschaft lauthals beschimpfen, wie das bei jedem anderen geschehen würde.

So profitieren solche Verbrecher von den Leichenbergen ihrer Brüder, ohne sich zu genieren. Würde nun so ein Land den Übeltäter postwendend zurück schicken, würde die Sache doch ganz anders aussehen. Also sagt er, wenn die Juden nicht mehr für ihre Geldsäcke als Geiseln herhalten wollten, wie sie es bisher immer getan haben, dann müssten sie endlich beginnen, ihre Drecksäcke genauso zu beschimpfen und sich von ihnen zu distanzieren, wie es alle anderen Volksgruppen auch tun. Statt dessen haben sie ihre Drecksäcke immer mit ihrem eigenen Ruhm zugedeckt und dafür die Prügel und den Volkszorn empfangen, während die Übeltäter längst in andere Länder auf und davon waren. Weshalb der Angeklagte immer den Einzelnen betrachtet habe und immer gesagt habe, dass Verallgemeinerungen, wie Rassismus, primitiv seien!

Und die Deutschen werden heute nur deshalb nicht mehr als Nazis beschimpft, weil sie sich von diesen lauthals distanziert haben!"

Er nahm wieder einen Schluck von seinem Getränk und man konnte ihm ansehen, wie sehnsüchtig er an eine Zigarre dachte und was für einen gequälten Ausdruck er beim Blick zu dieser Tasche mit den Zigarren hatte.

Der Vorsitzende sagte, ob noch jemand Fragen habe und der Engel mit dem violetten Stern meldete sich zum ersten Mal in diesem Prozess und fragte:

"Herr Professor. Ich würde gerne noch wissen, ob es Lösungen für diese Mißstände gibt, ob diese Welt noch zu retten ist oder ob man die Guten jetzt evakuieren sollte ?"

Einer der Beisitzer rief dazwischen:

"Das wäre das Beste! Wir kriegen hier oben nur noch Ausschuss von der Erde, den wir erst mühsam aufpäppeln und vorher de-kontaminieren müssen, weil sie alle mit dem Gift der Erde besudelt sind!"

Der Vorsitzende bat um Ruhe und gab dem Professor das Wort, indem er sagte: „Gut, Herr Professor, beantworten Sie diese Frage noch, obwohl sie eigentlich nicht hierher gehört!"

Der Professor begann erneut: "Also, das ist eine sehr gute Frage, die genau hierher gehört. Der Angeklagte hat nämlich durchaus auch Lösungen anzubieten, im Gegensatz zu den Schreihälsen, die immer nur über alles schimpfen, ohne Lösungen zu haben. Der Angeklagte hat da einen ganzen Katalog, wie man die Zustände ändern könnte.

Er sagt: Zuerst schaffen Sie das verderbende Privatfernsehen ab! Verbieten Sie jede Werbung, die Neidgefühle weckt und zu unnötigem Konsum anstachelt!

Lassen Sie das öffentliche Fernsehen den Menschen ein Programm geben, das die richtigen Werte wieder zurück bringt, wie Ehrlichkeit, Anstand und Moral, wobei Moral nichts mit Sex zu tun hat, sondern mit Anstand.

Lassen Sie die Kinder mit Schuluniformen in die Schulen gehen, damit die Kinder dort nicht durch Eitelkeit, Angeberei und die Klassenunterschiede ihrer Eltern diskriminiert, fertiggemacht und vom Lernen aghehalten werden! Damit sie wieder Freundschaften schließen können, weil wenigsten sie gleich sind!

Lassen Sie das öffentliche Fernsehen nur noch stundenweise senden, damit die Menschen wieder anfangen, miteinander zu reden, selber zu leben.

Verbannen Sie Gewalt im Fernsehen und zeigen Sie gute Beispiele, weil Kinder alles kopieren, was man ihnen oft genug vorgeführt hat.

Schaffen Sie ein Gesetz, das jeden Besitz vom Staat konfiszieren lässt, bei dem nicht der Nachweis gebracht werden kann, dass er redlich erworben wurde! Egal, ob es die Rolex des Zuhälters ist oder der Bungalow des Ministers. Das bringt Geld in die öffentlichen Kassen und macht das Verbrechen überflüssig, da keiner seinen geraubten Besitz behalten kann!

Und das muss beim Politiker anfangen! Gläserne Taschen.

Es darf keiner mehr stolz auf Besitz sein, der einer Schurkerei entsprungen ist.

Bringen Sie den Mädchen bei, dass sie einen Jungen lieben sollen, weil er schöne Augen hat und ein freundliches Wesen und nicht, weil er ein dickes Auto fährt, das, wie die meisten der 40 Millionen Dreckschleudern in Deutschland, unnötig ist und 23 Stunden am Tag vor sich hingammelt!

Lehren Sie wieder die Tugenden, wie Treue, Bescheidenheit, dass es unanständig ist zu protzen, dass man sich etwas verdient haben muss, um es auszukosten! Zur Zeit ist es doch so, dass jeder für sein Geld bewundert wird, egal aus welchem Betrug oder Verbrechen es stammt. Lehrt sie, nur den zu achten, der etwas vollbracht hat, was allen nützt.

Lehrt sie, die Arbeit und das, was dabei raus kommt, fair aufzuteilen! Dass keiner schmarotzen soll!

Und dann schafft 70 des Staates ab, weil er überflüssig ist, Unmengen Geld kostet und niemandem nützt. Wo jeder ‚seine Kasse' zuhalten will, damit es ein anderer aus seiner bezahlt, sollte man diese Kassen alle abschaffen. Denn bezahlen muss es der Bürger, egal aus welcher Kasse es kommt. Nur bezahlt er jetzt auch noch den, der diese vielen Kassen hütet und verwaltet.

Zahlt jedem Bürger der es braucht sagen wir 1.500.- Mark im Monat, egal ob er alt ist, ob er krank ist, ob er keine Arbeit hat oder ob er einen Unfall hatte. Das kommt den Staat billiger, als diese ganzen Kassen. Wieso will man Aussiedler zwingen, nicht zu ihren Freunden zu ziehen, obwohl dort Platz ist und sie sich dort wohlfühlen, nur weil da einer seine Kasse schonen will. Willkür wegen dieser Kassenwirtschaft. Das muss weg. Wenn alles aus einer Kasse kommt, spielen solche Sachen keine Rolle mehr, das Land würde menschlicher.

Lasst Hundescheißer eine Woche lang die Straße putzen, konfisziert ihre Köter bis sie ihre Bußgelder bezahlt haben und Ihr werdet sehen, wie schnell auch sie zu Tüte und Schaufel greifen, wie es die Amerikaner schon längst tun.

Und gebt den Junkies ihre Droge zum Pfennigbetrag der Herstellunskosten, wenn Ihr endlich das Elend und als Folge davon das Verbrechen, das deswegen begangen wird, loswerden wollt, denn abbringen tut Ihr sie davon durch fromme Sprüche ohnehin niemals.

Schafft statt dessen eine menschliche Gesellschaft, in der keiner eine Ersatzwelt in einer Droge als Fluchtpunkt suchen muss.

Sehen Sie meine Herrschaften, das habe ich jetzt fast wörtlich zitiert, aus dem Ideenschatz des Angeklagten und es gäbe noch viel mehr, was aber den Rahmen sprengen würde.

Es ist nichts Unnatürliches, was der Angeklagte da macht. Jeder, der ein wenig Intelligenz, etwas vernünftigen Menschenverstand hätte und ein menschliches Empfinden und einen Hang zu Wahrheit und Gerechtigkeit, hätte zwangsläufig zu den gleichen Schlüssen kommen können. Aber Sie werden einsehen, dass diese Ideen nicht werden stattfinden können, da die Geldsäcke mit ihrer Strategie, das Volk allerorts zu verdummen, schon soweit fortgeschritten sind, dass es kaum je eine ehrliche Mehrheit geben wird, die solche Veränderungen noch zulassen würde. Dass man trotz dieser Umstände so vehement gegen den Angeklagten vorgeht, halte ich deshalb für eine hysterische Übertreibung. Da ich zu der Sache nichts Wesentliches mehr auszusagen habe, bitte ich Sie, Herr Vorsitzender, mich zu entlassen!"

Der Vorsitzende schaute zu meinem Verteidiger. Dieser nickte zustimmend.

Der Vorsitzende ordnete an, dass man den Professor entlassen solle. Der Elektromann drehte an seinen Knöpfen und der Professor entschwand mit einem zufriedenen Gesichtsausdruck. Er dachte bestimmt an seine Zigarre.

Der Vorsitzende schloss die Verhandlung. Alex eilte hinfort, er müsse sich auf morgen vorbereiten, Kirchen und Blasphemie und so und ich fiel sogleich in einen tiefen Schlaf.

<>

18.Kapitel   Die Blasphemie-Anklage

Als ich nach dem letzten Verhandlungsgeschehen wieder aufwachte, dachte ich, dass es doch eigentlich schade war, dass der Professor nicht auch über mein Lieblingsthema gesprochen hatte, nämlich den Film, obwohl er doch selbst so aussah, als sei er gerade einem spannenden Film entstiegen.

Denn es wurde überhaupt nicht erwähnt, dass Filme Kunstwerke sind und dass sie von den Geldsäcken wie Kartoffelsäcke eingekauft und gehortet werden, um sie dem Volk in kleinen Rationen zuzuteilen, gegen die Bereitschaft, sich mit dem Schmutz der Werbung überziehen zu lassen, und dass sie dabei verstümmelt werden, was wohl eines der größten Verbrechen in diesem Zusammenhang ist.

Ich nahm vor kurzem einen Film für meine Sammlung bei einem Nachbarn auf, weil ich selber keine Privatsender empfangen kann, weil ich mich dem nie aussetzen wollte. Aber diesen Film wollte ich gerne aufzeichnen, weil er ein großer Publikumsrenner in den Kinos war und ich dabei an meine Enkel dachte.

Es war eine sehr mühevolle Arbeit, den Film so aufzunehmen, dass darin keine Werbung auftauchte und auch nichts vom Film fehlte.

Viele Male musste ich die vollen 8 Minuten schrecklichster Werbung, die in schrillsten Tönen hintereinander hereingeknallt wurde, ertragen, um den Anschluss nicht zu verpassen, wobei mir jedesmal ein Wechselbad von Stimmungen aus dem Bildschirm entgegen schrie.

Und als ich endlich mit der mühseligen Aufnahme fertig war, empfand ich den Film als langweilig, dumm und drittklassig und konnte garnicht verstehen, was die Leute daran gefunden hatten.

Ich wollte ihn schon wieder löschen, weil er mir wertlos vorkam.

Aber ich sah ihn mir zwei Tage danach noch mal an, weil das so ähnlich war, wie mit dem bezahlten Essen, das man auch aufessen will, nur weil man es ja bezahlt hat, auch wenn es nach nichts schmeckt. Und siehe da, ich sah einen völlig neuen Film, voller

Spannung und Stimmungen, Emotionen und Liebenswürdigkeiten, die ich beim ersten Mal garnicht wahrgenommen hatte.

Und mir wurde klar, dass es uns früher schon im Kino störte, wenn vor einem jemand mit einem Hut saß und sich bewegte, so dass der Hut plötzlich ins Bild kam und wie störend wir das Rascheln mit Bonbonpapieren empfunden hatten.

Durch die Zerstückelung eines Filmes verliert dieser seine ganze Dramatik, seinen Charakter, seine Spannung, seine Komposition, das, was an ihm Kunst ist!

Das ist so, als unterbräche man in einem Konzert die Unvollendete von Schubert alle paar Minuten mit Radetzki-Marsch, Elvis Presly und dem Lied von den Schlümpfen.

Oder, was vielleicht bildhafter wäre, ein Geldsack ginge her und verspräche, er werde den Leuten eine Wohltat erweisen und die Mona Lisa nach Deutschland holen, damit sie nicht in den Louvre nach Paris fahren müssten, um sie zu sehen. Und sie kämen dahin, in voller Erwartung, die Mona Lisa mal im Original zu sehen, um dann festzustellen, man habe sie in lauter Streifen geschnitten und zwischen den einzelnen Streifen immer einen Streifen mit greller Reklame geklebt, rote für Coca, blaue für Pepsi, grüne für Palmolive, bunte für Cornflakes, gelbe für einen Zitrusreiniger und der Besucher müsste sich fragen, ob das da in der Mitte nun die Nase, ein Finger oder eine Brustwarze sei.

Und natürlich hätte der Herr Professor die Forderung, Kunst darf nicht ein Geldsäckemonopol sein, sondern habe allen zu gehören, nicht weglassen dürfen.

Aber im Eifer des Gefechts und in Anbetracht der Gefährlichkeit der Lage, wäre er sicher überfordert gewesen, wenn er auch noch über Kunst hätte sprechen müssen.

Und ich fragte mich, wann man Bücher angeboten bekäme, bei denen alle halbe Seite eine schreiende Reklame den Leser aufforderte, ein bestimmtes Waschpulver zu kaufen, wie es ja in den Zeitschriften heute schon üblich ist. Und es erstaunte mich, dass ich bei all den Gefahren, die dort auf mich lauerten, so unbeschwert über

Kunst nachdenken konnte. Vielleicht, weil gerade sie das einzig Wertvolle ist, das Gesellschaften jemals hervorgebracht haben, das als Einziges ihren Verfall überdauert hat und das eigentlich Wesentliche menschlicher Kultur darstellt.

Aber als ich des Nachts wieder in meinem Bett erschöpft eingeschlafen war und mich sogleich im Gerichtssaal wiederfand und die geifernden Worte des Herrn Satan hörte, verging mir alle Kultur und ich glaubte mich zurückversetzt in die Zeit der Inquisition.

Der Herr Satan hatte gerade verkündet, dass diesen Teil der Anklage der Herr Teufel persönlich bestreiten würde, der ein Experte in Kirchenfragen sei und ganz sicher in der Lage wäre, mich der Blasphemie zu überführen, womit man endgültig den Stab über mir brechen und sich endlich meiner bemächtigen könnte. Wozu wohl?

Natürlich, um mich dem Herrn Luzifer als Nachspeise darzureichen. Der Herr Teufel ließ sich auch nicht lange lumpen und begann sogleich mit seiner bösartigen Rede:

"Hohes Gericht! Meine Herrschaften! Der Angeklagte verbreitet am laufenden Band Lügen über unsere Kirchen und Gotteslästerungen, ohne sich um die religiösen Gefühle seiner Mitmenschen auch nur im Geringsten Gedanken zu machen. In unverantwortlicher Weise sozusagen. Er schimpft über die christlichen Kirchen, bezeichnet ihren Kult als Gotteslästerung, ihre Machenschaften als kriminell, die Ausführenden als Blutsauger, die Katholische Kirche als größtes Verbrecher-Syndikat der Welt.

Er sagt, die Protestantische Kirche sei auch nicht viel besser, weil sie nur die Rituale geändert hätte, nicht aber den blasphemischen Inhalt.

Der Islam sei von Verbrechern entartet und zu teuflischen Zwecken mißbraucht worden.

Dann behauptet er tatsächlich, alle Religionen wären dem Prinzip nach gleich, aber die Kirchen hätten sie verdorben, weil sie alle vom Teufel zu seinen schändlichen Zwecken mißbraucht würden.

Er geht her und verspottet die Päpste, die zu allen Zeiten das Volk auf's schändlichste mißbraucht und belogen hätten und erzählt herum, er habe im Fernsehen Reklame für eine vom Papst

216

herausgebrachte CD gesehen, die in einer Schachtel angeboten werde, in der neben der CD ein widerliches Kruzifix mit einer verbogenen Leiche dran und ein alberner Rosenkranz angeboten würde und dass da ja die Chinesen mit ihrer Gebetsmühle viel rationeller seien, weil sie mit ein paar Umdrehungen der Kurbel weitaus mehr Gebete, viel schneller runter leiern könnten, als diese Katholiken, wenn sie den Rosenkranz daher plapperten.

Und dann würde einem beim Öffnen der Schachtel auch noch ein Papstbild entgegen schreien, was ja wahrhaftig eine Zumutung sei, weil das Gotteslästerung sei, weil es gegen das 1.Gebot verstoße, man solle nur einen Gott haben. Diese freche Anmaßung und die schändliche Beleidigung der Gefühle unserer Gläubigen, kann nicht einfach hingenommen werden!"

Er war schon völlig außer sich, als er an dieser Stelle angelangt war und zog sich schnell ein Glas dieser seltsamen Flüssigkeit rein, was zischen und rülpsen zur Folge hatte und er ließ immer seine spitze Zunge vor und zurück fahren, wie eine Schlange, die auf der Suche nach einem Opfertier ist, das es verschlingen möchte.

Und dann fuhr er fort: „Und dann geht dieser Typ her -man höre und staune- und behauptet, er sei ein Ritter des Erzengels Michael, er sei hier, um für Gerechtigkeit zu kämpfen. Und uns das Handwerk zu legen sei nur eine seiner Aufgaben. Und es wäre doch sehr interessant, hierzu den Herrn Michael zu verhören!"

Der Erzengel Michael war von seinem Sitz aufgesprungen und hatte ein fürchterliches Glühen in seinen Augen und er sagte mit lauter, scharfer Stimme, die den ganzen Saal erfüllte:

"Wenn Sie sich nicht zurückhalten, werde ich Sie auf den Fragestuhl bringen lassen, damit Sie mal die Wahrheit ausspucken, sie widerliche Lügengestalt!"

Der Vorsitzende machte von seinem Hammer Gebrauch, dass es alle erschreckte und sagte: „Meine Herren. Bitte beachten Sie die Regeln. Herr Teufel! Noch eine solche ungebührliche Frechheit und ich weise endgültig die Klage zurück und schließe das Verfahren wegen Ungebührlichkeit. Kein Mitglied der Anklage hat hier über die Engel zu verfügen. Die Engel sitzen hier als Beobachter und wenn es ihnen beliebt, können sie hingegen die Ankläger auf Wahrheit hin ausquetschen. Das sind die Regeln. Und Herr Michael, ich bitte Sie, dass auch Sie die Regeln beachten, sich als Beobachter von dem Geschehen zurückzuhalten. Ich habe die Regeln nicht gemacht!"

Der Herr Michael hatte sich wieder hingesetzt und man konnte ihm ansehen, dass ihm dieses Verfahren schon lange nicht mehr passte.

Der Herr Teufel begann erneut:

"Also, der Angeklagte hat sich in mehreren Fällen der Blasphemie schuldig gemacht. Wie wir schon gehört haben, hat er behauptet, der Herr Jahwe müsse ein Psychopath sein, ein richtiger Faschist.

Und er hat gesagt, das sei nicht der Gott, an den er glaube, denn der sei gütig, schöpferisch und ein Gott der Liebe und Schönheit, ein Gott der Gerechtigkeit.

Der Herr Jahwe aber sei krankhaft, rachsüchtig, zerstörerisch und selbstsüchtig, ohne Liebe und voller Hass. Und er wagte zu sagen:

'Gott, wenn Du mich nur zu Deinem Vergnügen geschaffen hast, weil Du Deine perverse Lust befriedigen willst, dann vernichte mich auf alle Zeiten, denn dafür wollte ich nicht leben. Aber wenn Du es nicht bist, dann höre auf mich zu belästigen, denn mein Gott ist ein hoher und gerechter Gott!'

Ja, stellen Sie sich das vor. Und dann hat er gesagt, die Bienen sind Sklaven der Menschen geworden, die von den Menschen, die sie nicht erkennen können, den Honig gestohlen bekommen.

Die Hühner sind Sklaven der Menschen geworden, weil man ihnen die Eier klaut, um sie aufzuessen, und dazu werden sie in den unsäglichsten Umständen hervorgebracht, gehalten und geschlachtet, zu Suppen gemacht und so weiter.

Bakterien werden erschaffen, um Ölteppiche zu fressen, die der Mensch gemacht hat und wissen garnicht, dass man sie nur füttert, damit sie deren Dreck wegfressen.

Ameisen halten sich Blattläuse als Sklaven damit diese für sie das Essen einsammeln.

Und er fragt sich, wer hält sich eigentlich den Menschen und zu welchem Zweck, er wolle nicht Teil eines solchen Sklavensystems sein. Und nicht einmal die Geldsäcke seien es, da diese auch nur benutzt würden, um die Sklavenschaft anzuleiten. Sonst würden sie nicht zulassen, dass dabei ihr Planet zerstört wird.

Und er sagt, vielleicht halte sich eine Art höheres Wesen die Menschen nur als eine Art Fernsehprogramm, in dem Gruselfilme ablaufen, um sich daran zu ergötzen. Nur ein weiterer Kanal in seinem gelangweilten Leben und der Angeklagte sagt, er wolle nicht den Statisten in so einem Theater spielen. Aber wenn es einen höheren Gott gäbe, wolle er für diesen und seine Engel treu kämpfen.

Solche zersetzenden Dinge erzählt er überall herum, und wir brauchen uns nicht zu wundern, dass uns das Kirchenvolk wegläuft. Das ist ein klarer Verstoß gegen Gesetz 666, das uns das Glaubensmonopol zuerkannt hat!"

"Ja, um es zu mißbrauchen!" rief Miachael dazwischen.

Der Hammer, na Sie wissen schon, fuhr dazwischen und der Herr Teufel fuhr fort:

"Ja, und dann noch ein Punkt, der sogar seinen 'erdachten Gott' beleidigen würde, wenn es diesen denn gäbe: Er betet einen Jungen an! Wie einen Gott! Empörend! Empörend! Ich verlange, dass man zu diesem Zeck aus dem Lebensbuch des Angeklagten vorliest. Und zwar unter dem Stichwort: Plato!"

Der Gerichtssprecher blätterte wieder in dem großen Buch und fragte: "Meinen Sie die Stelle, wo es um Philosophie geht?"

Der Herr Teufel schien sich furchtbar aufzuregen und geiferte, mit Spuckefetzen an seiner hin und her fahrenden Zunge:

"Nein, natürlich nicht. Schauen Sie unter dem Stichwort Film, Sal Mineo nach, Sie........." und den Rest nuschelte er so, dass man es nicht richtig verstehen konnte, was ihm auch einen Ordnungsruf erparte, denn ich glaubte, dass er Depp gesagt hatte.

Der Sprecher blätterte weiter und kam irgendwann an eine neue Stelle und fragte: "Meinen Sie die Stelle, wo der Angeklagte beschließt, nach einem Buch über Sal Mineo zu suchen?"

und der Herr Teufel antwortete: "Ja,genau die!"

Der Sprecher begann also vorzulesen:

"Ich hatte wieder den Film 'Denn sie wissen nicht, was sie tun' angesehen und über meinen lieben Freund Sal Mineo nachgedacht und mich darüber aufgeregt, dass man James Dean zum Idol gemacht hatte, obwohl er auf der ganzen Linie ein Versager war; in diesem Film und im Leben. Und dass man Sal Mineo vergessen hatte.

Im diesem Film war Sal Mineo als Plato der eigentliche Held, während James Dean alles falsch machte, was man überhaupt falsch machen konnte. Und es war Sal Mineo, der für diesen Film für den Oscar nominiert wurde, nicht James Dean.

Und im Leben war es genauso. Während James Dean High-Life mit den Reichen spielte und es nicht einmal schaffte, einen Porsche zu fahren, ohne sich darin zu Tode zu bringen, führte Sal Mineo ein bescheidenes, zurückgezogenes Leben, unterstützte seine Eltern, unterstützte die Jungen und teilte sein Geld mit den armen Kindern und behielt kaum etwas für sich selbst. Und alle liebten ihn, er war für sie alle da, zu allen Zeiten und er gab immer sein Bestes, was immer er tat. Und er wurde brutal ermordet in seiner eigenen Straße, in seiner eigenen Stadt, in seinem eigenen Land, dem Land der Gewalt. Und er schien vergessen zu sein, als hätte er niemals gelebt.

Ich erinnerte mich noch, wie er in Melbourne vor mir stand, mit den Everly Brothers, die gerade auf Welt Tournee waren. Ich hatte gerade einen Fahrstuhl außer Betrieb genommen, den sie benutzen wollten und ich hatte sie ans andere Ende der Halle geschickt, zu einem anderen Fahrstuhl und ich hatte ihm in seine Augen geschaut, die man niemals wieder vergessen kann. Ich erinnerte mich an den Tag, als ich ganz zufällig eine Zeitung kaufte und auf einer der hinteren Seiten eine kleine Nachricht fand ,Sal Mineo ermordet' und zu ihm sagte: 'Gute Reise Junge, diese Welt ist nichts für die Guten!'

Es war die Zeit des Kalten Krieges, als das Gespenst eines Atomkrieges in allen Köpfen herum spukte und keiner mehr Hoffnungen an einen Frieden hegte. An all das musste ich denken und ich beschloss, eine Geschichte darüber zu schreiben. Also ging ich in Buchhandlungen und wollte ein Buch über Sal Mineo

220

ausfindig machen, das ich einmal vor über zwanzig Jahren gesehen hatte, um mehr Informationen über ihn zu bekommen; meinen geliebten Freund im Herzen.

Ich hatte Sal Mineo von dem Moment an sogleich geliebt, als ich ihn in dem Film 'The Young don't cry' gesehen hatte. Er war ein phantastischer Schauspieler. Er konnte einen innerhalb weniger Sekunden durch alle Emotionen jagen, nur mit seinem Gesicht, seiner Mimik. In 'Denn Sie wissen nicht was sie tun' kommt er nach Hause in Aufregung und Wut; man hat ihn gerade geprügelt und er will die Pistole holen um seinen Freund zu retten.

Er wirft sich über das Bett, um die Pistole zu nehmen und sieht einen Brief vom Vater und schlagartig kommt Hoffnung in sein Gesicht, Freude, Erwartung, und er reißt den Brief auf, sieht einen Scheck mit dem Vermerk 'Geld für Sohn' und sein Gesicht zeigt Enttäuschung, Wut, Verachtung als er den Scheck zerknüllt und zu Boden wirft.

Alle diese Stimmungen, ein Wirbelsturm der Gefühle nur durch diese Ausdruckskraft in wenigen Sekunden hervorgebracht.

Er konnte rennen und springen, wie ein Tiger, war flink wie ein Wiesel, konnte reiten wie ein Indianer, den Roller wie ein Komödiant fahren, Leute mit Milch bespucken wie ein Lausbub und einher schreiten, wie ein vornehmer König, als hätte er nie etwas anderes getan, voller Anmut und Würde. Und natürlich war er schön wie kein anderer, mit diesem Gesicht eines Engels und diesen liebenden braunen Augen, seinem schwarzen Haar und seinem dunklen Teint, seinen feinen, starken Händen, die wie sein Körper waren, fein und stark zugleich. Und bei allem was er tat, vertraute er auf Gott.

Und ich fragte mich, ist das der Grund, warum sie ihn vergessen haben, weil er religiös war? Weil das aus der Mode ist, weil er keine Skandale hatte ? Oder war es Neid oder gar Rassismus, dass sie einen blonden, blauäugigen mit blasser weißer Haut lieber wollten, als einen Italiener mit brauner Haut und braunen Augen und schwarzem Haar?

In den Buchhandlungen aber fand ich nur vier Bücher über den blassen Blonden, aber kein Einziges über Sal Mineo.

221

Ich ging zum Film Museum und fand heraus, dass Sal schon mit 11 auf dem Broadway auf der Bühne gestanden und einen Prinzen gespielt hatte, ein Jahr lang. Und dass er insgesamt 33 Filme gemacht hatte und sogar den Affen Milo in 'Rückkehr zum Planet der Affen' gespielt hatte, obwohl man nicht mal sein Gesicht sehen konnte, weil er Spaß daran hatte und weil sein Name ein Kassenmagnet war.

Und ich fand heraus, dass es ein Buch über ihn gab, mit dem Titel 'Who killed Sal Mineo'. Aber wie das so ist, ich war faul und schrieb die Geschichte nicht. Außerdem gab es auch noch anderes zu tun.

Ich hatte mein Geschäft verkauft um unabhängig mein wichtiges Werk vollbringen zu können und ich hatte zum Herrn gesagt: Gib mir einen der mich an der Hand nimmt, für den ich es tun würde, der würdig ist, dass ich es tue, denn es mag viele geben, aber ich sehe sie nicht'. Und da ich niemanden sah, verweigerte ich mich und tat nichts. Und dann passierte es.

Als ich eines Tages in meine Bank ging erschrak ich mich fast zu Tode, als sei ich einem Gespenst begegnet. Da war ein Neuer, der aussah, wie Sal Mineo, als er den Plato gespielt hatte.

Und da mir nie zuvor so etwas passiert war, war ich sicher, dass dies hier etwas zu bedeuten haben musste. Das war kein Zufall.

Ich glaubte schon lange nicht mehr an Zufälle. Ich schlich mich immer wieder unauffällig in die Bank, versteckte mich hinter anderen Leuten, um seine Aufmerksamkeit nicht auf mich zu ziehen, um herauszufinden, ob ich mich vielleicht getäuscht haben könnte. Aber es blieb dabei. Nur dass dieser Junge nie lachte. Er war immer ernst, streng, machte seine Arbeit vorbildlich, war freundlich zu jedem und war 20. Und es waren 20 Jahre seit Sal Mineos Tod und ich dachte daran, wie sich ein Geistwesen seinen Körper nach seinem geistigen Bilde schafft und dass dies hier die Re-Inkarnation von Sal Mineo sein könnte. Und dann geschah es.

Ich hatte wieder im Vestibül gestanden und verstohlen zu ihm hingeschaut.

Und obwohl der größte Teil seines Gesichts von Anderen verdeckt war, sah ich, wie er zu mir rüber schaute. Und obwohl ich zunächst nur eine Auge sehen konnte, das mich groß und streng anblickte, erschrak ich, als hätte ein Engel mich angeschaut, der mich wieder zum Leben erweckt hatte.

Es war, als sähe ich dahinter den ganzen Kosmos in seiner ganzen Fülle und Kraft und als ströme diese Kraft mit all ihrer Größe und Schönheit direkt in mich hinein und mache mich stark, als spräche Gott zu mir durch diese Augen, ähnlich einem Brennglas, das die Sonnenstrahlen so bündelt, dass man im Brennpunkt ein Feuer damit entzünden kann!

Ich war überwältigt. Ich tat, was ich zu tun hatte. Der Junge verschwand wieder. Er hatte nur ausgeholfen. Ich aber begann...."

"Das reicht," unterbrach jetzt der Herr Teufel. "Sie haben es gehört. Aus seinen Augen spricht Gott zu ihm. Der ganze Kosmos.

Er vergöttert ihn! Und er lästert Gott damit in abscheulichster Weise! Er betet einen jungen Burschen an, wie einen Gott. Dieser habe ihn wieder lebendig gemacht. Für ihn wolle er sein Werk vollbringen. Weil er es nicht für die machen kann, denen er jeden Tag in ihrer Erbärmlichkeit begegnet! Er vergöttert einen Menschen! Das ist ein klarer Verstoß gegen das erste Gebot! Damit kriegen wir ihn!"

Er setzte sich hin, trank von dem seltsamen Getränk. Seine Zunge war noch spitziger geworden, als sie es vorher schon war, als sie schleimig in den Mund und aus dem Mund fuhr, als erwarte er jetzt die Fütterung mit einem Menschen. Und ich, so schien es, war es, worauf er Appetit hatte.

Der Vorsitzende wandte sich Alex zu und forderte ihn auf, doch bitte schön Stellung zu beziehen und der sagte sogleich:

"Meine Herrschaften! Was hier vorgetragen wurde ist wieder nur die halbe Wahrheit und somit wie eine Lüge verdreht. Der Angeklagte hat nämlich zu Gott gesprochen und gesagt:

'Lieber Gott! Da Du Dich hier auf Erden nicht zeigst, was ich auch bei dem Zustand, in der sie sich befindet, gut verstehen kann, muss ich Dich in Deiner herrlichsten Schöpfung wiederfinden und erkennen. Und wenn ich Plato liebe, liebe ich das schönste Werk Deiner Schöpfung, das mir begegnet ist. Und wenn ich das sage, huldige ich Dir auf die einzige Weise, die mir möglich ist. Wenn ich Dein Werk liebe, zeige ich auf diese Weise meine Liebe zu Dir!'

Das also zu dem Punkt. Man muss immer die ganze Wahrheit sagen, sonst kann man aus allem eine Lüge machen. Und nun zum ersten Punkt der Blasphemieanklage.

Der Angeklagte hat nie seinen Gott verleugnet, beschimpft oder einen Perversen genannt. Wie sonst würde er ihm treu seit seiner Kindheit dienen und das Leben als einen Dienst an Gott und für seine Werke sehen? Er hat nur behauptet, dass es nicht der Herr Jahwe ist, aus der Bibel. Und er sagt auch, nicht einmal Jesus hat jemals den Jahwe erwähnt. Er hat nämlich von seinem Vater im Himmel gesprochen und von Gott, niemals aber von Jahwe! Folglich sah sich mein Mandant berechtigt, gegenüber dem Herrn Jahwe eine solche Haltung einzunehmen, um dem wahren Gott treu zu sein. Also wieder keine Blasphemie. Was die übrige Anklage anbetrifft, bitte ich den Professor Rellek 5 als Gutachter anzuhören, der Ihnen Punkt für Punkt beweisen wird, dass alles, was der Angeklagte über die Kirchen gesagt hat, nicht nur der Wahrheit entspricht, sondern noch viel schlimmer ist. Dass man es überall nachlesen kann und sich also keine Handhabe bietet, meinen Mandanten deswegen zu verfolgen!"

Der Vorsitzende sagte, dass er den Professor erst zur nächsten Sitzung zu laden gedenke, da es Zeit sei, die Sitzung zu vertagen, betätigte seinen Gong und ich fand mich ziemlich unsanft in meinem Bett wieder.

◇

19.Kapitel   Auftritt des Professor Rellek 5

Als ich mich in meinem Bett wiederfand, war ich sehr traurig. Dass man hier über meine sexuellen Abenteuer berichtet hatte, war ja schon peinlich genug. Zumal das meiste davon gelogen war. Denn ich hatte diese Geschichten immer gerne erzählt, um mein Publikum zu schockieren, weil sie alle immer so verklemmt waren und mich das amüsiert hatte. Und sicher hatte Alex das zu rechtfertigen versucht, indem er erzählt hat, das sei alles ganz normal, weil man sowieso nicht geglaubt hätte, dass das meiste erfunden war.

Es stand eben in meinem Lebensbuch und da steht alles drin, auch das, was wir uns nur ausgedacht haben. Dass man nun aber auch meine fast heiligen Gefühle durch den Dreck zu ziehen versuchte und sie hier vor allen ausbreitete, war schwerer zu ertragen, als die Angst, doch noch in die Fänge dieser üblen Figuren zu geraten, die glaubten, ihnen stehe es zu, die ganze Welt zu beherrschen.

Jedenfalls waren meine Gedanken von diesem Thema beherrscht, bevor ich mich des Nachts wieder im Gerichtssaal befand.

Die Sitzung war, wie immer, eröffnet worden. Der Vorsitzende ordnete an, dass der Graue, der für das Schaltpult zuständig war, seine Knöpfe bediente und kurz danach erschien am Projektionsort dieser Professor Rellek 5, der aussah wie Gary Cooper in dem Film '12 Uhr mittags'. Er hatte sogar seinen Trapperhut auf und seine rechte Hand in Hüftnähe. Aber ob er auch einen Colt einstecken hatte, konnte ich nicht sehen, weil das Projektionsrohr diesen Teil seines Körpers verdeckte.

Der Vorsitzende erteilte ihm das Wort und mahnte, doch bitte auf Unwichtiges und Legenden zu verzichten.

Der Professor begann alsbald:

"Hohes Gericht! Meine Herrschaften! Ich soll heute hier aussagen zu dem Thema, ob der Angeklagte Recht hat, wenn er behauptet, alle Kirchen dieser Erde seien von dunklen Mächten unterwandert und kontrolliert, um mit ihrer Hilfe die Weltherrschaft zu etablieren, dass sie alle geldgierig und korrupt seien und ihren Status als Hüter des Seelenheils auf's schändlichste mißbrauchen.

Nun, meine Herrschaften, lassen Sie mich beginnen. Zuerst mit der Feststellung, dass diese Auffassung der Wahrheit entspricht, was ich hier beweisen werde.

Zunächst einmal ist es richtig, dass die Kirchen die Angst vor dem Tod, die sie durch gezielte Falschinformation selbst hervorgerufen haben, als Mittel zur Kontrolle des Menschen mißbrauchen.

Das zweitwichtigste Mittel ist die Kontrolle über die von den Kirchen eingeführten Sexverbote, die die Menschen in Schuldgefühle und Erpressbarkeit verwickeln, die sehr gut ausbeutbar sind. In der Politik, haben wir gehört, wird Sex als Mittel der Erpressung benutzt und zugleich wird damit den Geldsäcken eine schier unerschöpfliche Geldquelle eröffnet. Aber außerdem haben die Kirchen zu allen Zeiten unverhohlenen Hass gepredigt, um den Geldsäcken den Nährboden für ihre Kriege und Raubzüge zu bereiten. Insofern sind sie, wie die Staatsmarionetten, eine schmarotzende Gruppe, die von beiden Seiten bezahlt wird -von den Geldsäcken und deren Völkern- und sich auf deren Kosten eine gute Zeit macht. Sie haben noch nie etwas produktives für ein Volk getan. Ihre karitativen Aktivitäten sichern ihnen einen steten Geldfluss und ein ehrbares Äußeres.

Wie sowas aussieht, kann man an der Mutter Theresa genau studieren. Sie verschlingt jährlich 50 Millionen Dollar und unterhält Sterbehäuser, in denen angeblich die Armen in Würde sterben sollen.

Wenn die, weil sie erstmals ein Bett und etwas Nahrung bekommen haben, nun einfach nicht sterben wollen, weil sie sich wieder aufgerappelt haben, wirft man sie einfach wieder hinaus, damit sie erneut das Stadium des Krepierens erlangen können. Wenn einer mit geringfügiger medizinischer Hilfe wieder aufgepäppelt werden könnte, lässt man ihn sterben, mit der Begründung, man sei schließlich kein Krankenhaus. Auf diese Weise versucht man arme Seelen für den Herrn Luzifer zu gewinnen, an deren Leben und Gesundheit man nicht interessiert ist. Das ist auch ganz einfach erklärt.

Die Katholische Kirche will, dass die Katholiken mehr werden und die anderen weniger. Und da dort in Indien ohnehin kaum einer

Katholik werden will, gibt es auch kein Interesse, jemandem am Leben zu erhalten. Es muss aber auch gesagt werden, dass im unteren Kirchenvolk sehr viele Gutgläubige sind, die auf's Fürchterlichste mißbraucht werden. Sie sind für die Katholische Kirche das Vorzeigepotential, wie es die Kulturjuden für die Geldsäcke sind. Sie werden von der Kirche mißbraucht und müssen an der Basis die Prügel einstecken, die eigentlich den Päpsten und dem Vatikan gelten. Ich will zum Beispiel auf den Pater Alois Schwartz hinweisen, der ein Armutsgelübde abgelegt hatte, nach Korea ging, um sich nach dem Krieg der Kriegswaisen anzunehmen, Häuser für die Kinder baute, ihnen ein Zuhause gab, Schule und Ausbildung und seine Aktivitäten auf die Philippinen und dann Mexiko ausgedehnt hat und bis er starb Platz für etwa 17.000 Straßenkinder geschaffen hatte, die nun eine Zukunft hatten.

Dass dies auch im Interesse der Kirche lag, weil so Katholiken rekrutiert wurden, spielt dabei garkeine Rolle. Der Mann war ein guter Christ, der für seine Kinder gelebt hat. Und davon gibt es sehr viele. Und sie werden von dieser Krake leider ungeniert mißbraucht; als Vorzeige Beispiele, wie gut sie doch sei und wie segensreich.

Staat und Kirche waren immer wie siamesische Zwillinge, die den Geldsäcken gemeinsam geholfen haben, das Volk auszusaugen.

Dass sich einige davon zuweilen einbildeten, sie seien wichtiger, als die anderen, gehörte zum Machtspiel dazu. Je mehr nämlich einem der Glaube gelassen wird, dass er wichtig sei, umso eifriger wird er die gewollte Arbeit verrichten. Schauen wir uns nun mal diese feine Kirche an. In der Zeit der Inquisition wurden etwa 15 Millionen Menschen als Hexen und Ketzer verbrannt oder auf andere Weise umgebracht. Der Herr Staatsanwalt -ich will hier einen Zwischenruf vermeiden- sagte am Anfang, es seien ein paar weniger gewesen.

Man schickte impotente, fanatische alte Männer los, die ihren Mangel an Sexerfüllung darin fanden, junge Frauen zu foltern und anschließend auf Scheiterhaufen bei lebendigem Leibe zu verbrennen. Die Methoden waren verlogen. Wenn eine Frau beweisen sollte, dass sie unschuldig war, wurde sie zum Beispiel gefesselt ins Wasser geworfen. Ging sie unter, sagte man, das zeige, dass ihr Leben nichts wert war, blieb sie oben, war sie eine Hexe, die über Zauberkräfte verfügte und man verbrannte sie. Es war egal, was sie machten, sie waren immer von vornherein erledigt. Und natürlich wurden ihnen unter Folter Geständnisse abgepresst, dass auch andere in angebliche Hexerei verwickelt waren.

So kam man ganz unauffällig über eine am Ort unbeliebte, denunzierte Frau an wohlhabende Leute heran, die nun der gleichen Prozedur ausgesetzt wurden und auf dem Scheiterhaufen landeten, bis man die Wohlhabenden eines Ortes durch hatte. Denn deren Besitz fiel an die Kirche. Hingegen, um sich die Hände nicht schmutzig zu machen, ließen sie die Todesurteile von den Weltlichen Mächten durchführen. Als ihnen das Holz für die Scheiterhaufen ausging, fingen sie an, sie in Stücke zu hacken. Der unermeßliche Reichtum an Geld und Ländereien ist auf diese heilige Art der Raubzüge aufgebaut.

Als in den letzten Jahren heraus kam, dass die Vatikan Bank Drogen- und-Mafiagelder wäscht und gar einer dieser Vatikanbankmänner aufgeknüpft unter einer Londoner Brücke gefunden wurde und der Staat endlich ein Gesetz machte, dass sie wenigstens Steuern dafür zahlen sollten, verkaufte der Vatikan kurzerhand seine europäischen Papiere, wobei sich heraus stellte, dass ein Großteil davon in Waffenfabriken und in Antibabypillenfabriken investiert war.

Das ist sogar sehr logisch für dieses Verbrechersyndikat. An Waffen verdient man gut und hofft, damit mögen sich möglichst viele Nicht-Katholiken umbringen. Die Pille ist sogar sehr nützlich, denn wenn man sie Nicht-Katholiken verkauft, werden diese weniger und wenn man sie dem Katholiken verbietet, sollen diese mehr werden.

Die Pille ist also nicht etwa verwerflich, sondern eine bevölkerungs-politische Waffe im Glaubens-Monopoly. Und sie bringt guten Profit. Mit Moral hat diese Kirche und was sie verkündet garnichts zu tun.

Als in Südamerika die Befreiungstheologen etwas für die Armen und gegen die Ausbeutung durch die Reichen tun wollten, war das dem Ruf der Kirche hochwillkommen, weil populär; seht her, wir tun was für die Armen. Als man aber die Aktienpakete hier verkauft hatte und nun in Lateinamerika das hübsche Geld investierte, wollte man dort ungestört hohe Profite machen und machte die Befreiungstheologen mundtot. Dem Boeff drohte man sogar mit Rausschmiss, weil der ein ehrlicher Mann war und sich nicht maßregeln lassen wollte.

Als die Spanier nach Amerika kamen, ging diese Kirche her und terrorisierte die Indios und Indianer. Wer nicht willig Katholik werden wollte, dem wurden wahlweise Penis, Ohren, Nase abgeschnitten oder Hände abgehackt, damit sie ihrem Volk zeigen würden, was denen blüht, die nicht wollen. Und wenn das nichts fruchtete, hat man gleich 70 auf einmal auf Scheiterhaufen verbrannt.

Eine Kirche, die sowas tut und an Waffen und Drogengeldern verdient, ist nicht nur kriminell und gehörte verboten, sie ist teuflisch, meine Herrschaften!"

Und da musste er erst mal einen Sprudel nehmen und sich die Stirn abwischen, bevor er fortfuhr:

"Und wenn ein beherzter Pilot da wäre, der eine Neutronenbombe auf dem Vatikan abwürfe, wäre der Menschheit ein großer Dienst erwiesen!"

Und er musste gleich nochmal einen Schluck nehmen, nachdem er ganz unfreiwillig so mutig gewesen war.

Die Teufel saßen mit versteinerten Gesichtern da und man konnte ihnen ansehen, was sie getan hätten, wenn sie hätten seiner habhaft werden können.

Und nachdem er sich erholt hatte fuhr er fort:

"Und das trifft im Prinzip auf alle anderen Religionen auch zu! Die Moslems zum Beispiel hacken Dieben die Hände ab, um die Geldsäcke vor ihnen zu schützen. Statt sie mit ihrer Hände Arbeit den Schaden wieder abarbeiten zu lassen, hacken sie ihnen die Hände ab, so dass sie der Allgemeinheit zur Last fallen. Weil den Geldsäcken die Allgemeinheit egal ist. Wenn in Saudi Arabien einer geköpft werden soll, bedient man sich eines großen sudanesischen Negers als Henker, weil man sich selber die Hände nicht schmutzig machen will, genau, wie die verlogenen Katholiken es gemacht haben. Dieser stößt dann dem Delinquenten zuerst das Schwert mit der Spitze kräftig in den Rücken, damit dieser sich vor Schmerz aufbäumt und eine manierlich Haltung einnimmt, so dass der Henker problemlos den Kopf abschlagen kann. Und wenn eine Frau umgebracht werden soll, die aber noch Jungfrau ist, der Koran aber verbietet, dass eine Jungfrau exekutiert wird, wird man dem Koran gerecht, indem man die Frau am Abend vor der Hinrichtung von den widerlichsten Wärtern kräftig vergewaltigen lässt, um sagen zu können, dass sie keine Jungfrau mehr gewesen sei. So wird der Koran nach dem Geschmack dieser Verbrecher nach Belieben verdreht, mit der gleichen Heuchelei, wie bei der Katholischen Kirche.

Dann gibt es die Zeugen Jehovas, die ihre Leute auf ganz andere Weise umbringen. Sie zerstören Menschen mit Psychoterror. Das fällt weniger auf und lässt sie, weil sie relativ klein sind, recht unbehelligt. Sie erzählen den Leuten, dass nur eine bestimmte Anzahl von Menschen das jüngste Gericht überleben wird um dann in einem Paradies auf Erden zu leben, während alle anderen ewig in der Hölle schmoren werden. Da aber ihre Anzahl zunimmt, müssen sie sich ständig eine neue Anzahl ausdenken, darauf vertrauend, dass ihre Anhänger so blöd sind, dass sie das nicht merken. Mit der Maßgabe, dass sie keine Steuern erheben, wollen sie die Leute glauben machen, dass sie nicht geldgierig sind. Aber jedem wird eingeschärft, dass er in der Hölle landet, wenn er nicht mindestens seinen 'Zehnten" freiwillig abliefert und natürlich kann auch jeder sein Vermögen an sie vererben. Denn zu diesem Zweck werden sie von ihren Mitmenschen entfremdet und isoliert, denen man allen grundsätzlich unterstellt, sie seien des Teufels. So werden die Mitglieder völlig von Freunden und Verwandten isoliert, bis sie das willige Werkzeug dieser teuflischen Sekte geworden sind.

Und man könnte noch viele ähnliche Gruppen aufzählen, die im Grunde alle gleich sind.

Sogar die Protestanten sind dagegen nicht gefeit, weil Martin Luther einen Kardinalfehler gemacht hatte, als er seine neue Kirche gegründet hat. Er hat die von den Katholiken nach Belieben zusammengestellte und verfälschte Bibel übernommen und damit auch ihre implizierten Lügen!"

Hier musste er sich erst erholen und seinen trockenen Mund mit Sprudel durchspülen.

"Denn," fuhr er fort, "das Christentum ist auf einer unverschämten Lüge aufgebaut! Weil man den Herrn Jesus damals einfach umgebracht hatte, nachdem er Dinge verkündet hatte, die den Geldsäcken nicht passten, weil seine Lehre schlecht für's Geschäft war, erfand man die Legende, das sei alles so prophezeit gewesen, deshalb habe man garnicht anders gekonnt, als den armen Herrn Jesus zu ermorden. Das sei gut für's Volk gewesen, weil durch sein Opfer alle Menschen von ihren Sünden erlöst würden -wenn sie der teuflischen Kirche dienen- und folglich seien die Menschen ja was Großartiges, wenn gar Gott seinen eigenen Sohn opfern würde, Hallelujah! Also was den Philosophen bis heute nicht gelungen ist, nämlich zu klären, was wohl zuerst da war, das Huhn oder das Ei, das haben die verlogenen Katholiken ihrem verblödeten Kirchenvolk ungeniert einreden können, wenn sie behaupteten -bitte lassen Sie sich das auf der Zunge zergehen- Jesus sei Gottes Sohn und ganz locker hinzufügen, dass folglich Maria, also die Mutter des Herrn Jesus, die Mutter Gottes sei. Also für die ganz langsamen nochmal anders herum: Die Mutter des Sohnes sei die Mutter des Vaters.

Das ginge sogar, wenn man Inzest über zwei Generationen zugrunde legen würde.

Wie Sie sehen, meine Herrschaften, ist die Sache noch viel schlimmer, als sie der Angeklagte geschildert haben soll. Aber das unappetitlichste an dieser verlogenen Religion ist das Vorzeigen einer Leiche in erbärmlichstem Zustand. Sie zeigen sie in Kirchen, auf Straßen und in Bayern erschrecken sie damit sogar kleine Schulkinder, obwohl es das oberste Gericht verboten hat, die armen Kinderseelen damit zu verkrüppeln.

Sie tragen diese Leichen um den Hals, als sei diese Leiche eine Trophäe, zu sagen, schaut her, hier habe ich mein Blutopfer um den Hals hängen, damit ich großartiger Mensch alle Schandtaten der Welt ungestraft begehen kann.

Dieser Leichnam beweist es doch, seht nur her!

Meine Herrschaften, abgesehen davon, dass dies die größte Blasphemie in der Geschichte der Religionen ist, ist es auch der Schlüssel zu all ihren Verbrechen. Und was die Geschmacklosigkeit, den Mangel an Respekt angeht, ist das hier nur ein Nebenaspekt. Aber ich will trotzdem darauf eingehen

Wenn ein Feldherr, ein Dichter, ein Fürst, ein König oder sonstwer auf einem Denkmal dargestellt wird, zieht man ihn manierlich an, in den feinsten Kleidern. Da Denkmäler meistens im Freien stehen, zieht man ihnen auch fast immer Mäntel an, damit sie, auch wenn es regnet, nicht ganz so unangezogen aussehen. Jedenfalls hat man noch keinen wichtigen Mann als nackte Leiche mit verzerrtem Gesicht dargestellt. Das hätte der Respekt einfach verboten. Das wäre ohne Würde.

Sogar wenn ein Raubmörder von der Polizei erschossen wird und der Mob herumsteht, um zu gaffen, deckt man den Toten dezent zu.

Aber den Sohn Gottes stellt man als miserable Leiche dar!

Bedarf es noch eines Kommentars, mit was für einer Kirche wir es hier zu tun haben?

Luther hat zwar gesagt: ...solche Wahnsinnige, besessene..Rotzlöffel. .Wiedertäufer, Papst, Kardinal, Teufel und seine Mutter und andere Teufelsmäuler im Papsttum, obwohl sie doch nichts bei uns als Gelächter anrichten....., aber er hat nicht erkannt, dass er das schlimmste Symbol der Verachtung Christi, das Kreuz, auch übernommen hatte und mit diesem die daran angebrachte Lüge!

Denn das ist der größte Hohn an Gott, stellt doch das gleichschenklige Kreuz 'da Oben' das Symbol der Wahrheit dar!

Luther hätte die Chance gehabt, alles neu zu erschaffen, indem er den Herrn Jesus auf dem Berg, bei der Predigt, hätte darstellen lassen, wenn überhaupt, in wallendem Gewand, mit herrlichem Gesicht und mit dem Schwert, das er bringen wollte, um den Unrat zu vertilgen.

Denn Jesus hatte ja gesagt, er bringe das Schwert zu den Menschen und er hat auch gesagt, dass ein jeder ernten werde, was er gesät hat,

232

und wer süße Früchte sät, der werde süße Früchte ernten und wer bittere Früchte sät, der werde bittere Früchte ernten. Und dann hätte die Christenheit eine ehrliche Religion werden können. Aber so hat Luther zwar einem Teil der Menschen diese gräßlich gierige Kirche vom Halse geschafft, hat aber deren Hauptlügen übernommen und so letztlich zum Verschwinden der Religion mit beigetragen!

Mit der Folge, dass wir heute überall Sodom und Gomorrah haben. Da muss ich, auch wenn das das Einzige ist, dem Herrn Sodom Recht geben. Da haben sie gesiegt, die Schwarzen!

Sehen Sie meine Herrschaften! Der Teufel hat alles drauf. Wen er nicht über Religion einfängt, macht er durch Konsum zum Sklaven und wer am Konsum verzweifelt, macht er mit Drogen zum Sklaven.

Letztlich gibt es kaum ein Entrinnen vor ihm. Und er liefert neben der Gebrauchsanweisung auch immer die Rechtfertigungsgründe gleich mit, die die Abwehrstrategien gegen vernünftige Wohlwollende enthalten. Es ist ein fast geschlossenes Gefangenensystem.

Und vor allem ist das Lachen verboten. Lachen könnte unabhängig machen und deshalb wird jeder diffamiert, der lacht. Man macht ihn zum Idioten. Wer gegen das System ist, ist ein Idiot, wird nicht ernst genommen oder weg gesperrt.

Zusammenfassend ist folgendes zu sagen:

Der Angeklagte hat erkannt, dass allen Religionen in ihrer unverfälschten Urform, die gleichen Prinzipien zugrunde liegen.

Es komme nicht auf die Religion selbst an, sondern auf die bei allen gleichen Prinzipien und dass man sie erkennt und danach lebt.

Wer alle betrachte habe ein Mosaik vor sich, das als Gesamtbild einen Sinn macht. Die Kirchen gehen nun her, putzen ihr Steinchen und behaupten, das sei das Bild. Und sie verdrehen alles, so dass es zur Lüge und damit unglaubwürdig wird.

Der Angeklagte behauptet weiter, dass er sehr streng an einen Gott glaubt, dem er treu dient, dass dies aber nicht der Herr Jahwe aus einem Lügenbuch sei, sondern ein gütiger, liebender und herrlicher Gott, der es nicht nötig hat, auf die niedere Ebene der Menschen herabzusteigen, sondern der erwartet, dass wir uns auf seine Ebene hoch bemühen, in eine höhere Schwingung, die uns in seine Herrlichkeit befördern könnte, wenn wir nur wollten.

Gott steigt nicht zu uns in die Jauchegrube, sagt der Angeklagte. Aber er wirft uns ein Seil zu, wenn wir heraus wollen. Das Seil sei das ernst gemeinte Gebet! Wie Sie also sehen können, trifft die Anklage der Blasphemie nicht nur nicht zu, sondern die Ankläger selbst sind die größten Gotteslästerer auf Erden. Ich glaube, dass ich damit alles Wesentliche gesagt habe und möchte um Entlassung bitten!"

Und damit nahm er die Hand zum Gruß an seine Hutkrempe, genau wie er es im Film zu tun pflegte, legte sein bübisches Lächeln auf, das mehr verbirgt, als es raus lässt und verschwand alsbald, nachdem der Graue an seinen Knöpfen gedreht hatte.

Der Vorsitzende fragte Alex, ob er noch was dazu sagen wolle und Alex begann:

"Herr Vorsitzender! Ich habe dem Gesagten im Prinzip nichts mehr hinzuzufügen. Die Unschuld meines Mandanten ist auch auf diesem Gebiet wieder einwandfrei nachgewiesen worden. Ich möchte aber, um letzte Zweifel auszuräumen, beantragen, dass auf jeden Fall der Herr Jahwe als Zeuge hier gehört wird. Wie mir bedeutet wurde, wäre der Herr Jahwe auch verfügbar, sofern man ihm rechtzeitig Bescheid sagen würde!"

Der Beisitzer des Richters, der links von ihm saß, flüsterte dem Vorsitzenden etwas ins Ohr und dieser sagte dann:

"Soviel ich eben gehört habe, ist der Herr Jahwe nicht nur bereit, dazu auszusagen, sondern er besteht auch darauf, hier angehört zu werden, um Lügen, die über ihn verbreitet wurden, richtig zu stellen!"

Der Herr Teufel, der aufgeregt mit den anderen schwarzen Figuren getuschelt hatte geiferte: "Einspruch! Ich kann nicht sehen, dass das irgendwem von Nutzen sein könnte und lehne deshalb ab, dass der Herr Jahwe angehört wird!"

Der Vorsitzende reagierte empört über diese Frechheit.

Schließlich leite er diese Verhandlung und man habe es gefälligst auch ihm zu überlassen, wen er für wichtig oder unwichtig halte.

Der Erzengel Michael stand empört auf und rief in den Saal:

"Ich verlange, dass der Herr Teufel in den Fragestuhl kommt!"

Hatte ich schon geglaubt, die Verhandlung sei endlich zuende, so hatte ich mich doch gewaltig getäuscht. Jedoch, so gerne ich das Ende auch herbei gewünscht hatte, ich konnte mich nicht des Gefühls erwehren, eine gewisse Lust an dem nun zu erwartenden Spektakel in mir aufkommen zu fühlen. Der Fragestuhl war ja bisher nur einmal benutzt worden und es hatte mich mit nicht geringer Genugtuung erfüllt, dabei zu sein, wie so ein Lügenmaul zum Reden der Wahrheit gebracht worden war.

Die zwei Grauen tauchten sogleich wie aus dem Nichts auf und bevor man es sich versah, landete der Herr Teufel auf dem Fragestuhl und wurde dort manierlich festgeschnallt. Seine Zunge ging noch heftiger rein und raus und er stierte ziemlich blöde vor sich hin.

Der Herr Michael begann sein Verhör:

"Herr Teufel. Wie ich gehört habe, sind Sie zur Zeit Bischof in einer Stadt namens Flieder und haben letztlich von sich reden gemacht, dass sie zwar Jagd auf Homosexuelle gemacht haben, mit dem Mund, aber rechtsradikale Aufmärsche in Ihrer Stadt überhaupt nicht schlimm fanden, obwohl sich das ganze Land darüber aufgeregt hat.

Und Sie benutzen den Namen Diebel, was ja nach dem Altdeutschen das Wort für Teufel ist. Passt ja auch zu Ihnen. Wieso sind Sie zwar Bischof und waren schon mehrmals Inquisitor haben es aber nie zum Papst gebracht ?"

Der Herr Teufel wand sich und sagte gequetscht, während seine Zunge ein und aus fuhr:

"Das lag wohl daran, dass ich der Kirche zu radikal war. Sie wollen einen Papst, den sie sich im Vatikan zurecht biegen können. Er muss Dreck am Stecken haben, damit man ihn immer umstimmen kann!"

Der Herr Michael war fast erstaunt, als er sagte:

Ah, Sie scheinen ja bis jetzt erstmals die Wahrheit zu sagen! Wollen Sie sagen, dass Sie keinen Dreck am Stecken hätten ?"

Der Herr Teufel wand sich noch mehr, machte ein gequältes Gesicht und sagte: "Vielleicht nicht genug, um diesem Profil zu entsprechen!"

"Herr Teufel!" fuhr der Herr Michael fort: "Sagen Sie uns hier, wozu die Katholische Kirche die Beichte eingeführt hat ?"

Der Herr Teufel wand sich noch mehr und begann: „Ja, wissen Sie, man wollte den armen Seelen Ihre Seelenqualen abnehmen und ihnen Erleichterung verschaffen, wenn sie sich versündigt hatten!"

Der Herr Michael bekam einen bösen Ausdruck in seinem Gesicht.

Der Zeiger auf der Skala hatte bei der Aussage soweit ausgeschlagen, dass er mit lautem ,Kling' an seine Begrenzung gestoßen war und der Herr Michael sagte laut:

"Stellen Sie den Zeugen unter Strom! Er hat dreist gelogen!"

Der Stromfritze drehte vergnügt an seinen Knöpfen, der Herr Teufel schrie auf und wand sich in seinem Stuhl wie eine Schlange und unter dem Stuhl wurde es nass-braun und es begann zu stinken, als er jammerte:

"OK! Ich will es erklären. Man wollte über alles im Lande Bescheid wissen und das erreichte man über die Beichte. Die Beichtstühle waren sozusagen die ersten Geheimdienstterminale, so dass man wusste, welcher Herrscher welche Pläne gegen wen aussheckte und so in die Politik eingreifen konnte, um die eigene Macht zu stärken!"

"Nochmal Strom," rief Michael, "der Mann hat nicht alles gesagt!"

Der Strom-Mann gab nochmal mächtig Spannung drauf und dem Herrn Teufel begannen die Augen unnatürlich rauszuquellen und er schrie:

"Gut, ich sag's ja schon. Also man wollte vor allem erreichen, dass die Menschen jeden Skrupel überwinden würden, für uns jedes Verbrechen zu begehen, in der Gewissheit, wir erteilten ihnen anschließend die Absolution. Wie hätten wir sie sonst dazu bringen

236

können, gegen alle Gebote zu verstoßen, zu morden und Kriege zu führen ?"

"Das ist schon besser," sagte Michael und fuhr fort: "So wurde also einem armen Priester die Bürde aufgeladen, dass er einem Kindesmörder die Absolution erteilen musste und nicht mal zur Polizei gehen konnte, damit ihr eure feine schmutzige Politik machen konntet. Dann erzählen Sie doch bitte mal, wozu das Zölibat eingeführt wurde ?"

"Es wurde eingeführt," sagte der Herr Teufel, "um ein sauberes Priestertum zu erlangen, ohne den schmutzigen Sex!"

Diesmal war der Zeiger, der die Lügen anzeigte, glatt abgebrochen, als er an das Ende der Skala knallte.

"Mehr Strom," hörte man Michael und das Strom-Männlein nahm einen zusätzlichen Knopf, weil man sich an eine Sache so schnell gewöhnt.

Dem Herrn Teufel kamen unten aus der Kutte zwei runde Fleischkugeln gefallen, er jammerte ganz erbärmlich und bettelte, doch die Wahrheit sagen zu dürfen, wenn man nur den Strom nachließe. Der grinsende Graue, der sein Handwerk offensichtlich gut verstand, drehte die Knöpfe etwas zurück und der Herr Teufel sagte, immer noch herum zappelnd in zappelnder Sprache:

"Also das war so. Früher rekrutierten wir unseren Nachwuchs aus dem Adel. Denn das waren so ziemlich die Einzigen, die lesen und schreiben gelernt hatten. Und da sie gewöhnlich aus reichen Häusern kamen und Ländereien erben würden, führten wir das Zölibat ein und machten es ihnen zur Pflicht, die Kirche als ihre Erben einzusetzen, was sie auch willig machten, weil sie ja in der Kirche vorwärts kommen wollten. So erlangten wir unsere ersten Reichtümer, die unserer Macht sehr nachhalfen!"

"Warum haben Sie diesen Blödsinn dann nicht längst abgeschafft und lassen statt dessen die armen Pfaffen immer noch entarten und Kinder sexuell benutzen?" hakte Michael nach.

Der Herr Teufel antwortete: "Die Kirche mochte nie zugeben, dass sie sich jemals geirrt haben könnte. Schließlich mussten wir doch den Irrglauben aufrecht erhalten, der Papst sei der Stellvertreter Gottes auf Erden und also unfehlbar. Das war schon bei Galilei so und daran wird sich auch nichts ändern!"

Der Herr Michael hakte erneut nach: "Ist es nicht richtig, dass der Gegenpapst in Avignon sich besondere Kruzifixe anfertigen ließ?"

Der Herr Teufel verdrehte die Augen und wollte ausweichen. Michael aber warf dem Elektromann einen Blick zu und schon rauschte und zischte es in den Gewändern des Herrn Teufel und er quäkte:

"Ist ja schon gut, ich rede. Es ging damals um den Streit, ob die Kirche so reich sein dürfte, ob Jesus Geld hatte und man baute Kruzifixe, auf denen Jesus nur mit einer Hand am Kreuz war und die andere an seinem Geldbeutel hatte!"

"Ah, wie schön. Der Herr Jesus wurde also zur Kasperpuppe, zur Werbefigur umfunktioniert! Und was für gebratene Vögel aß man damals am Hofe des Papstes?"

Und der Herr Teufel stammelte:"Was meinen Sie?"

Und der Herr Michael nickte wieder dem Stromfritzen zu, der gab erneut Voltage auf den Stuhl und sogleich sprudelte die Wahrheit, mehr als verlangt worden war:

"Ja, ist ja schon gut," schrie er heraus, "also man aß Vögel, die man vorher mit Menschenfleisch gefüttert hatte, man mißbrauchte Knaben, kastrierte sie, um sie länger zum Gebrauch zu haben und um sie auch so schön hoch singen zu lassen und gönnte sich jede Prasserei, weil es sich wahrhaftig gut auf Kosten des dummen Kirchenvolkes leben ließ. Sogar noch bis vor kurzem ließen sich die Pfaffen in der Hungerszeit, als keiner was zu essen hatte, in Italien die fettesten Katzen zu den Festtagen bringen und das Kirchenvolk erhoffte sich davon, dass sie dann nicht so viele Bußen auferlegt bekommen würden, nach der Beichte. Und diese Katzen waren natürlich für den Kochtopf gedacht. Aber das haben sie natürlich nicht in Deutschland gemacht, wegen der einfältigen Tierschützer!"

Nachdem der Herr Teufel alle diese Fragen beantwortet hatte, sagte der Herr Michael, der Graue am Schaltpult solle den Strom abschalten und der Zeuge könne wieder entlassen werden.

Aber der Graue machte einen Fehler und der Herr Teufel zappelte ganz fürchterlich, seine Zunge kam immer weiter heraus, bis sie mitsamt einem Stück Schlund heraus geflogen kam und am Schutzschild klebte. Die Augen flogen gleich danach heraus und unten türmten sich Berge von Gedärmen, die unter der Kutte hervor gequollen waren. Der Mann am Pult zuckte mit den Schultern, nuschelte etwas, es täte ihm ja leid, da müsse es einen Schaltfehler gegeben haben und das habe er wirklich nicht gewollt und ich glaubte an seinem verzerrten Gesicht zu erkennen, dass er sich kaum das Lachen verkneifen konnte und dazu all seine Willenskraft aufbot.

Der Vorsitzende ordnete die Beseitigung des Mülls an.

Man tat es, schaufelte alles zusammen, kratzte die Zunge und die aufgeklatschten Augen vom Schutzschild und warf den ganzen Kram zur Tür mit der 666 drauf, hinaus in den Abgrund.

Die übrigen Schwarzen schäumten und geiferten vor Wut, trauten sich aber nicht etwas zu sagen und ich dachte, dass es ihnen so ergehen würde, wie den zehn kleinen Negerlein, wenn sie noch lange hier oben ihre Lügenmäuler aufmachen würden.

In diesem Moment schrillte der Alarm und auf der Tafel leuchtete die Schrift auf: "Gang zur Toilette dringend" und der Vorsitzende tat seine Pflicht, haute mit seinem Hammer auf sein Pult und erklärte die Verhandlung für geschlossen.

Alle entschwanden und ich entschwand und wachte schweißgebadet auf und rannte sogleich los, Sie wissen schon wohin

◇

20.Kapitel   Der Auftritt des Herrn Jahwe

Als ich mich das nächste Mal im Gericht wiederfand, herrschte dort eine gespannte Stimmung. Die Richter und die Engel schienen alle neugierig das Ereignis zu erwarten, endlich diesen Herrn Jahwe in Augenschein nehmen zu können, während die verbliebenen Ankläger -es waren nur noch der Herr Satan und der Herr Gomorrah übrig geblieben- miteinander stritten und ganz offensichtlich sauer waren, dass man den Herrn Jahwe anhören wollte.

Dann geschah wieder etwas ganz Neues, wie es das in diesem Verfahren noch garnicht gegeben hatte. Es gab plötzlich ein lautes Rauschen und Zischen, das von außerhalb des Raumes kam.

Dann rumste es ziemlich laut und der ganze Gerichtssaal rumpelte und schwankte für einen Moment, bis wieder Stille einkehrte und alle wie erstarrt um sich schauten, als sie im Lautsprecher eine laute, tiefe Stimme hörten:

"Es tut mir leid, wenn ich Sie erschreckt haben sollte! Hier spricht Jahwe, der Herr! Ich bin eben auch nicht mehr das, was ich einmal war. Das Andocken habe ich schon seit ein paar tausend Jahren nicht mehr geübt. Und außerdem ist auch mein Raumschiff nur noch bedingt tauglich. Keine Ersatzteile zu kriegen, da unten. So muss ich teilweise mit den Notsystemen arbeiten. Also entschuldigt, wenn ich Euch aus Eueren Stühlen geschüttelt haben sollte.

Jedenfalls ist die Schleuse noch in Ordnung. Ich habe gehört, dass Sie mich sprechen wollen. Wie Sie sehen, ich bin hier! Aber ich stelle eine Bedingung: Ausschluss der schwarzen Brut und des Publikums!"

Es ging ein Raunen durch den Saal, die beiden Ankläger tobten, trauten sich aber nicht, irgendwelche lauten Forderungen zu stellen.

Die Richter berieten sich tuschelnd, das Volk der Zuschauer gab laute Mißfallensbekundungen von sich und der Vorsitzende griff zum Mikrofon der Außenanlage und sagte:

"Herr Jahwe, wir danken Ihnen, dass Sie gekommen sind und begrüßen Sie hier bei uns. Wir können das Publikum ausschließen.

240

Dagegen wäre nichts einzuwenden. Aber es widerspricht den Gepflogenheiten und Regeln dieses Gerichts, die Vertreter der Anklage auszusperren!"

Im Publikum brodelte es und draußen hörte man Triebwerke starten.

Aus dem Lautsprecher war erneut die Stimme von vorhin zu hören, die sagte:

"Hohes Gericht, dann muss ich wohl unverrichteter Dinge wieder abreisen!"

Die Triebwerke wurden lauter und der Vorsitzende sprach erneut in dasAußenmikrofon:

"Warten Sie , Herr Jahwe! Im Grunde sind Sie hier nicht als Zeuge aufgerufen, sondern eher, damit wir uns ein Bild machen können, was wir von den Aussagen der Zeugen hinsichtlich Ihrer Person zu halten haben. Insofern denke ich, dass ein Ausschluss nicht nur der Öffentlichkeit, sondern auch der Anklage als zulässig betrachtet werden kann. Bleiben Sie also bitte hier! Ich werde Ihnen sogleich Bescheid geben, wenn die Betreffenden das Gericht verlassen haben.!"

"Danke!" klang es von draußen über den Lautsprecher und man konnte hören, dass die Triebwerke wieder ausgeschaltet wurden.

Der Vorsitzende ordnete an, dass das Publikum sofort wieder nach Hause, in ihre Körper zu gehen habe, läutete dazu einen ganz neuen Ton und sogleich löste sich die Masse der Neugierigen in zuerst schemenhafte Schatten auf, um dann völlig aus dem Saal zu verschwinden.

Die Ankläger murrten erheblich, aber als der Vorsitzende fragte, ob er die Grauen erst herbeirufen solle, stemmten sie wütend die Tür mit der 666 auf und verzogen sich. Ein kurzer Pesthauch wehte trotz der Abzugshaube in denRaum, die schwere Tür fiel ins Schloss, der Richter legte einen Hebel um, der wahrscheinlich die Tür verriegeln sollte und sprach dann in das Außenmikrofon:

"Herr Jahwe! Wir sind jetzt unter uns, die Engel, die Richter und der Angeklagte. Würden Sie jetzt bitte hereinkommen ?!"

"Alles klar!" tönte es aus dem Lautsprecher.

Es gab ein erneutes metallisches Ein-und-ausklinken und Zischen, dann öffnete sich die Tür mit dem Engel drauf, durch die die Engel immer kamen und gingen und herein trat ein Mann unbestimmbaren Alters, der auf seine Weise eine natürliche Würde ausstrahlte und ein sehr imponierend strenges Wesen hatte.

Er erinnerte mich an Charlton Heston, wie er den Moses gespielt hat, als er dem Volk die Tafeln mit den zehn Geboten gebracht hatte.

Er stellte sich alsbald dort auf, wo auch immer die Projizierten Gutachter gestanden hatten und warf seinen Umhang zurück und sagte: "Hier bin ich denn, Jahwe, der Herr, zu Ihrer Verfügung. Denn ich will hier aussagen, um richtigzustellen, was alles über mich gelogen wurde!"

Dieser stolze, aufrechte Mann hatte alle Anwesenden sichtlich beeindruckt.

Der Vorsitzende ergriff alsbald das Wort und sagte:

"Herr Jahwe! Vor diesem Gericht sind allerlei Gerüchte über Sie und Ihr Wirken auf der Erde verbreitet worden. Unter anderem, dass Sie sich dort unten als Gott aufgespielt hätten und dass dem Angeklagten vorgeworfen wird, dass er Sie nicht als Gott anerkennt und vieles mehr, wie Sie sicher den Aufzeichnungen dieses Prozesses entnehmen konnten, bevor Sie hierher kamen. Ich möchte Sie nun bitten, uns über diese Ereignisse aus Ihrer Sicht zu berichten. Und ich möchte nochmal darauf hinweisen, dass dieser Prozess nicht gegen Sie gerichtet ist. Wir wollen uns ein Bild machen können und müssen deshalb die Wahrheit wissen!"

Der Herr Jahwe, der geduldig zugehört hatte, entgegnete:

"Hohes Gericht, Jahwe der Herr hat noch nie eine Unwahrheit gesagt. Sie werden die Wahrheit hören. Und ich möchte sogar darum bitten, dass Sie alles genauestens aufzeichnen, um es 'da Oben' vorzutragen," und dabei zeigten sein Kopf und seine Augen schräg nach oben, "denn mir ist böses Unrecht widerfahren, so dass ich selbst in größten Schwierigkeiten deshalb bin!"

Er schaute sich um und sagte in strengem Ton:

242

"Bitte sorgen Sie dafür, dass ich einen Stuhl und eine Erfrischung bekomme, da mein Vortrag länger dauern wird!"

Der Vorsitzende scheuchte sogleich ein paar Graue durch die Gegend. Von irgendwoher brachten sie einen ordentlichen Stuhl, der schon fast wie ein Thron aussah, stellten diesen dorthin und ein kleines Tischlein mit einem Glas und einer Karaffe daneben und machten ehrerbietige Gesten, dass der Gast sich doch hinbequemen möge, um dann wieder zu verschwinden.

Der Herr Jahwe hatte sich in diesem schönen Stuhl niedergelassen, seine Kleider zurechtgerückt und begann von Neuem:

"Ich will Ihnen die Sachen von Anfang an erzählen, was meine Rolle auf der Erde angeht. Dann können Sie sich selbst ein Bild machen, von dem, was da schief gelaufen ist.

Also wir wurden auf höhere Order auf die Erde geschickt, um die dortige Aufzuchtstation für Geistwesen etwas voranzubringen, da man beschlossen hatte, Geistwesen in geeignete Tierkörper zu pflanzen, um auf diese Weise deren Entwicklung zu beschleunigen. Es war sozusagen eine Art ausgelagerte Wickelstation mit angegliedertem Kindergarten, die man aus der geistigen Ebene ausgelagert hatte, um schnellere Resultate zu bekommen.

Die Erde bot erstaunlich schöne und gute Bedingungen. Da wir eine Weile dort beschäftigt sein würden, mussten wir zunächst rund um die Erde Pyramiden erbauen lassen, die nicht nur den Zweck hatten, uns als Orientierung für unsere Anflüge zu dienen, wie hier schon berichtet wurde, sondern die vor allem dazu da waren, uns mit kosmischer Energie zu versorgen, damit wir unsere Raumschiffe immer wieder auftanken konnten. Denn sehen Sie, unsere derzeitige Technologie war damals, die Pyramidenform als Einfangreflektor für Energie aus dem All zu benutzen, die wie ein Brennspiegel diese gebündelt zurückwarf und uns als Tankstelle diente.

Da wir das den damals dort lebenden Halbaffen nicht hätten plausibel erklären können, benutzten wir ein altbewährtes Mittel, indem wir ihren Anführern versprachen, dass sie, wenn sie eine Pyramide bauen, einen direkten Aufzug zum Himmel hätten, so dass ihre Seelen nicht, wie ihre Körper, nach dem Tod hier zurückbleiben und vergammeln müssten.

Da wir ihnen zeigten, wie sie diese zu bauen hätten und ihnen auch bei der Ausführung halfen, brach auf der Erde der reinste Pyramidenboom aus. Wir zeigten ihnen die Fortschritte der anderen und es gab einen richtigen Wettstreit. Aber das Problem war, dass diese damaligen Menschen immer wieder den gleichen Fehler machten, der Menschen heute noch zueigen ist; statt das zu tun, was wir ihnen aufgetragen hatten, glaubten sie, sie müssten es abändern, so dass einige Bauwerke auf halber Höhe wieder einstürzten und dann in völlig ungeeigneter Weise weitergebaut wurden, so dass sie uns nichts nützen konnten, weil die falsche Form keine Energie einzufangen vermochte. Andere bauten entgegen unseren Anweisungen soviele Geheimgänge in diese Bauwerke, dass sie aussahen wie ein Schweizer Käse und auch zu nichts nutze waren, weil gerade die Kompaktheit der Form für die Bündelung der Energie so wesentlich ist.

Es war einfach grauenhaft. Was man nicht persönlich überwachte ging einfach schief. Auf dem amerikanischen Kontinent bauten wir einen großen Weltraumbahnhof indem wir von einer Umlaufbahn aus, den Arbeitsteams genaue Meßpunkte mit Laserstrahlen in den Erdboden brannten und sie waren ganz erfolgreich.

Das Gleiche geschah auf Atlantis, wo übrigens auch die einzige Pyramide entstand, die zum Auftanken taugte. Das war darauf zurückzuführen, dass wir auf Atlantis unsere Basis hatten und dort, um den Vorgang zu beschleunigen, das Geschlecht der Titanen hervorgebracht hatten, die sich zunächst hervorragend bewährt haben. Ich will nicht näher darauf eingehen, wie das vonstatten ging.

In meinen späteren Ausführungen hätte ich das sicher unter der Rubrik 'Unzucht mit Tieren' aufgeführt!

Jedenfalls klappte das und brachte unser Projekt und auch die Entwicklung der Menschheit zunächst gut voran. Aber dann passierte etwas, das wir damals nicht begreifen konnten, das uns alles auf der Erde zerstörte, was wir begonnen hatten. Ich weiß heute, was damals wirklich passiert ist.

Der Herr Luzifer, damals Erzengel im Himmel, hatte dort versucht das einzuführen, was auf der Erde später als Demokratie bekannt wurde. Ihm war seine Rolle, die ihm zugeteilt war, nicht wichtig und mächtig genug. Er wollte König im Himmel sein und scharte lauter Leute um sich, die ihm seine Stimme geben sollten, indem er ihnen Geschenke versprach. Nachdem er auf diese Weise einen großen Teil des Himmels korrumpiert hatte, warf man ihn mitsamt seines Anhangs hinaus und auf unsere Erde. Man sagte ihm, er habe eine gewisse Zeit, sich zu bewähren und würde er seine Bewährungsprobe nicht bestehen, würde man ihn am Ende des Kreislaufs in dem sich die Erde befindet, mit dieser im kosmischen Mülleimer versenken.

Aber statt sich zu bessern und die Chance zu nutzen, begannen er und seine Scharen, die ganze Erde zu verderben und sie so zu seiner Geisel zu machen, um durch seinen Trotz zu erreichen, dass man ihn wieder aufnimmt, weil er sonst die Geistkinder nicht rausrücken würde. Aber meine Herren!

Das wussten wir damals nicht. Wir waren aus einer geistigen Ebene hervorgegangen und sollten durch unsere Arbeit an unserem weiteren Aufstieg arbeiten. Als der Herr Luzifer kam, war er immerhin ein Engel, also über uns stehend und behauptete, er sei nun unser Dienstherr und wir sollten nun schleunigst das Zivilisierungsprogramm an den Menschen durchziehen und ihnen als erstes einmal eine Religion schaffen. Wir waren fest davon überzeugt, dass wir ihm unbedingt zu folgen hätten.

Dafür teilte er uns auf und gab jedem Anweisung, eine Methode in seinem Bereich auszuprobieren und die erfolgreichste sollte später bei allen Anwendung finden. Wichtig sei, dass die Menschen aufhörten, wie Tiere zu leben und Götzen und Puppen anzubeten und wir sollten allen Zucht und Ordnung beibringen und dabei jedes Mittel anwenden.

Da der Herr Luzifer direkt vom Himmel kam und ein Engel war, glaubten wir ihm und begannen unsere Experimente, den Menschen durch Einflößen von Angst, Religionen beizubringen.

Heute weiß ich, dass wir alle Werkzeuge des Bösen wurden.

Aber damals waren wir jung und als Kolonisten auch Abenteurer und Draufgänger mit allen Begleiterscheinungen. Und die meisten unserer Leute waren alsbald ganz fürchterliche Götter geworden, die das Menschengeschlecht mißbrauchten und versklavten und untereinander die schlimmsten Machtkämpfe und Intrigen ausfochten, so dass sogar die Menschen in ihren Büchern davon berichteten.

Sie trieben sich im alten Griechenland herum. Einige inspirierten dort sogar die Kultur und die Wissenschaft, aber andere machten das wieder zunichte, indem sie das Land mit den verschiedensten Barbaren überfluten ließen, nachdem sie die Griechen durch Einführung der Demokratie geschwächt hatten, so dass sie solange palaverten, bis sie untergegangen waren, statt zu handeln.

Da entstand auch die erste Infizierung der Frauen, die Männer und ihre Politik über Sex zu beherrschen.

Lysistrata hatte ihren Geschlechtsgenossinnen geraten, den Männern den Sex zu verweigern, wenn sie nicht aufhörten, Krieger zu sein und die Folgen kennen wir. Griechenland ging unter. Eine Kultur verschwand und machte der Barbarei Platz.

Und die zweite Folge: Die Erde wurde zu einem Bordell.

Und der Herr Luzifer ihr Oberzuhälter. Und alle wissen, dass in einem Bordell nur einer profitiert: Der Bordellier.

Aber zurück zu damals. Ich bekam den Auftrag, die Juden zu übernehmen. Ich gab mich dieser Aufgabe auch mit viel Enthusiasmus und Liebe hin. Ich brachte ihnen bei, den Götzendienst zu unterlassen und an einen Gott zu glauben und wenn sie nicht spurten, heizte ich ihnen ganz schön ein. Aber die Heerscharen Luzifers verdarben alles. Dass Kain den Abel erschlug ist nur ein Symbol für die Art und Weise, wie sie vorgingen.

Sie verdarben alles was gut war. Ich erkannte es nicht.

Wie sollten wir auch einem Engel, der über uns stand, misstrauen?

Er riet mir, das Volk immer wieder ins Unglück zu stürzen, bis sie wieder brav würden und ihnen dann wieder beizustehen. Und ich tat es. Immer in der Hoffnung, es würde schon gut werden, der Engel wisse schon, was er anordne.

246

Ich pustete Sodom und Gomorrah weg, opferte dafür meine letzten zwei Atombomben, was ich später noch bitter bereute!"

Er hielt einen Moment inne und nahm einen Schluck von seiner Karaffe in sein Glas und trank davon und der Engel mit dem grünen Stern fragte:

"Herr Jahwe, wozu hatten Sie Atombomben? Sie kamen doch aus einer geistigen Ebene, wo es keine Kriege gibt ?"

Der Herr Jahwe hatte sich seinen Bart abgewischt und sagte:

"Herr Engel, das ist ganz einfach. Wir hatten wahrhaftig niemals so etwas wie Kriege, weil wir geistig sind! Wir führten sie mit, um auf unseren Flügen großen Meteoriten und Gesteinsklumpen zerbröselter Planeten den Garaus zu machen, wenn wir ihnen nicht ausweichen konnten, indem wir sie einfach atomisierten und dann durch ihre Staubwolke flogen. Wir hatte auch kleinere Sprengsätze, die wir für größere Erdbewegungen beim Bau unserer Basen anwendeten. Glauben Sie, dass das Plateau auf den Anden so glatt geworden wäre, wenn wir nicht nachgeholfen hätten?

Auch damals, als Moses die Juden durchs Rote Meer führte, war diese Technik im Spiel. Das war garnicht einfach. Ich musste genau berechnen, in welcher Tiefe die Sprengsätze gezündet werden müssten, damit sich der Meeresboden genau soweit anheben würde, dass das Meer genau an dieser Stelle wie bei einer Ebbe abfließen musste, um sich dann nach genau der Zeit, die das Volk brauchen würde, um durchzulaufen, wieder zu senken und die Fluten die Verfolger ertränken zu lassen. Ich hatte vorher Messungen durchgeführt, wie lange ein Volk mit Sack und Pack braucht, um in Angst durch feuchten Meeresboden zu marschieren. Und ich hatte berechnet, wie schnell eine Truppe, die das Volk verfolgen würde, hinter diesem her sein könnte. Alles war genau berechnet.

Natürlich wusste ich nicht, ob das Volk dem Moses durchs Meer folgen würde. Und dann kam es beinahe zur Katastrophe.

Ich zündete. Das Meer floss ab, die Juden wollten nicht folgen.

Ich musste erst ein paar Laserhologramme in den Himmel projizieren und per Lautsprecher aus meiner Wolke zu ihnen sprechen, bevor sie ihren Hintern in Bewegung setzten. Das hatte viel Zeit gekostet.

Und darüber, wie feige sie waren, haben sie nie in ihren Büchern geschrieben. Und dann kam es noch schlimmer. Obwohl ich ihnen durch Moses hatte mitteilen lassen, dass sie nur das Nötigste mitnehmen sollten, hatten sie sich derart mit Gerümpel und Gold beladen, dass sie viel länger brauchten, als berechnet und ich, als die Ägypter schon hinter ihnen her waren und der Boden sich schon senkte und das Wasser begann, sturzflutartig zurückzuströmen, mit meinen Triebwerken das Wasser zurückpusten musste, damit sie nicht alle ersaufen und das hat damals über die Hälfte meines Treibstoffs verbraucht, den ich nie mehr nachtanken konnte, was ich später noch bitter bereuen sollte, als die ganz große Katastrophe kam.

Auf jeden Fall habe ich damals mit dieser Unterwasserzündung ein wahres Wunder vollbracht, wogegen der Herr Chirac und seine Leute doch wahre Waisenknaben sind, die letztens gerade mal ein paar kreisrunde Schaumkringel an der Wasseroberfläche hervorgebracht haben. Natürlich war meine größte Sorge, dass mir nicht das ganze Rote Meer um die Ohren fliegen würde. Da wäre ich ganz schön blamiert gewesen."

Der Engel bedankte sich artig für die Antwort. Der Herr Jahwe nahm erneut von seinem Getränk und fuhr fort:

"Na ja. Und danach ging es ja erst mal weiter mit den Juden, in der Wüste. Ich hatte ihnen gesagt, sie sollten Gottvertrauen haben, ich würde ihnen zu essen geben und ich gab ihnen auch.

Diese Astronautenkost, die man aus einfachsten Mitteln in der Bordmaschine herstellen kann und warf sie ab.

Aber das Zeug ist nicht sehr haltbar und verdirbt schnell. Und ich hatte ihnen gesagt, dass sie sich nicht die Taschen vollstopfen sollten. Aber sie taten es doch und hatten anschließend Würmer in ihren Taschen.

248

Dann bestellte ich Moses auf den Berg und wollte ihm ein wenig beibringen und schnitt ihm mit dem Bordlaser die hübschen Gebotstafeln aus dem Stein. Und als er zurückkam, da tanzten sie ums Goldene Kalb, diese Ungläubigen. Und Moses verlangte, dass alle, die das nicht gewollt hatten, zu ihm auf die Anhöhe kommen sollten. Und als sie es getan hatten, warf er die neuen Tafeln zwischen seine Leute und die anderen und die Erde tat sich auf und verschluckte die Bösen.

Natürlich habe ich da auch gezündelt. Aber es nutzte nichts.

Die luziferischen Scharen verdarben jedermann.

Ich weiß, ich bin vergesslich geworden. Ich bin schon ganz schön alt. Ich musste schon etliche Male einen neuen Körper benutzen und das Umsteigen ist immer mit leichten Verlusten am Gedächtnis verbunden, weshalb ich in manchen Fragen meinen Computer konsultieren muss!"

Der Engel mit dem blauen Stern fragte:

"Herr Jahwe! Wie machen Sie das mit dem Körper?"

Der Herr Jahwe lachte und sagte:

"Wissen Sie, Herr Engel! Wir waren damals schon sehr weit fortgeschritten. Was man heute unter kloonen versteht, hatten wir längst perfektioniert und in der Raumfahrt eingesetzt. Wir führten eine ganze Schachtel voller gekloonter und befruchteter Eizellen mit uns, die mit unseren total identisch waren. Jedesmal, wenn wir glaubten, unser Körper werde anfangen unansehnlich und vielleicht ungesund zu werden, nahmen wir so eine Zelle aus der Schachtel und legten sie in einen Brüter mit Nährlösung und alles, was wir nun tun brauchten, war, den Brüter auf einem Planeten auszusetzen und ein paar Runden mit mehrfacher Lichtgeschwindigkeit zu drehen. Und wenn wir dann wiederkamen, war ja für uns keine Zeit vergangen. Aber wir hatten einen hübschen Burschenkörper vor uns, der in der Zeit seiner Entwicklung all die Bilder und Eindrücke, die wir selbst gemacht hatten, samt Leibesübungen und dem Programm, absolut glücklich zu sein, eingetrichtert bekommen hatte und den wir jetzt nur noch 'anzuziehen' brauchten, wie man einen neuen Anzug anzieht. Der alte 'Anzug' wurde danach in seine Grundbestandteile zerlegt, die verbrauchten Zellen in den Müll geworfen und der Rest wieder in den Tank mit der Ursuppe zurückgeschüttet. So kann man auch längste Weltraumreisen in immer frischem Zustand überstehen!"

Der Engel bedankte sich artig und der Herr Jahwe fuhr fort:

"Ja, und dann kam, wie gesagt die große Katastrophe, weshalb ich immer noch auf der Erde bin. Unsere Versorgungsleute kamen eines Tages auf die Umlaufbahn und forderten alle unsere Leute auf, sogleich nach Atlantis zu kommen, da dort der Kommandeur eine wichtige Versammlung zu veranstalten gedachte.

Ich muss erwähnen, dass ich zu diesem Zeitpunkt gerade auf der anderen Seite der Erde war, weil ich mich mal um die Chinesen kümmern wollte, da diese von uns bisher garnicht beachtet worden waren. Alle meine anderen Kameraden waren über Europa, Amerika und Afrika verteilt und ich fühlte mich mit den Juden, die ich gerade einigermaßen in den Griff gekriegt hatte, nicht ganz ausgelastet und flog also in China herum.

Auf diese Weise bekam ich auch mit, dass man vorhatte, wenn alle auf Atlantis versammelt sein würden, den ganzen Kontinent zu versenken um die fürchterlich verdorbenen Götter mitsamt ihren entarteten Schöpfungen, den Titanen, ein für allemal auszulöschen.

Ich tat also so, als hätte ich die Order nicht empfangen und blieb in China. Während ich dort die Leute studierte und feststellte, dass sie einerseits eine viel zu komplizierte Schrift hatten, die ich nicht lesen konnte, dass sie aber eine manierliche Ordnung und einen hohen Zivilisationsgrad hatten und ich dort eigentlich überflüssig war, passierte das Schreckliche.

Sie hatten einen zerbröselnden Planeten, der gerade günstig in einer Linie mit allen anderen stand und somit eine gute Gravitation hatte, angeschoben und so genau auf die Erde dirigiert, dass er genau dort aufprallte, wo sich Atlantis gerade befand. Ich ging in eine Umlaufbahn über dem Nordpol und sah mir das Desaster von dort mit an. Es war grauenhaft. Die Erde hatte so einen Schlag bekommen, dass sich die Erdachse verschob und das hatte zur Folge,

250

dass sich das Klima dramatisch änderte und ganze Gegenden ausstarben. Ich hatte furchtbare Angst. Traute mich auch nicht, mich bei den Fortfliegenden zu melden, weil ich dachte, sie würden mich sicher auch vernichten. Schließlich hatte ich dazugehört. Obgleich ich nicht denselben Unfug mit den Menschen getrieben hatte, wie die anderen. Aber immerhin.

Ich war als Gottheit aufgetreten und hatte doch auch ganz schön unter den Menschen gewütet. Es war eine grauenhafte Zeit für mich.

Der Herr Luzifer war der Einzige, mit dem ich mich noch vernünftig unterhalten konnte und ich bemerkte nicht, wie er mich einwickelte.

Der Herr Luzifer hatte den ganzen Himmel rund um die Erde hermetisch mit schwarzen Gedanken abgeschlossen, so dass nichts mehr rein oder raus konnte.

Bis dann der Herr Jesus kam. Ich war derart verängstigt, hatte ich doch selber immer das Gericht Gottes verkündet und die Versenkung von Atlantis noch gut im Gedächtnis, dass ich mich wieder in China versteckte und Indien besuchte, um nicht da in Erscheinung zu treten, wo der Herr Jesus herumwandelte.

Dabei stellte ich fest, dass der Herr Buddha den Leuten dort zwar das Kharmische Gesetz gepredigt hatte, dass man es aber dort genauso mißbrauchte, wie die Menschen unter Luzifers Einfluss alles mißbraucht hatten. Sie hatten gelernt, dass wir für alles zahlen müssten. Und dass jeder in die Stufe hineingeboren würde, die er verdient habe. Statt den Niederen nun aber zu helfen, sich wieder aufzurappeln, haben die Inder sie wie Dreck behandelt und als Sklaven mißbraucht, weil sie es ja verdient hätten und sich damit selber wieder neues Kharma geschaffen, durch ihre Lieblosigkeit und abgrundtiefe Schlechtigkeit, so dass für sie wirklich gilt, dass sie Gefangene im ewigen Rad der Wiedergeburt sind.

Ich habe damals erkannt, dass man den Menschen mit der größten Weisheit nichts beibringen kann, solange das Böse alles in sein Gegenteil verkehrt!"

Der Herr Jahwe hatte sich gerade nach dem Glas und der Karaffe umgedreht, um sich etwas zu erfrischen, als es aus dem Lautsprecher tönte:

"Klopfen an der Tür! Schläfer wacht auf! Unterbrechung!"

Und kaum dass das passiert war, stob ich aus dem Bett, um nachzusehen, was die Ursache der Störung war. Schließlich hatte ich doch meine Klingel nicht zum Vergnügen abgestellt.

Es stellte sich heraus, dass es ein Kind aus dem Erdgeschoss war, das mich bat, ihm ein Glas aufzumachen, weil der Deckel so fest saß und die Mutter es nicht aufgekriegt hatte.

Na ja. Was soll ich noch sagen. Ich lächelte das Kind an, nahm eine Klempnerzange, löste den Deckel und schickte das Kind mit einem Lächeln wieder fort.

◇

21.Kapitel Fortsetzung von Jahwes Aussage

Den ganzen nächsten Tag verbrachte ich damit, über die bisherige Aussage des Herrn Jahwe nachzudenken. Es erfüllte mich mit einiger Genugtuung, festzustellen, dass ich also richtig gelegen hatte, als ich vor zwanzig Jahren die Bibel einmal ganz durchgelesen und sie immer wieder wütend beiseite gelegt hatte, weil ich mir sagte, das kann nicht der Gott sein, für den ich arbeite. Und dann dachte, das muss ein Außerirdischer gewesen sein, der sich hier als Gott aufgespielt hat.

Ich fand soviel Unsinn darin und so viele Widersprüche, dass ich zu dem Ergebnis kam, dass ich es hier mit Irrtümern und Lügen zu tun hatte, aber niemals mit Gottes Wort.

Da kamen Siebentage Adventisten und Zeugen Jehovas und Mormonen und Buddhisten und dann die Moslems, die immer beteuerten, all das, was die Fundamentalisten an Verbrechen anhäuften, stehe garnicht im Koran, ja verstoße dagegen.

Und da kamen Juden und sagten, dass das, was heute in Israel geschehe eine Sünde gegen Gottes Gebote sei.

Die fanatischen Ayatollas ließen Kinder im Krieg gegen Irak über Minenfelder gehen, um die Minen auszulösen und die Kinder zerreißen zu lassen, statt die Soldaten, weil sie die ja noch brauchten zum tödlichen Kriegshandwerk und erzählten die Mär, dass alle, die im Krieg fallen würden, sogleich ins Paradies kämen. Überall wurden Verbrechen begangen und überall wurde zu dem Zweck die Religion benutzt, um die Verbrechen zu rechtfertigen.

Das alles zeigte nur auf, wie unsinnig es ist, von Gottes Wort zu reden, wenn man von der Bibel oder von ähnlichen Schriften spricht, außer Gott wäre ein schizophrener Cretin. Und noch viel närrischer erschien es mir, das auch noch wörtlich nehmen zu sollen.

Auf jeden Fall dachte ich über all das nach und fand mich abends, kaum dass ich mich in mein Bett gelegt hatte, im Gerichtssaal wieder. Alles war genauso wie am Vortag, als wäre die Verhandlung nie unterbrochen worden und der Herr Jahwe erfrischte sich gerade aus seiner Karaffe, als der Vorsitzende fragte:

"Also Herr Jahwe, Sie drückten sich also gerade in China rum, weil Sie Angst hatten, mit dem Herrn Jesus Ärger zu kriegen.

Das ist ja verständlich, in Ihrer Lage. Aber was passierte dann ? Der Herr Jesus war immerhin eine ganze Weile dort, an die 30 Jahre ?"

Der Herr Jahwe kratzte seinen Bart und sagte dann etwas verlegen:

"Ja, wissen Sie, das Erscheinen des Herrn Jesus hatte mich eben sehr nervös gemacht und ich hatte plötzlich eine Menge häßliche Sorgenfalten bekommen und ich dachte, für den Fall, dass ich dem Herrn Jesus doch noch begegnen würde, wäre es gut, wenn ich wieder mal einen frischen Körper haben würde. Dann würde ich jünger aussehen als er und könnte vielleicht sein Mitgefühl besser erregen. Sie wissen ja, wie wir das machen. Ich nahm so eine Zelle aus der Schachtel, legte sie in den Brüter und unternahm ein paar Runden mit erhöhter Lichtgeschwindigkeit, so dass ich bei meiner Wiederkehr einen fertigen Burschenkörper vorfand, der mich auch recht gut aussehen ließ.

Und als ich ihn gerade in Gebrauch genommen hatte, erreichte mich auch schon die Nachricht des Herrn Tod, dringend dahin zu kommen, weil man den Herrn Jesus umgebracht habe und seinen Körper in einer Höhle versteckt hätte, wegen dem Volk und dass da ein großer Stein davor sei, den er beim besten Willen nicht wegkriegte und ich sollte deswegen kommen, um ihm dabei zu helfen.

Vor allem habe er Probleme, seinen Job zu tun, weil ihm offensichtlich die Seele des Herrn Jesus entfleucht sei und das sei ihm furchtbar peinlich und er befürchte das Schlimmste.

Ich raste also sofort zu ihm rüber und fand den Herrn Tod in völlig desolatem Zustand. Ich fuhr die großen Greifarme unter dem Raumschiff aus und rollte den großen Stein weg und ließ dann den Körper des Herrn Jesus von einem Roboter ins Raumschiff bringen. Der ganze Coup ging ausgesprochen schnell und da es in der Nacht war, hat uns wohl auch keiner gesehen. Ich hatte außerdem vorher in der Umgebung ein Unwetter ausgelöst und ein Betäubungsgas in die Wolken gesprüht, so dass wir nicht von den Menschen gestört würden. Wir gingen zunächst einmal nach oben und versteckten uns

254

in einer Wolke, weil ja die Seele des Herrn Jesus immer noch verschwunden war und wir uns deshalb in der Nähe aufhalten mussten. Der Herr Tod war außer sich, dass ihm dieses Missgeschick passiert war und er fürchtete um seinen Fortbestand."

Wieder hielt der Herr Jahwe inne und goss sich erneut ein Glas ein und trank daraus mit großem Durst.

Dann fuhr er fort: „Wir hatten bereits drei Tage in der Gegend rumgehangen, hatten uns immer wieder neue Wolken suchen müssen, um kein Aufsehen zu erregen und es drohte schon aufzuklaren.

Den Körper hatten wir in einen Schneewittchensarg gelegt, obgleich er völlig unbrauchbar aussah und wir wollten gerade dort verschwinden, als etwas ganz Ungeheuerliches geschah.

Im Raumschiff erschien plötzlich ein unglaublich schönes, helles Licht, verdichtete sich zu einer menschlichen Figur, nahm Form an und da stand er, ganz herrlich, mitten im Raumschiff und sprach zu uns.

Wir waren beide aufs äußerste erschrocken und voller Angst, aber der Herr Jesus sprach zu uns so freundlich und ohne jeglichen Groll, dass wir beide erleichtert aufatmeten und erfreut waren und großes Glück empfanden.

Er erzählte uns, er habe gerade dem Herrn Luzifer in seiner Hölle einen Besuch abgestattet und ihn kräftig zur Schnecke gemacht- entschuldigen Sie meine Ausdrucksweise- und er habe diesem gesagt, er könne zwar weiterhin die Welt beherrschen und die Menschen auch in Versuchung führen, aber er dürfe sie nicht mehr zwingen und habe sie freizugeben und in Ruhe zu lassen, wenn diese sich aus freiem Willen für Gott und das Gute entscheiden, ansonsten würde er sofort vernichtet werden.

So dass jetzt der Weg für jeden Menschen guten Willens frei sei, sich Gott zuzuwenden und aus dieser Misere gerettet zu werden.

Das gelte auch für die gutwilligen unter den gefallenen Engeln, wenn sie sich dem Guten zuwenden wollten. Und er sagte, man sollte nicht glauben, dass neutral zu sein der richtige Weg sei. Er habe schon früher gesagt, dass wer nicht für ihn ist, gegen ihn sei. Es war die schönste Botschaft, die ich jemals gehört hatte, seit ich auf diesem Planeten der Gefangene meines Schicksals wurde.

Er verlangte dann, dass ich ihn zu verschieden Orten fliegen sollte, da er ziemlich angestrengt war und hier und da bestand er darauf, dass ich ihn absetzte, er übernahm einen Menschenkörper und sprach zu einigen Freunden, die ihn zwar zunächst nicht erkannten, ihn aber dann an dem was er sagte und wie er es sagte, doch erkannten und er gab ihnen Anweisungen für die Zukunft.

Dann musste ich ihn nach Amerika fliegen. Unterwegs verlangte er, dass man seinen Körper auf seemännische Weise dem Meer übergebe, damit sich niemand auf der Welt noch über diesen hermachen könne, weil er die Reliquiensammler, die Leichenteile horten, verabscheute. Und in Amerika sprach er einige Zeit mit dortigen Leuten, nachdem ich ihm vorher schnell einen Körper gemacht hatte -Sie wissen schon, mit den geklonten Pillen aus der Schachtel und ein paar Runden- so dass er dann als ‚Ich' herumlief, was ja keiner merkte, weil ich selbst dort nie in Erscheinung getreten war. Und ich sah ja auch ganz manierlich aus!"

Das schien ihn mit einigem Stolz zu erfüllen, was man an seiner aufrechten Haltung und seinem stolzen Blick sehen konnte.

Dann fuhr er fort:

"Nachdem diese Episode abgeschlossen war, bestand er darauf, auch diesen Körper im Meer zu versenken und forderte mich auf, ihn auf einen sehr weit entlegenen Platz im Weltraum zu bringen, den er vorher genau festgelegt hatte.

Es gab dort eine Zeit-und-Wandlungsschleuse, die wir zwar nicht sehen konnten, aber die wohl tatsächlich dagewesen sein muss.

Jedenfalls sagte er uns, dass wir nützliche Arbeit leisten und Glauben haben sollen und dann würde für uns alles gut werden.

Mich forderte er auf, mich nicht mehr als Gott auszugeben, aber mich weiterhin um Religion zu kümmern und Aufklärung zu betreiben und ich sollte ein Notrufsystem auf der Erde errichten, damit alle Menschen, wenn sie willens sind, Hilfe vom Himmel erfahren könnten.

Er versprach mir, dass ich seiner Hilfe sicher sein könnte, dass meine fehlerhaften Sachen, mich als Gott auszugeben, mir vergeben seien, weil ich ein Einsehen gehabt hätte und weil ich nicht wissen konnte, dass der Herr Luzifer ein böser Engel war.

Und dann verabschiedete er sich von uns, lächelte uns auf ganz wunderbare Weise an, löste seine Form auf in Licht zu einem länglichen Wirbel und verschwand durchs geschlossene Kabinendach und wir konnten ihn noch lange durch unsere Fenster im dunklen All mit den Blicken verfolgen, wie er immer schneller in der Höhe verschwand. Und manchmal hatte es den Anschein, als würde dieser Lichtwirbel uns zuwinken."

Der Herr Jahwe hatte Schwierigkeiten, seine Fassung zu bewahren.

Er weinte. Er nahm ein Tuch aus seinem Mantel und wischte sich die Augen ab und griff dann schnell zum Glas und spülte seine Trauer herunter.

Im Saal herrschte betretene Stille. Niemand war von dieser Erzählung unberührt geblieben.

Nach einer Weile des Schweigens fragte der Engel mit dem roten Stern: "Herr Jahwe, was war das für ein Notrufsystem, das Sie einrichten sollten?"

Der Herr Jahwe hatte sich wieder gefasst und erwiderte:

"Nun, mein System gliedert sich in zwei Ebenen. In Absprache mit dem Herrn Tod habe ich erst mal erreicht, dass die Geistwesen, die ihre Stufe nicht ganz geschafft haben, nicht zwangsläufig wieder von vorne anfangen müssen, sondern eine Chance bekommen, das Fehlende dadurch nachzuholen, dass sie für Andere aus dieser Stufe den Schutzgeist spielen. Das heißt, sie begleiten jemanden, der ihnen sehr ähnlich ist und sagen ihm, dass er Dinge tun oder lieber lassen soll. Das große Problem heute ist, dass es Mode geworden ist, ein Recht zu reklamieren, das völlig absurd und oft tödlich ist, das Recht auf die eigene Erfahrung. Stellen Sie sich vor, Sie sind Schutzgeist eines Jungen der auf einen Treibsand zugeht, der ihn verschlingen wird. Und Sie sagen es ihm, weil Sie selber schon mal in so einem Treibsand untergegangen sind und wissen, wie schrecklich es sich darin stirbt. Und der Bursche antwortete Ihnen, er habe ein Recht auf die eigene Erfahrung. Und Sie stehen da, wie der dumme August und müssen mit ansehen, wie er in sein Verderben geht. So geht es ja nicht nur unseren Schutzgeistern, sondern auch den meisten Eltern.

Die Kinder wurden ja schon durchs Fernsehen und die anderen Medien soweit verblödet, dass sie auf ihren eigenen Erfahrungen bestehen; auf das Recht darauf! Und weil das so ist und die Menschen auf ihren Schutzgeist nicht hören, diese innere Stimme, die manche auch als Gewissen bezeichnen, deshalb war es notwendig, noch ein zweites System einzurichten.

Das zweite System ist ähnlich angelegt, wie das System der Feuerwehren. Wenn einer die richtige Nummer anruft oder den Feuermelder einschlägt und den Knopf drückt, kommt die Feuerwehr. Egal, wo im Lande, überall heißt sie Feuerwehr, hat rote Autos und die Männer haben Helme auf und Feuerspritzen dabei.

So ist das bei uns auch. Wir haben spezielle Schutzengel, die überall auf ihren Stationen sitzen -wenn sie dazu kämen- und auf Anruf des Systems sofort und fast ohne Zeitverzug beim Anrufer erscheinen, um nachzusehen, was los ist. Der Code-Ruf hat je nach Region so unterschiedliche Rufe wie Jesus, Gott, Jahwe, Allah, Buddha und sogar Maria, für die paar Einfältigen, die schließlich auch unseren Notruf benötigen.

Diese Engel haben allerlei Macht und helfen sogar in schlimmsten Situationen. Wenn ein Kind von einem Riff stürzt, schieben sie es vielleicht auf einen hervor ragenden Baum, damit es abgefangen wird. Und wenn ein Auto von der Straße kommt, helfen sie vielleicht ein bißchen nach, dass das Auto nicht an einen Baum knallt, sondern sanft auf einer Wiese landet. Und wenn einer von Mördern bedroht wird, sorgen sie vielleicht dafür, dass deren Knarre Ladehemmung kriegt, die Patronen nicht zünden oder der Mörder plötzlich dringend auf Toilette muss, so dass das Opfer davon laufen kann. Das können diese Schutzengel aber nur, wenn die Opfer kein Todeszeichen auf der Stirn haben und selber nicht böse sind.

Wer selber böse Gedanken hat, seine Lage selbst aus Bosheit herbeigeführt hat, dessen Anruf wird sogleich neutralisiert und führt zu keiner Hilfe!"

Diesmal war es der Vorsitzende, der eine Frage an den Herrn Jahwe stellte:

"Herr Jahwe! Das war ja alles sehr beeindruckend, was Sie uns hier erzählt haben. Ja, wirklich! Ich wollte Sie aber noch fragen, ob Ihnen der Beschuldigte hier schon mal aufgefallen ist und ob Sie uns dazu was sagen können. Immerhin ist ja mit Ihrer Aussage der Vorwurf der Blasphemie nicht mehr aufrechtzuerhalten ?!"

"Das ist genau richtig," erwiderte Jahwe, "und natürlich ist er mir aufgefallen. Alle, die sich mit mir befassen, werden von meinem System sofort erfasst und betrachtet. Der Angeklagte war sehr mutig und hat sich damit überall unbeliebt gemacht, wenn er verkündete, Jahwe müsse ein schizophrener Psychopath sein, aber gewiss kein allmächtiger Gott.

Ich fand deshalb Gefallen an ihm. Er konnte ja nicht wissen, weshalb er eine so schlechte Meinung von mir haben musste. Ich war ihm deshalb auch niemals böse und war im Gegenteil sehr stolz auf ihn.

Es imponierte mir, dass er seinen gesunden Menschenverstand benutzte und seine Entdeckungen von Lügen und Widersprüchen furchtlos verbreitete. Deshalb hassen ihn ja auch die Teufel so sehr. Ihre Macht beruht ja auf den Lügen, die sie verbreiten.

Meine Herrschaften, alle diese sogenannten heiligen Schriften haben etwas Wahres. Aber das Problem war, dass wenn ich sogenannten Propheten etwas telepathisch suggerierte, ja sogar, wenn ich über Lautsprecher von meinem Raumschiff aus zu ihnen sprach, dann schrieben sie was ganz anderes, weil sie mich einfach nicht verstanden. Ihr Denken war immer zu primitiv, um die einfachsten Dinge richtig zu verstehen. Da gibt es zum Beispiel eine Stelle, wo es sinngemäß heißt, 'Wer mit einer Keule erschlagen wird, der hat es wahrhaftig verdient, aber wehe dem, der die Keule geführt hat'.

Dieser Satz bezieht sich auf das Geistige Gesetz, dass jeder bekommt, was er verdient hat. Also, wenn ein Mörder herumläuft, wird er keinen erschlagen, der gut war und deshalb Schutz hat.

Folglich wird er nur den treffen, der diese Lehre noch braucht. Aber er selbst wird dadurch schuldig, also wehe ihm. Die Menschen gehen nun her und sagen, weil es einer verdient hat, dürfen wir ihn erschlagen, obwohl sie nicht um einen Deut besser sind.

Sie verdrehen einfach alles und kehren es letztlich in sein Gegenteil.

Der Angeklagte sagt zum Beispiel, eigentlich müsste er eine Todesschwadron gründen, um alle Verbrecher und sonstigen Widerlinge vom Angesicht der Erde zu tilgen. Aber er tut es nicht, weil er die Gesetze des Kharmas kennt und weiß, dass es auch ohne ihn geschehen wird, dass er aber, wenn er es täte, auf die gleiche Stufe herabsänke, wie die, die er austilgen wollte.

Die Schreiber der Schriften aber waren zu dumm für solche Überlegungen und wenn sie Dinge änderten, weil es ihnen so besser gefiel, dann waren sie genauso anmaßend wie Leute, die Anweisungen, statt sie auszuführen, einfach abändern, weil sie glauben denken zu müssen, obwohl sie keine Ahnung haben, warum sie gegeben wurden.

Der Angeklagte imponiert mir auch, weil er als erster gesagt hat, dass die Dummheit die größte Sünde von allen sei, weil sie alle anderen nach sich zieht.

Und weil er sagt, dass Menschen, die wie ein Rechner denken können, aber ohne Geist sind, trotz hoher Rechenleistung dumm sind, genauso dumm, wie ein Taschenrechner, nur dass der noch schneller rechnen kann. Und dass diese Art von sogenannter Intelligenz, tote Intelligenz ist und somit wertlos. Wer seinen Freund abschafft, weil er sich ausrechnet, dass er aus ihm keinen Nutzen mehr ziehen kann, hat auf der materiellen Ebene zwar korrekt gerechnet, ist aber geistig längst tot!

Er steht auf der geistigen Ebene mit leeren Händen da!

Und wenn er seinen Körper verlässt, wo er nichts mitnehmen kann, außer seine geistigen Werte und sein Kharma, dann findet er sich mit dem Schmerz beladen, den er zugefügt hat und mit der Schmach besudelt und gelangt in 'seine Ebene', wo alle auch so sind; geistig tot und schmutzig!

Der Angeklagte hat all das herausgefunden und allen mitgeteilt, weil er sie retten wollte. Es ist fast rührend, das mit anzusehen, inmitten von Ignoranten und Dummköpfen.

Mit ihm spricht keiner mehr. Weil sie alle erinnert werden, an ihre Ideale, die sie einst hatten und die sie verkauft haben.

Nein, meine Herrschaften! Die Anklage wegen Blasphemie ist unsinnig und völlig unbegründet. Im Gegenteil, die Ankläger müssten deswegen angeklagt werden, weil sie auf der Erde weiterhin darauf bestehen, dass ich Gott sei, obwohl sie mich dazu nur mißbraucht haben.

Und wenn ich nicht wüsste, dass es da unten bald zu Ende geht, würde auch ich fordern, dass man sie alle austilgt, die die Welt so verdorben haben!"

Der Engel mit dem Grünen Stern hatte nun eine Frage:

"Herr Jahwe, was würden Sie denn den jungen Menschen von heute sagen, wie sie der Sklaverei entgehen können und wieder etwas Glück erleben könnten und wie sie frei werden könnten, wie sie Hoffnung schöpfen können ?!"

"Das ist ganz einfach und auch ganz schwer," antwortete Jahwe, "ganz leicht, weil die Sklaverei heute darin besteht, dass man Leute glauben macht, sie müssten bestimmte Dinge besitzen, sonst seien sie keine Menschen. Wenn also einer den Mut hat, zunächst von allen anderen lächerlich gemacht zu werden, indem er sagt, ich brauche diese Dinge nicht, dann hat er den ersten Schritt gemacht, frei zu sein.

Denn wenn die Menschen nichts Unnötiges kaufen, nehmen sie den Geldsäcken ihre wichtigste Nahrung, das Geld. Und dann müssten diese im schlimmsten Fall wieder selbst was arbeiten. Aber da ihre Reichtümer bereits so groß sind, dass sie für den Rest ihres Lebens ausreichen würden, wird man sie so nicht zum arbeiten zwingen können. Aber man kann sich selbst befreien aus deren Sklaverei.

Und man kann wieder menschlich, geistig werden. Man kann sich wieder selbst achten und hat gute Karten, seine geistige Entwicklung zu schaffen und nicht dort unten hängen zu bleiben, was wohl das schlimmste Resultat des Versagens ist; Sitzenbleiben!"

Der Vorsitzende hatte nochmal eine Frage: "Herr Jahwe, ist es richtig, dass Sie auch mit dem Islam zu tun hatten und wie ging es eigentlich mit den Juden weiter, nachdem der Herr Jesus da war?"

"Herr Vorsitzender," antwortete der Herr Jahwe, "darüber wollte ich garnicht mehr sprechen. Das Thema ist mir heute peinlich.

Nachdem die Sache mit Jesus passiert war, war ich wütend auf die Juden und tat alles, sie in alle Welt zu vertreiben. Und ich habe mich auch nie wieder mit ihnen befasst. Aber ich habe sie beobachtet. Und dabei habe ich festgestellt, dass sie sehr kreativ waren und überall viel für die Kunst und die Kultur gemacht haben. Das gefiel mir. Und sie beteten immer noch zu mir -dem falschen Gott- und das war mir peinlich. Aber dann bemerkte ich ein seltsames Phänomen:

Es gesellten sich zu ihnen lauter Wölfe, die sich Schafspelze umhängten und die braven Schafe als Geisel benutzen, ihre widerlichen Taten zu begehen. So kam es, dass der Zorn der Menschen sich an den Schafen austobte, während die Wölfe in ihren Schafspelzen mit ihrer Beute längst über alle Berge waren und nun noch mehr Unheil anrichten konnten, weil alle Welt Schuldgefühle hatte. Es wird deshalb Zeit, dass die Schafe von den Wölfen getrennt werden. Die Schafe müssen den Wölfen ihren Schafspelz wegnehmen, dass sie nackt dastehen und alle Welt sie als Wölfe erkennt. Aber ich glaube, dass sie dazu nicht den Mut besitzen!

Und was den Islam angeht ist folgendes zu sagen. Als ich zunächst die Christliche Kirche gefördert hatte, die sich aber alsbald als eine verbrecherische zu entwickeln begann, versuchte ich nochmal eine neue zu inspirieren und glaubte, es sei nötig, ein Gegengewicht zu schaffen.

Aber alsbald stellte sich heraus, dass böse Machthaber diese neue Religion auf barbarische Art mißbrauchten, dass man überall massenweise Menschen hinschlachtete und das bis zum heutigen Tage tut.

262

Außerdem gibt es da auch noch was anderes, eher peinliches. Wissen Sie, wenn die Juden beten, haben sie ihr kleines Käppi auf, damit ich weder ihre Glatzen noch ihre Schuppen sehen muss.

Und die Christen knien meistens hinter ihren Holzbänken, so dass man wenigstens nicht allzuviel von ihnen sieht, das abstoßend sein könnte.

Aber jedesmal, wenn ich nach Mekka geflogen bin, dann streckten mir die Moslems ihre Hintern entgegen. Egal ob auf Straßen oder in Moscheen, sie streckten mir ihre Hintern hin. Egal aus welcher Richtung ich auch kam, sie streckten mir immer ihre Hintern hin. Egal ob einer oder tausend, es waren immer die Hintern, die ich zu sehen bekam.

Für einen Schwulen mag das ja ein berauschender Anblick sein, wenn sich ihm tausende Hintern entgegenstrecken, aber ich finde es abstoßend. Ich reise deshalb schon lange nicht mehr nach Mekka.

Außerdem kann ich das widerliche Geheul aus quäkenden Lautsprechern nicht ertragen, das dem Hinternvorzeigen immer vorangeht. Nun wollen sie das Gequäke auch noch in Europa einführen. Was ein Glück, dass ich da nicht leben muss!"

Der Engel mit dem violetten Stern fragte:

"Herr Jahwe, Sie haben gesagt, Sie seien eine Art Gefangener, weil Sie mit ihrem Raumschiff Probleme hätten und man Sie damals zurückgelassen hätte. Wie kommen Sie denn jetzt zurecht?"

Der Herr Jahwe machte ein sichtlich erfreutes Gesicht, dass auch mal einer fragte, was er persönlich für Sorgen hat und erwiderte:

"Es ist schön, dass auch mal jemand nach meinen Problemen fragt!

Das größte Problem ist, dass ich niemanden habe, mit dem ich anregende Gespräche führen kann. Es macht nicht mal Spaß, den Menschen dabei zuzuhören, weil sie über solchen Unfug reden.

Deshalb fahre ich auch oft Naturgeister spazieren, die gerne per Anhalter mit mir herumreisen. Aber auch sie reden dauernd von ihrer Arbeit, vom Wachstum der Pflanzen und von den Problemen, das Wetter zu richten, weil ihnen die Menschen dauernd ins Handwerk pfuschen.

Und dann gibt es da das Problem, dass die Menschen inzwischen selber 'Raumfahrt spielen' , wie Kinder, die mit Bauklötzern spielen und sie dauernd umwerfen. Es ist wirklich gefährlich, heutzutage in der Erdnähe herumzufliegen.

Am Anfang dieser Spiele wäre ich beinahe mit Gargarin zusammengeknallt. Das hat der garnicht bemerkt. Inzwischen fliegt da überall Schrott herum. Die Raketen und die Satelliten sind inzwischen keine Gefahr mehr, weil ich die Umlaufbahnen kenne und ihren Fahrplan.

Es ist der ganze Schrott, der da rumfliegt, der mir Sorge bereitet.

Mein Raumschiff ist schon ganz verbeult, weshalb auch manche Systeme nicht mehr richtig funktionieren, so dass ich Ersatzsysteme benutzen muss, wie Sie sicher bei meiner Ankunft gemerkt haben werden.

Dann kann ich auch nicht mehr einfach überall landen, um mich mit bestimmten Grundsubstanzen, wie Wasser, zu versorgen, weil inzwischen überall Menschen sind, die dann sofort von UFO's erzählen und Gerüchte verbreiten. Ich habe es wahrhaftig nicht leicht da unten und kann nur hoffen, dass mein Raumschiff noch solange hält, bis ich hier abgeholt werde. Denn unter den Menschen zu leben wäre noch viel schlimmer. Sie würden mich vielleicht noch in Disneyland aufstellen und alle Welt würde sehen können, wie ich von Tag zu Tag älter werde, weil mir die geklonten Pillen auch nichts mehr nützen würden, wenn ich nicht ein paar Runden mit Lichtgeschwindigkeit drehen könnte, um nicht das langweilige Wachstum mit ansehen zu müssen.

Außerdem machen sie alle soviel Krach und verpesten die Luft und haben es immer so eilig, als sähe man einem Ameisenhaufen zu, mit dem Gewimmel. Nein, meine Herren, ich will hier in meinem Raumschiff bleiben bis es soweit ist."

Der Vorsitzende fragte in den Raum:

"Hat noch irgend jemand Fragen an den Herrn Jahwe?" und als sich keiner mehr meldete, sagte er:

264

"Herr Jahwe, es war sehr interessant, die Sache mal von Ihnen selbst zu hören. Wir danken Ihnen für Ihr Erscheinen und hoffen mit Ihnen, dass Ihr Raumschiff das noch solange aushält! Gute Reise und bis auf ein anderes Mal vielleicht!"

Der Herr Jahwe bedankte sich für das ihm entgegengebrachte Verständnis und raffte seine Kleider zurecht, stand auf und ging zur Tür mit dem Engel.

Er drehte sich noch einmal um, sah zu mir herüber und zwinkerte mit einem Auge, lachte verschmitzt, ließ seine erhobene Hand mit seinem großen Ärmel im Halbkreis kreisen und rief in den Saal: "Adieu!"

Und verließ den Raum.

Kurz darauf konnte man das Einklinken von Metallriegeln hören, ein Zischen und ein dumpfes Plop, dann startende Triebwerke. Und alle im Saal hielten sich denn auch gleich an ihren Stühlen fest, als würden sie befürchten, dass man sie daraus hervorkippen könnte.

Der ganze Saal rumpelte ein wenig und dann hörte man, wie sich das Rauschen entfernte und sah die zufriedenen Gesichter im Saal, dass man noch dort saß, wo man saß und nicht vielleicht ins All geschleudert worden war.

Der Vorsitzende legte den Hebel wieder um, den er vor dem Auftritt des Herrn Jahwe betätigt hatte, drückte einen Knopf und sprach in sein Außenmikrofon:

"Die Anklage möge wieder hereinkommen!"

Die zugige Tür mit der 666 öffnete sich und herein kamen der Herr Satan- Sie wissen schon, der immer Staatsanwalt genannt werden wollte- und der Herr Gomorrah, der mit dem triefenden langen Zahn und dem Trieffleck auf seiner schwarzen Kutte.

Der Richter begann erneut: "Meine Herrschaften! Nachdem wir nun den Herrn Jahwe gehört haben"...

da erschallte der Zwischenruf von der Anklägerbank, "Wir nicht,"

und der Vorsitzende ließ erneut seinen Hammer auf das Pult sausen, dass es laut krachte und fuhr fort:

"Ruhe! Also nachdem wir nun am Ende der Beweisaufnahme angelangt sind, bitte ich die Anklageseite, mir mitzuteilen, ob sie den Fall bis zu Ende führen will oder ob sie die Anklage zurückzuziehen wünscht ?!"

Der Herr Satan stand auf und trat hervor und eiferte:

Wir denken garnicht daran, den Fall hier aufzugeben! Wir werden ordentlich plädieren und haben keineswegs die Meinung, dass der Fall für uns verloren ist!"

Der Vorsitzende sagte daraufhin:

"Dann bitte ich die Herren der Anklage und den Verteidiger, ihre Plädoyers für die nächste Sitzung vorzubereiten. Bis dahin vertagt sich das Gericht! Die Verhandlung ist geschlossen!"

Alle verließen den Raum und zuletzt war ich alleine mit Alex zurückgeblieben. Er schaute mich zufrieden an und sagte:

"Hör zu, mein Freund, jetzt haben wir noch die Plädoyers, dann wird sich die Kammer zurückziehen, um so zu tun, als ob sie sich berät, dann werden die Richter wieder auftauchen und ihre Entscheidung verkünden und dann kannst Du wieder nach Hause gehen und die ganze Sache vergessen!"

"Vergessen?" hackte ich zurück, "woher bist Du so sicher, dass ich mit heiler Haut davonkommen werde und wie sollte ich das jemals vergessen?"

"Ich denke, dass es nichts gibt, das tatsächlich gegen Dich spricht.

Außer, dass Du eine eigenwillige Art hast, Deine Mitmenschen dadurch zu verstören, dass Du -im Gegensatz zu ihnen- denkst. Und das ist kein Verbrechen!"

Ich war völlig baff und machte anscheinend ein ziemlich dummes Gesicht.

Alex muss es mir jedenfalls angesehen haben und lachte laut schallend auf und entschwand. Und ich erwachte und hatte immer noch dieses herrliche Lachen im Ohr.

◇

22.Kapitel   Die Plädoyers und das Urteil

In den nächsten Tagen gab es seltsamer Weise keine Verhandlungen und ich blieb einigermaßen unbehelligt. Aber ich war mir sicher, dass es damit noch nicht zu seinem Ende gekommen war. Ich hatte schon einmal so etwas geglaubt und war auf's Übelste enttäuscht worden.

Aber während ich wartete und voller Unruhe die Nächte verbrachte, hatte ich auch die seltsamsten Träume. Ich träumte zum Beispiel, dass der Engel mit dem violetten Stern sich das erste Mal meldete und danach verlangte, Fragen an Professor Rellek 1 stellen zu dürfen. Sie wissen schon, der aussah wie Peter Lorre als Mr.Moto.

Und er fragte ihn: 'Herr Professor! Ich höre immer wieder, dass die teuflischen Kräfte überall auf der Erde die Demokratie einführen wollen, um die Welt zu beherrschen, dass der Herr Luzifer das im Himmel probiert hat und dass die Griechen dadurch Ihre Freiheit und ihre Kultur verloren haben. Was bitte schön, können Sie mir dazu sagen?'

Und der Herr Professor Rellek 1 machte sich ein Vergnügen daraus, darauf zu antworten, wie man ihm ansehen konnte.

Er begann: 'Herr Engel! Wenn jemand in einer guten Ordnung etwas Unangenehmes tun soll, was ihm nicht passt und rummosert und andere anstiftet, mit ihm dagegen zu protestieren und nach Änderung zu verlangen, dann könnte man das den Versuch nennen, Demokratie einführen zu wollen.

Das heißt nämlich nichts anderes, als dass die Mehrheit im Volke zu bestimmen hätte. Die würde dann als erstes die Ordnung abschaffen, weil sie ihnen unbequem ist. Hätte das der Himmel zugelassen, wäre dort das gleiche Chaos ausgebrochen, wie wir es derzeit auf der Erde haben. Denn das Volk, das in solchen Systemen die Mehrheit bildet, ist zumeist dumm, emotional und selbstsüchtig. Das heißt, es fällt auf Dämagogen rein, die seine Emotionen ansprechen und dann, wenn sie erst mal gewählt sind, mit ihnen Schlitten fahren. Das hat man ja im dritten Reich gesehen. Das ist die eine Seite der Geschichte. Die andere Seite ist, dass Demokratie tatsächlich garnicht stattfindet.

Man stellt dem Volk zwei Parteien hin, die beide so tun, als hätten sie was gegeneinander, aber in Wirklichkeit von den gleichen Geldsäcken bezahlt werden. Wenn das Volk dann einen von ihnen wählt, hat es immer den Richtigen gewählt; die eine der zwei Marionetten ein und desselben Geldsacks. Diesem System, die nun noch viel schlimmere Diktatur entgegenzuhalten, ist einfach primitiv.

Es gibt Länder, in denen sich gezeigt hat, dass Demokratie wirklich nützlich sein kann, wenn sie richtig angewendet wird. Denn sogar das Volk weiß manchmal, was gut für es ist, wenn man es richtig informiert. In Österreich zum Beispiel mussten sie vor einigen Jahren darüber abstimmen, ob ein weiteres Atomkraftwerk installiert werden sollte oder nicht. Wäre es nach den Geldsäcken und ihren Marionetten gegangen, hätte man es gebaut. Das Volk entschied sich dagegen und es wurde nicht gebaut. Weil ein paar mutige Männer, wie Günter Nenning, dem Volk die Wahrheit gesagt hatten. Dieser gute Mann wurde dann auch flugs aus der Partei geworfen; die Marionetten wollten ihn nicht -das heißt die Geldsäcke.

Und würde man in Deutschland das Volk gefragt haben, ob es wollte, dass ein Millionenbetrag für ein breiteres Klo im Kanzlerflugzeug hätte ausgegeben werden sollen, weil der einen so breiten Hintern hat, hätte es garantiert dafür gestimmt, dass man ihm einen übergroßen Nachttopf kaufen sollte.

Und hätte man das Volk gefragt, ob es wollte, dass man Stasi-spitzeln hohe Staatspensionen zahlen soll oder sie in Ketten zur Zwangsarbeit beim Straßenbau einteilt, hätte es garantiert für letzteres gestimmt. Und die Atomkraft wäre längst abgeschafft, denn beim Volk kommt ja der Strom aus der Steckdose, wozu also Atomkraftwerke. Und hätte man das Volk gefragt, ob es statt zu arbeiten lieber ein monatliches Ruhegeld haben wollte, hätte es das garantiert befürwortet; obwohl man das heute auch nicht mehr genau sagen kann, weil ja die Meisten garnichts mehr mit sich anzufangen wissen und ganz krank werden ohne Arbeit. Ja, mein lieber Herr Engel, das mit der Demokratie ist eine schwierige Sache. Ließe man sie alles entscheiden, würden sie sich sicher für das Ruhegeld entscheiden und alsbald verhungern.

Das löste dann das Bevölkerungsproblem.

Lässt man sie nichts entscheiden, werfen die Geldsäcke das gute Essen weg, um die Preise und Profite hoch zu halten und es verhungern nicht gleich alle auf einmal. Denn wer würde sonst noch für die Geldsäcke den Profit rein schaufeln?

Ja, in der Tat ein schwieriges Problem!'

Und der Engel mit dem violetten Stern legte sein ganzes Gesicht in Falten und sagte: 'Ja wahrhaftig, da können wir ja froh sein, dass wir eine Göttliche Ordnung im Himmel haben!'

Es waren solche und ähnliche Träume, die mich in diesen Tagen umtrieben, bis das Schicksal wieder unerbittlich zuschlug und ich mich im Zwischengericht wiederfand.

Der Vorsitzende hatte die Verhandlung als eröffnet erklärt.

Die Engel rutschten sichtlich unruhig auf ihren Stühlen hin und her und die Ankläger waren sehr nervös und der Herr Gomorrah verließ den Saal durch diese windige Hintertür und der Vorsitzende fragte den Herrn Satan, der jetzt ganz alleine auf der Anklageseite stand:

"Wieso ist denn der Herr Gomorrah schon wieder verschwunden?"

Und der Herr Satan antwortete kleinlaut:

"Herr Vorsitzender! Der Herr Gomorrah hatte Probleme mit seinem Zahn. Er triefte weitaus mehr als sonst, sein Hemd war schon ganz nass und er fand es deshalb etwas unpassend, weiterhin anwesend zu bleiben!"

"Ha, Ha," posaunte der Herr Michael dazwischen, "hat wohl Angst, dass ich ihn auf den Wahrheitsstuhl hole und dann von ihm auch nur ein Haufen Müll übrigbleibt, häää?"

Der Richter benutzte seinen Hammer und ging kommentarlos zur Geschäftsordnung über:

"Meine Herrschaften! Da die Beweisaufnahme abgeschlossen war, bitte ich die Parteien jetzt, ihre Schlussplädoyers zu halten, damit wir endlich zu einem Ende kommen! Ich erteile dem Herrn Staatsanwalt das Wort!"

Der Herr Satan, der immer darauf Wert legte, dass man ihn 'Herr Staatsanwalt' nannte, trat hervor und begann mit arroganter Stimme:

"Meine Herrschaften! Wir haben hier wiederholt die verschiedenen Facetten des Angeklagten vorgetragen, wie dieser danach trachtet, unsere Weltordnung über den Haufen zu werfen. Dass er total asoziale Verhaltensweisen an den Tag legt. Ein Vorbild sein will, um unsere Macht zu untergraben. Er will partout keine Luxusgüter kaufen, das wohl schlimmste Verbrechen gegen unsere Weltordnung.

Wenn alle das täten, würden die Menschen zusammen sitzen, Geschichten erzählen und zusammen singen. Dann könnten wir unsere teuren Fernsehsendungen alle wegschmeißen und die Luxusgüter auch und wir würden alle verarmen und hätten keine Macht mehr über die Menschen. Das können wir nicht dulden.

Außerdem hat der Angeklagte immer wieder dazu angestiftet, nicht den Wehrdienst abzuleisten, weil er Krieg für überflüssig hält. Als wüsste er zu beurteilen, was überflüssig ist. Überflüssig ist der überwiegende Teil der Weltbevölkerung und die Kurve der Weltbevölkerung hat gezeigt, dass weder Seuchen noch Naturkatastrophen es je geschafft haben, die Quote so gut nach unten zu drücken, dass es ausgereicht hätte, uns vor einer Überschwemmung durch zuviele Menschen zu schützen, wie es Kriege geschafft haben. Man muss nur sehen, dass man die Unnützen dabei vom Planeten abräumt. Hohes Gericht! Sie mögen das für nicht gerade sehr appetitlich halten. Aber die Welt zu beherrschen ist keine appetitliche Sache. Und der Angeklagte hat keine Ahnung, wovon er spricht, wenn er dauernd gegen den Krieg anredet und gegen die Geldsäcke. Die sogenannten Geldsäcke regieren deshalb diese Welt, weil sie dazu das nötige Können haben. Sie müssen doch zugeben, dass ein gewisses Können dazu gehört, Milliarden von Menschen zu dirigieren, ohne dass die etwas merken. Und diesen großartigen Puppenspielern versucht sich der Beschuldigte entgegenzusetzen!

Das ist eine Absurdität und wir können sie nicht zulassen. Wenngleich auch bisher alle Schuldvorwürfe durch die Verteidigung und deren Gutachter widerlegt zu sein scheinen, so gilt doch der verderbliche Einfluss des Angeklagten dadurch als erwiesen, dass wir auf der Zeitschleife die fünfte Auflage dieses zersetzerischen Buches gefunden haben. Weshalb wir es unbedingt verhindern müssen.

Und das Gesetz 666 gibt uns das unvermeidliche Recht dazu!"

Der Herr Michael fuhr dazwischen:

"Herr Staatsanwalt! Wie Sie wissen dürften, sind Informationen aus der Zeitschleife nicht zulässig in so einem Verfahren. Außerdem dürften Sie doch die Gesetze der Logik kennengelernt haben; der Herr Luzifer betet sie ja geradezu an, diese Logik. Also und diese besagt, dass es keine Möglichkeit gibt, durch Zeitreisen irgend etwas, das passiert ist, jemals nachträglich zu ändern, weil dadurch das ganze Zeitkontinuum zusammenbrechen würde.

Nur stupide Science Fiction Autoren und ihre stumpfsinnigen Leser glauben an solchen Unfug. Dass zum Beispiel ein junger Mann in die Vergangenheit fahren muss, um seine Großmutter zu schwängern, damit er später als ihr Enkel auch geboren wird. Mit solchem Schwachsinn lenkt man die Leute vom Denken ab und macht sie zugänglich für jeden Quatsch, bis sie völlig verdummt sind.

Wäre die Großmutter nicht geschwängert worden, wäre er nie geboren worden und hätte folglich auch nie zurückreisen können, um sein eigener Erzeuger zu werden. Solchen Unfug glauben und verbreiten Ihre Leute, um das normale Volk zu verwirren. Aber sehen Sie es mal logisch. Wäre das Buch in der Zeitschleife nicht schon ein Erfolg, würden wir nicht hier sitzen. Und da der Blick in die Zukunft nichts anderes ist, als der Weitblick eines Reisenden im Jetzt, der auf dem Zugdach mitfährt und deshalb sieht, auf was der Zug zu rast, im Gegensatz zu dem Reisenden, der aus dem Seitenfenster schaut, dürfte ihnen doch klar sein, dass Sie mit diesem Prozess nicht verhindern können, dass etwas geschieht, das in der darauf folgenden Zeit bereits Vergangenheit ist?!

Herr Staatsanwalt, Sie sind bereits Vergangenheit! Aus der Sicht des Lokomotivführers sitzen Sie auf dem letzten Wagen immer noch im Tunnel, während der Zug längst durch Felder und Auen mit Bächen und Flüssen fährt, in herrlichstem Sonnenschein. Und Sie sitzen immer noch im Tunnel und sagen allen angstvoll voraus, dass alle erblinden werden, wenn sie aus demTunnel kämen!

Weil man draußen im Licht all die Schandtaten sehen könnte, die Sie im Tunnel angehäuft haben! Nun, lassen Sie es sich von einem sagen, der weiter sieht: Der Zug ist bereits durch den Tunnel und es gibt nichts, das Sie daran ändern könnten!"

Der Vorsitzende rief nach Ordnung und bat, den leidigen Prozess endlich zu ende zu bringen.

Der Herr Satan nahm nochmal einen Anlauf:

"Meine Herrschaften! Wir haben nach dem Gesetz 666 das Recht, die Weltherrschaft auszuüben, zum Wohle unserer Leute! Was immer hier argumentiert wurde, ich verlange, dass nach diesem Gesetz der Angeschuldigte von uns aus dem Verkehr gezogen werden darf! Mehr habe ich nicht zu sagen!"

Der Vorsitzende wandte sich sogleich an Alex und sagte:

"Herr Verteidiger! Sie haben das Wort!"

Alex stand auf, rückte sein Gewand zurecht, machte ein wichtiges Gesicht und begann:

"Hohes Gericht! Meine verehrten Herrschaften! Sie haben hier gehört, dass unser Angeklagter bisher nichts anderes gemacht hat, als von seinem freien Willen Gebrauch zu machen, die ihm sichtbare Vernunft und den ihm eigenen Glauben im Leben praktisch anzuwenden. Er hat niemandem geschadet, nie einer Organisation irgendeiner Art angehört und bisher auch auf niemanden irgend einen spürbaren Einfluss ausgeübt, weil ihm nämlich keiner glauben wollte.

Er hat in der Vergangenheit in keiner Weise die Weltordnung ernsthaft gefährden können, weil ihm keiner zuhören wollte.

Wir haben weiterhin gehört, dass hier nur -und ich betone 'nur'- die Dinge, die bisher geschehen sind, zu beurteilen sind. Vermeintliches Wissen aus einer vermeintlichen Zukunft, darf hier überhaupt nicht berücksichtigt werden!

Wir haben weiterhin gehört, dass der Herr Jahwe nicht etwa der allmächtige Gott ist, sondern dass er ein Reisender aus der vorletzten, bereits untergegangenen Welt in unserem großen Kreislauf ist, der hier offensichtlich versehentlich zurückgelassen wurde, und der einst durch Betrug zum Werkzeug Luzifers wurde und inzwischen längst zum Wohle der Anständigen auf dieser Erde ein Notrufsystem eingerichtet hat und dass er der Menschheit immerhin die Zehn Gebote gegeben hat und nun Vorbereitungen trifft, die Guten dieser Erde, wenn diese am Ende des Kreislaufs angekommen sein wird, zu evakuieren. Aber dass er eben kein Gott ist!

Folglich kann also auch das Verhalten des Angeklagten, der Jahwe nicht als Gott anerkannt hat, nicht als Blasphemie angesehen werden. Im Gegenteil muss anerkannt werden, dass er dem Gott, der alles erschaffen hat, immer treu geblieben ist, obwohl der sich wirklich nie gezeigt hat, außer durch seine Schöpfung.

Des weiteren haben wir gehört, dass der Herr Jesus den Menschen die Freiheit wiedergegeben hat, sich frei für Gott zu entscheiden und dass die luziferischen Mächte keine Macht mehr über solche Menschen ausüben dürfen, sofern sie sich nicht kharmisch zu tief in Schuld verstrickt haben.

Das erklärt auch den Schutz, den der Angeklagte angeblich genießt!"

In dem Moment gab es einen lauten Schlag aus der Ecke der Anklage und alle starrten dorthin, was denn wohl die Ursache dieses Lärms gewesen sein mochte.

Und siehe da, der Herr Satan war in Ohnmacht gefallen. Dabei war ihm sein Körpergestell ziemlich in Unordnung geraten. Die Grauen eilten herbei und hoben den Herrn Ankläger wieder auf und setzten ihn auf seinen Stuhl und flößten ihm was aus der seltsamen Flasche ein. Alsbald zischte es und brodelte, wie wir es ja schon früher erlebt haben. Der Herr Satan verdrehte ein paar Mal auf unnatürliche Art seine kalten Augen und der Vorsitzende Richter sagte, wieder Alex zugewandt:

"Herr Verteidiger, fahren Sie fort!"

Alex hub erneut an und sagte:

"Nachdem wir also erfahren haben, dass es keinen einzigen stichhaltigen Beweis für eine irgendwie geartete Schuld des Angeklagten gibt, kann es also nur eine gerechte Lösung des Falles geben, nämlich einen Freispruch wegen erwiesener Unschuld!"

Der Vorsitzende richtete sich an die Engel und fragte:

"Haben Sie noch irgendwelche Empfehlungen an das Gericht?"

Der Herr Michael ergriff das Wort und sagte:

"Sie haben die Ausführungen der Verteidigung gehört und das ist auch unsere Meinung. Außerdem empfehlen wir, wie schon eingangs erwähnt, solche Anklagen in Zukunft garnicht erst zuzulassen, da das Ganze ein Possenspiel ist. Wir wissen alle schon lange, dass die luziferische Brut ihre Chance verpasst hat und ganz offensichtlich garkein Interesse hat, irgendwas auf der Erde zum Besseren zu wenden, sondern diese nur schamlos ausbeutet und glaubt, die Menschheit als Geisel halten zu können, um sich erneuten Zugang nach 'Oben' zu erzwingen. Um in den Worten der Allegorie fortzufahren: Ich sehe den Zug auf einen Abgrund zu rasen, wo die Schienen zu ende sind, weil die Brücke abgebrochen wurde.

Einigen wenigen, die nicht zu schwer beladen sind, wird es gelingen, aufs Dach des Zuges zu steigen; den wenigen Mutigen. Und die werden wir von dort herunter pflücken. Mehr ist dazu nicht zu sagen!"

Der Herr Satan war schon wieder in Ohnmacht gefallen und hing nun ganz schief auf seinem Stuhl

Der Vorsitzende wandte sich nun das erste Mal in diesem Verfahren an mich und fragte:

"Herr Angeklagter! Haben Sie noch irgendwas zu sagen? Sie haben das Schlusswort!"

Ich wusste nicht, was ich noch hätte sagen sollen und ein Blick von Alex sagte mir alles und ich deklamierte: "Nein!"

Ich hatte mit einer Verneinung alles bejaht

274

Der Vorsitzende gab den Grauen Anweisung, den Herrn Satan nochmal herzurichten, damit er danach den Beschluss des Gerichts auch unten, beim Herrn Luzifer vortragen könnte. Dann zog sich das Gericht, wie es Alex vorhergesagt hatte, zur Beratung zurück.

Alex lächelte mir zufrieden zu und gab mir zu verstehen, dass die Sache jetzt so gut wie ausgestanden sei.

Es dauerte nicht sehr lange, da öffnete sich die Tür hinter der Richterbank erneut und die Richter nahmen Platz auf ihren großen, prächtigen Stühlen.

Der Vorsitzende warf sich in Pose und begann sogleich folgendes vorzutragen:

"Meine Herrschaften! Ist der Ankläger wieder im Vollbesitz seiner geistigen Kräfte, dass er uns hier folgen kann?"

Ich glaube zwar, dass er das noch nie war, aber jedenfalls bejahte er diese Frage und der Richter fuhr fort:

"Ich verkünde also unseren Beschluss, den wir einstimmig gefasst haben:

'Dieses Gericht wird in diesem Fall zu keinem Urteil kommen! Das Gericht besteht daher darauf, den Status Quo, also den bisherigen Zustand, aufrechtzuerhalten! Der Angeklagte ist frei zu gehen und sein bisheriges Leben fortzusetzen! Es dürfen ihm keine Nachteile durch dieses Verfahren entstehen und eine Entschädigung wird gleichermaßen ausgeschlossen'."

Die Richter setzten sich und der Vorsitzende begann erneut:

"Wie wir hier hören konnten, wurden lauter vermeintliche Verstöße gegen das Gesetz 666 hier vorgetragen. Nicht nur, dass wir keine stichhaltigen Beweise für diese Verstöße sehen konnten, wir sind auch, nach Anhörung aller Sachverständigen, sowie des Herrn Tod und des Herrn Jahwe zu dem Ergebnis gekommen, dass das Gesetz 666 keine Grundlage mehr für dieses Gericht sein kann, auf der verhandelt und abgeurteilt werden könnte, weil das Gesetz dazu mißbraucht wurde, dessen ursprüngliche Absicht in sein Gegenteil zu verkehren. Es war gemacht worden um zu helfen, eine Herde Barbaren zu zivilisieren. Inzwischen haben wir es mit einer Herde hoch zivilisierter Barbaren zu tun, die im Gegensatz zu vorher, sogar Atombomben hat, um ihre barbarischen Gelüste auszuleben. Insofern wurde also das Gesetz in sein Gegenteil verkehrt und ist als Grundlage zur Rechtsfindung nicht mehr geeignet. Da wir es nicht einfach abschaffen können, es aber andererseits auch nicht anwenden können, weil es in sein Gegenteil verkehrt wurde, kamen wir zu der Ansicht, dass der einzige Ausweg aus dem Dilemma ist, zu dieser neutralen Entscheidung zu kommen, die weder von 'Oben' noch von 'unten' angefochten werden kann. Wir haben entschieden, nicht zu entscheiden. Wir werden außerdem 'da Oben' den Antrag stellen, dieses Gericht aufzulösen. Solange dies nicht geschieht, sind alle Parteien an die Entscheidung dieses Gerichts gebunden. Mit allen Konsequenzen. Wer diese Entscheidung hintertreibt oder sich nicht daran hält, wird erbarmungslos aus dem Verkehr gezogen! Dem Angeklagten sind Handschelle und Zensurfilter abzunehmen und er ist sofort zu entlassen. Hiermit erkläre ich das Verfahren für beendet und die Sitzung für geschlossen!"

Und damit hob er nochmal den Hammer und knallte ihn auf's Pult, als wollte er damit dem Gesagten Nachdruck verleihen, stand auf und verschwand zur Hintertüre, während die anderen Richter ihm folgten und die Tür hinter ihnen laut ins Schloss fiel

Der Herr Satan warf mir einen giftigen Blick zu und rannte derart ungestüm zu der Tür mit der 666 hinaus, dass es draußen laut schepperte, die Saalratte eingequetscht wurde und laut quietschend darin zu Tode kam und es hörte sich an, als sei der Fahrstuhl zur Hölle geradewegs abgestürzt, so rumpelte und röhrte es noch eine Zeit lang, bis sich das Röhren und auch der Kanalgeruch verzogen hatten.

Die Engel sprachen angeregt miteinander, winkten mir lächelnd zu und entfleuchten zu der Himmelstür hinaus.

Einer der Grauen kam und nahm mir meinen Filter samt Mütze weg, entfernte das lästige Armband von meinem Handgelenk, grinste in einer Weise, die ich nicht einordnen konnte und trollte sich.

Und irgendwie konnte ich das Gefühl nicht loswerden, dass er mich auch gerne auf dem Fragestuhl gesehen hätte.

276

Alex hatte unterdessen seine Sachen zusammengerafft und warf diese im hohen Bogen weg, wo sie sich in Nichts auflösten. Ein recht seltsamer Anblick. Ich war immer noch halb erstarrt vor Angst und Aufregung und konnte es noch garnicht fassen, dass dieser Alptraum zu einem solchen Ende geführt hatte. Alex meinte, ich könnte eigentlich ganz schön froh sein, dass er sich soviel Arbeit gemacht hätte und ich sollte endlich aus meiner Erstarrung heraus kommen und mein gerade wieder erworbenes Leben mit neuer Frische in Besitz nehmen. Und dann sagte er etwas seltsames:

"Und denke daran; Du musst das Buch schreiben, Du weißt schon! Weswegen Du all den Ärger hattest. Du weißt doch, die Zeitschleife!"

"Aber Alex", sagte ich, "dann müsste ich doch wieder hierher!"

"Dummkopf", graunte er: "Hast Du denn nicht gehört? Es gibt nur ein Raum-Zeit-Kontinuum, ohne ein zurück!"

Ich war völlig verwirrt. "Und was ist, wenn sie mich deswegen alle umbringen wollen? Du weißt doch, alle sind daran gescheitert, die die Wahrheit sagen wollten. Sogar dem Herrn Jesus ist es passiert!?!"

"Sei nicht so albern", erwiderte Alex, "Du hast doch gehört, seit der Herr Jesus da war, hat sich das geändert!"

"Ha, ha, ha! Musste deswegen Gallileo widerrufen, weil man danach die Wahrheit sagen durfte? Wurden danach nicht Millionen von Menschen barbarisch umgebracht, auf Scheiterhaufen lebendig verbrannt, meist ohne Grund?"

"Ja, das ist richtig!" entgegnete Alex: "Aber Du darfst nicht vergessen, das ist lange her und auf sie fielen keine Zehnzentner-bomben, die sie überlebten. Auf sie schoss kein Maschinengewehr, das sie überlebten. Merkst Du etwas, Du Trottel? Oder muss ich noch deutlicher werden?"

"Also gut, nehmen wir an, ich kann mich irgendwie schützen. Woher wussten aber diese seltsamen Professoren so gut über mich Bescheid und wie kam es, dass sie genau das gesagt haben, was ich immer nur gedacht hatte?"

"Sie sind doch Deine Erfindungen, mein Freund! Die Zeitschleife!" sagte er amüsiert.

"Ach ja, bist Du vielleicht auch meine Erfindung?" fragte ich

"Mein lieber Freund!" gab er zurück, "übertreibe nicht Dein Glück! Du kannst alles schaffen -ja erschaffen- wenn Du nur daran glaubst. Aber wenn Du Zweifel bekommst, verlierst Du alles! Und noch etwas. Es gibt nicht nur das, was Du erschaffen hast! Merke Dir das gefälligst!"

"Also gut, Du willst nicht, dass ich weiter danach frage, richtig ?"

"Jetzt hast Du's kapiert!" antwortete er

"Können wir uns wiedersehen?" fragte ich

"Du sollst doch nicht fragen; Du sollst handeln. Wir sind immer das Produkt unseres vorangegangenen Denkens und Handelns. Alles liegt also bei Dir! Fast alles!"

"Und was ist mit dem Rest ?"

"Du kannst einfach nicht hören", sagte er ungehalten, "Du wirst es finden, weil Du danach suchen wirst und jetzt hör' auf zu nerven und genieße Deine neu gewonnene Freiheit. Ich will Dich hier nicht mehr sehen, bis Du es vollbracht hast!"

Und damit verbeugte er sich auf vornehme Art vor mir, breitete seine Arme aus, dass sein Gewand daran allen Raum einnahm, wie Peter O'Toole als Lawrence, und entschwand elegant aus meinem Sichtfeld, als wäre er nie dagewesen.

Ich erwachte mit gemischten Gefühlen und Alex hätte sicher gesagt, dass man es unsereins eben nie recht machen kann. Aber es vergingen Tage und Wochen, bevor ich es glauben konnte, dass dieser Spuk tatsächlich zu ende war.

Und weil ich glaubte, dass es so sein müsste und ein unwiderstehlicher Drang dazu in mir war, begann ich alsbald, mich ans Werk zu machen.

Ende = Anfang

◇

Über den Autor

Rainer-Maria Maas hat es vorgezogen, weder mit seiner Herkunft noch mit irgendwelchen Titeln ein Tam Tam zu machen, wie all jene, die das nötig haben, weil ihren Sachen die Inhalte fehlen.

Er war vielmehr der Auffassung, dass der Inhalt seines Buches interessieren sollte, dass die Leser sich fragen sollten, wo geht es hin mit unserem Leben, gehen wir den Weg einer geistigen Reife, oder wollen wir ewig Sklaven bleiben, wie Sitzenbleiber, die ihre Klasse nicht geschafft haben und wiederholen müssen.

Und wie lange wird das noch gehen, mit dem Wiederholen?

Diese Fragen sind wichtiger, als sich mit der Person eines Autors zu befassen.

Deshalb finden wir hier nichts zu diesem Thema, außer, dass der Autor keinen sehnlicheren Wunsch hat, als dass seine Leser Spaß an diesem Buch haben und beschließen mögen, ihre Schritte in eine geistige Zukunft zu lenken!

◇